Bibliografische Information der Deutschen Nationalbibliothek:

Die Deutsche Bibliothek verzeichnet diese Publikation in der Deutschen National-
bibliografie; detaillierte bibliografische Daten sind im Internet über http://dnb.d-
nb.de/ abrufbar.

Impressum:

Copyright © 2008 GRIN Verlag, Open Publishing GmbH
Druck und Bindung: Books on Demand GmbH, Norderstedt Germany
ISBN: 9783640667505

Dieses Buch bei GRIN:

http://www.grin.com/de/e-book/154357/das-medium-buch-im-kindergarten

Normann Stricker

Das Medium Buch im Kindergarten

Eine Analyse der Bildungspläne der Länder für den Elementarbereich mit einem Fallbeispiel zur Umsetzung in Bayern

GRIN Verlag

Das Medium Buch im Kindergarten
Eine Analyse der Bildungspläne der Länder für den Elementarbereich mit einem Fallbeispiel zur Umsetzung in Bayern

Magisterarbeit

im Studiengang
MAGISTER ARTIUM

der

Friedrich-Alexander-Universität
Erlangen Nürnberg

in der Philosophischen Fakultät und Fachbereich Theologie

vorgelegt von
Normann Stricker

Erlangen, im September 2008

Danksagung

Diese Arbeit ist im Kontext des Projektes *Abenteuer Buch* entstanden. Daher bin ich zu allererst dem Projektteam zu Dank verpflichtet. Darüber hinaus gilt mein Dank Herrn Prof. Dr. Christoph Bläsi, der sich dem Thema gegenüber offen zeigte und die Arbeit betreute. Zudem möchte ich den Expertinnen in den Kindergärten danken, die mir in Interviews Frage und Antwort standen und ebenso jenen Eltern, die sich an meiner Studie beteiligten.

Inhalt

I Grundlegendes

1 Einleitung

Wann beginnt das Lesenlernen? Schnell ist man geneigt, diese Frage wie folgt zu beantworten: Mit Beginn des ersten Schuljahres, denn dort lernen die Kinder das Alphabet und erwerben damit auch die Fähigkeit zu lesen. Und erst dann, so könnte man schlussfolgern, wird der Heranwachsende als Leser und damit für die (buchwissenschaftliche) Lese(r)forschung interessant. Diese Schlussfolgerung ist so unbedacht, wie die obige Antwort nach dem Beginn des Lesenlernens kurzsichtig ist. Kurzsichtig deshalb, weil Lesenlernen im weiteren Sinne nicht erst mit dem A der Alphabetisierung beginnt, sondern bereits im Kleinkindalter mit dem Einsetzten der Lesesozialisation, des Entwicklungsprozesses, der den Menschen zum Leser werden lässt.

Auf dem Weg bis zur Schule wird der Mensch unter anderem durch die Instanzen Familie und Kindergarten geprägt, die damit wesentlichen Anteil an seiner Lesesozialisation haben. In dieser Arbeit wird der Kindergarten in den Fokus gerückt und erstmals – der obigen Erkenntnis folgend – aus buchwissenschaftlicher Sicht der Frage nachgegangen, wie in diesem die Kulturtechnik Lesen und das damit verbundene Medium Buch thematisiert werden. Ausgangsbasis der Analyse sind die Bildungspläne der Bundesländer für die frühe Bildung in Kindertageseinrichtungen.

Da die Bildungspläne maßgeblich von pädagogischen und soziologischen Fachkräften erarbeitet wurden bzw. werden und sich ebenso an pädagogisches Fachpersonal richten, können sie mit gutem Grund als Maßstab herangezogen werden; in ihnen – so ist anzunehmen – sind die pädagogischen Ansprüche an eine zu leistende Lesesozialisation in den Kindertagesstätten eingeschrieben.

Um eine Benotung der Bildungspläne durchführen zu können, wurde eine Bewertungsmatrix entwickelt. Diese basiert auf einem erstellten Gesamtkatalog, der die in den Bildungsplänen formulierten Empfehlungen, Forderungen und Hinweise rund um die Thematik Buch und Lesen enthält. Besonders berücksichtigt wird die bayerische Fassung, zu deren Umsetzung im zweiten Teil der Arbeit ein Fallbeispiel aus der Praxis aufgezeigt wird; in Expertengesprächen mit Leiterinnen Erlanger Kindergärten wird unter anderem die Korrelation zwischen den Vorgaben des Bayerischen Bildungs- und Erziehungsplans und deren (Nicht-)Umsetzung beziehungsweise (Nicht-)Umsetzungsmöglichkeiten im Kindergartenalltag beleuchtet. Den Aussagen aus den Expertengesprächen werden einige Ergebnisse der im Rahmen dieser Arbeit durchgeführten Studie *Medienerziehung im Alter von 3–6 Jahren – Medien im Elternhaus und Kindergarten* zur Seite gestellt, welche die Auffassungen der Befragten kontrastieren.

2 Forschungsstand

Buchwissenschaft betreibt eine hochgradig interdisziplinäre Forschung; Wirtschaftswissenschaft, Geschichtswissenschaft und Medienwissenschaft zum Beispiel sind eng mit dieser verzahnt und erfahren eine fundierte buchwissenschaftliche Perspektivisierung. Die Disziplinen Pädagogik und Soziologie hingegen sind bisher wenig beachtet worden, obgleich sie sehr wohl für bestimmte buchwissenschaftliche Themenfelder von großem Interesse sein können. Dann nämlich, wenn sich die buchwissenschaftliche Forschung als Untersuchungsgegenstand dem Leser und dem Lesen widmet. Dieses Forschungsfeld wird von der Buchwissenschaft bisher größtenteils historisch angegangen. Zu erwähnen sind hier zum Beispiel die Vorlesung *Lesen und Leser* am Fach Buchwissenschaft der Friedrich-Alexander-Universität Erlangen-Nürnberg[1] oder das Proseminar *Mainzer Lesegesellschaften des 18. Jh.* am Institut für Buchwissenschaft an der Johannes Gutenberg-Universität Mainz[2] sowie die Publikationen XXXX. Die Pädagogik und Soziologie behandelt das Phänomen Leser / Lesen in umfangreichem Maße auch aus zeitnaher Sicht, zumal sowohl Pädagogen als auch Soziologen insbesondere in den Ergebnissen der PISA-Studie von 2001 einen hoch aktuellen Anlass zur intensiven Auseinandersetzung mit Fragestellungen rund um den Leser und das Lesen gefunden haben. Exemplarisch seien genannt: *Lesesozialisation in der Mediengesellschaft. Ein Forschungsüberblick* (Groeben / Hurrelmann, 2004), *Lesegenese in Kindheit und Jugend. Einführung in die literarische Sozialisation* (Graf, 2007), *Lesekompetenz. Bedingungen, Dimensionen, Funktionen* (Groeben / Hurrelmann ²2006)

Während die Erkenntnis, dass die Lesesozialisation „[…] bereits im Kleinkindalter im Kontext der prä- und paraliterarischen Kommunikationsformen zwischen Eltern und Kindern, längst ehe der Leselernprozess im engeren Sinne einsetzt [, beginnt].", in der buchwissenschaftlichen Forschung folglich bisher noch keine Berücksichtigung findet – das analphabetische, noch nicht lesen könnende Kindergartenkind ist nicht von Interesse – behandelt die Soziologie dieses frühe Stadium des Lesekompetenzerwerbs zumindest marginal und legt den Fokus dabei auf die Sozialisationsinstanz Familie.[3] Der Kindergarten, in dem neben der Familie ein wesentlicher Teil jener Ausgangsbasis gelegt werden kann, die für eine umfassenden Lese- und Medienkompetenz erforderlich ist, wird von den meisten Soziologen gar nicht erst als nennenswerte Sozialisationsinstanz betrachtet. Die Pädagogik widmet sich diesem Thema hingegen schon von Hause aus wesentlich ausführlicher. Die Früh- und Elementarpädagogik ist ein intensiv beforschtes Feld mit großer Aktualität, zumal die Bedeutung des Kindergartens für die Entwicklung der Kinder stetig wächst – nicht umsonst wurde 2001 ein gemeinsamer Rahmen der Länder für die frühkindliche Bildung verabschiedet, in dessen Folge in den Bundesländern entsprechende Bildungspläne konzipiert wurden, die hier den wesentlichen Untersuchungsgegenstand bilden. Die Auswertung dieser aus buchwissenschaftlicher Perspektive ist ein neuer Ansatz, einen Brückenschlag zwischen aktueller Pädagogik, Soziologie und buchwissenschaftlichen Interessen zu versuchen.

---

[1] Rautenberg, Ursula. Lesen und Leser. Vorlesung. Erlangen WS 06/07, WS 08/09.
[2] Pelgen, Franz Stephan. Mainzer Lesegesellschaften des 18. Jh. Proseminar. Mainz WS 06/07.
[3] Vgl. exemplarisch Hurrelmann 2004a, b; Hurrelmann 2006a, b; Groeben 2006; Bertschi-Kaufmann / Kassis / Sieber 2004; Rau 2007; Näger ²2005.

3 Thematische Vorbemerkung

Eine Beschäftigung mit den Bildungsplänen für den Elementarbereich scheint zunächst eine im Wesentlichen pädagogische und nicht eine buchwissenschaftliche Aufgabe zu sein. Auch die Eingrenzung auf jene Kapitel, die sich dem Medium Buch sowie der Kulturtechnik Lesen und deren vielfältigen Facetten widmen, macht das buchwissenschaftliche Interesse insofern noch nicht verständlich, als dass man leicht feststellen kann, dass sich keines der Kapitel in keinem der Bildungspläne explizit damit auseinandersetzt – was zunächst nicht verwundert, denn Lesen lernt man in der Schule und die vorwiegende Buchgattung im Kindergarten ist das Bilderbuch. Doch diese Sichtweise ist zu oberflächlich sowie überholt,[4] denn „[m]ittlerweile sind sich Sprachdidaktik und Lesesozialisationsforschung in der Erkenntnis einig, dass die Leseentwicklung der Kinder lange vor dem formellen Lesenlernen in der Schule beginnt."[5] und der Prozess des Leselernlernens stark mit der Sprachentwicklung verknüpft ist.[6] Dieser Erkenntnis trägt der Begriff *Schriftspracherwerb* Rechnung, der „die in der Forschung ‚immer deutlicher werdenden Beziehungen zwischen dem – primären – Spracherwerb und dem – sekundären – Schriftspracherwerb‘"[7] betont. Damit gerät der Schriftspracherwerb, dessen Erforschung in der Pädagogik verortet ist,[8] auch in den Bereich der Lesesozialisationsforschung und ist somit sehr wohl von buchwissenschaftlichem Interesse. Die Förderung des Schriftspracherwerbs wiederum ist eine Thematik, die in allen Bildungsplänen für den Elementarbereich erörtert wird. Aus diesem Grund bieten sie folglich auch aus buchwissenschaftlicher Perspektive einen interessanten Untersuchungsgegenstand.

Gerade im Hinblick auf die Ergebnisse von PISA 2000, die den deutschen Schülern bei der Lesekompetenz mit Platz 21 auf der „Gesamtskala Lesen" eine schlechtere Leistung quittieren, als fast allen anderen westeuropäischen Staaten[9] sowie in Anbetracht der durch die IGLU-Studie 2003 offen gelegten „Versäumnisse der Leseförderung in den Grundschulen"[10] und „gravierenden Defizite der Leseförderung in der Sekundarstufe I"[11] rückt die Förderung des Schriftspracherwerbs im Kindergarten in den Vordergrund. Denn wenn dort der Beginn des Leselernprozesses zu verankern ist, wenn dort die Basis für die Entwicklung einer qualifizierenden Lesekompetenz liegt, sollte auch genau dort mit „Leseförderung" begonnen werden, denn „Lesekompetenz ist eine Schlüsselqualifikation par excellence und eine zentrale Voraussetzung für die Teilhabe an vielen Bereichen des gesellschaftlichen Lebens."[12] Auch Garbe sieht den Kindergarten und die Grundschule in der Pflicht, die vorschulische „literarische[n] Primärsozialisation" vermehrt zu übernehmen, da diese in vie-

---

[4] Hier wird darauf hingewiesen, dass die Leseforschung bis in die zweite Hälfte des 20 Jahrhunderts den Beginn des Lesenlernens mit dem Schuleintritt gleichsetzte. Vgl. Hurrelmann 2004a, S. 173.
[5] Hurrelmann 2004a, S. 173.
[6] Vgl. ebd. Siehe auch: BMBF 2007, S. 33.
[7] Vgl. ebd.
[8] Die oben erwähnte Sprachdidaktik ist eine Unterdisziplin der Pädagogik.
[9] Vgl. PISA 2000, S. 106.
[10] Garbe 2005, S. 11.
[11] Ebd.
[12] BMBF 2007, S. 6.

len Fällen durch die Sozialisationsinstanz Familie nicht mehr geleistet wird.[13] Es liegt folglich nahe, den Kindergarten als „eigenständige" Lesesozialisationsinstanz zu betrachten – in der aktuellen Forschung kommt dieser Status im Modell der Lesesozialisation als Ko-Konstruktion, in dem die äußeren und inneren Einflussfaktoren auf den Leselernprozess berücksichtigt werden, bisher nur der Familie, der Schule und der peer group zu.[14] Berücksichtigt man den Kindergarten jedoch verstärkt und wird somit seiner wachsenden Bedeutung gerecht, ergibt sich daraus eine weitreichende Forderung: Neben einer verstärkten schulischen Leseförderung, wie sie u.a. Garbe fordert,[15] muss auch im Kindergarten eine intensivere Leseförderung stattfinden, denn wenn die Entwicklung der Lesekompetenz an die Entwicklung des Schriftspracherwerbs gekoppelt ist, liegt das schlechte Abschneiden deutscher Schüler jedenfalls nicht nur „am Anfang der Schulzeit"[16] begründet, wo sie Garbe verortet, sondern zum Teil schon wesentlich früher, nämlich zu Beginn der „primären literarischen Initiation",[17] d.h. in der Familie und immer mehr auch im Kindergarten. Es gilt folglich auch für diese Lesesozialisationsinstanz Leseförderungskonzepte zu entwickeln. Einen Anfang macht Forster, die der Meinung ist: „Leseförderung kann lange vor Schuleintritt beginnen"[18] und neben dem Vorlesen auch die Förderung der phonologischen Bewusstheit in den Vordergrund stellt, da diese eine wesentliche Bedingung für das Lesen darstellt.[19] Aus buchwissenschaftlicher Sicht ist ein Leseförderungskonzept für den Kindergarten (und darüber hinaus) aber um Aspekte zu erweitern, die über die Vermittlung des Inhalts des Buches (Vorlesen) und der Sprachförderung (phonologische Bewusstheit) hinausgehen und sich mit dem Motto „Lesebegeistert sein bedeutet buchbegeistert sein!" prägnant beschreiben lassen. Das Konzept sieht vor, neben den inhaltlichen und sprachlichen Fördermöglichkeiten mit dem Medium Buch, dieses vor allem auch als Kulturgut zu thematisieren, welches eng mit der Kulturtechnik Lesen verknüpft ist. Damit soll die Wertschätzung für das Medium Buch und das Lesen (wieder) gesteigert und eine stärkere Verankerung im Bewusstsein der Kinder und zukünftigen Leser erzielt werden.[20] Aufgrund dieses Ansatzes, der weiter unten noch weiter ausgeführt wird, stehen in dieser Arbeit nicht die phonologische Bewusstheit und der Schriftspracherwerb, sondern der Bezug zum Medium Buch sowie zur Kulturtechnik Lesen im Fokus.

---

[13] Vgl. Garbe 2005b, S. 30.
[14] Vgl. exemplarisch: Bertschi-Kaufmann / Kassis / Schneider 2004, S. 27; Groeben / Schroeder 2004, S. 306–348; Saxer 1995. Zum Modell der Lesesozialisation als Ko-Konstruktion vgl. exemplarisch: Groeben 2004, Hurrelmann 2006a.
[15] Vgl. Garbe 2005, S. 30.
[16] Ebd.
[17] Ebd.
[18] Forster 2005, S. 36.
[19] Ebd., S. 37.
[20] Das Projekt „Abenteuer Buch" der Erlanger Buchwissenschaft verfolgt diesen Ansatz seit 2006 in verschiedenen Modell-Einrichtungen in Erlangen und Nürnberg.

II Die Bildungspläne der deutschen Bundesländer für Kindertagesstätten

In den meisten Bundesländern haben die Bildungspläne für Kindertagesstätten verpflichtenden Charakter. Dies bedeutet, dass die Einrichtungen dazu angehalten sind, die in den Bildungsplänen formulierten Bildungsziele umzusetzen und den Bildungsaufgaben nachzukommen. Zu diesem Zweck werden die Bildungspläne in die träger- oder einrichtungsinterne Konzeption eingearbeitet oder direkt im pädagogischen Alltag berücksichtigt. Die Integration der Bildungspläne soll gewährleisten, dass Kinder bereits im Elementarbereich eine gleichberechtigte und angemessene Bildung erfahren.[21] Es kann folglich angenommen werden, dass die Bildungspläne für Kindertagesstätten den pädagogischen Alltag in den Einrichtungen maßgeblich mitbeeinflussen.

Aufbauend auf dieser Annahme ist davon auszugehen, dass auch der Umgang mit dem Medium Buch und die Thematisierung der Kulturtechnik Lesen im Alltag der Kindertagesstätten durch die Bildungspläne der Länder mitgeprägt werden und diese somit Einfluss auf die Lesesozialisation der Kinder haben. Sowohl das Medium Buch als auch die Kulturtechnik Lesen und das damit verbunden Forschungsfeld der Lese(r)forschung stehen im Fokus der buchwissenschaftlichen Forschung und immer wieder im Mittelpunkt zahlreicher Bildungsdebatten.[22] Aufgrund dessen werden in den folgenden Unterkapiteln die Bildungspläne für Kindertagesstätten der deutschen Bundesländer aus buchwissenschaftlicher Perspektive analysiert. Buchwissenschaftliche Perspektive meint, dass die Publikationen im Hinblick auf die Thematisierung des Mediums Buch und der Kulturtechnik Lesen untersucht werden. Als Fragestellung lässt sich formulieren: Wie, in welchem Umfang und in welchem Kontext thematisiert der jeweilige Bildungsplan für Kindertagesstätten das Medium Buch und die Kulturtechnik Lesen?

Dazu gilt es zunächst, die im gemeinsamen Rahmenplan der Länder definierten Bildungsbereiche, an denen sich die Bildungspläne der Länder orientieren, auf einen etwaigen Buchbezug zu untersuchen. Anschließend werden diese Bildungsbereiche eines jeden Bildungsplans analysiert. Dabei wird der Inhalt auf Bezüge zum Medium Buch und zur Kulturtechnik Lesen gefiltert. Mit berücksichtigt werden auch Komposita und Assoziationen, die nicht direkt das Medium Buch oder das Schlagwort Lesen thematisieren, aber mit diesen in einem engen Verhältnis stehen oder verwandte Themengebiete berühren; gedacht sei dabei zum Beispiel an Begrifflichkeiten wie Bibliothek, Buchhandlung, Vorlesen, Autor, Buchherstellung aber auch Schrift und Schreiben. Nach der Untersuchung wurde eine Bewertungsmatrix erstellt, die sämtliche Bezüge aus allen Bildungsplänen abbildet. Mittels eines Punktesystems, gestaffelt nach der Häufigkeit und Wichtigkeit der Bezüge, wurde jedem einzelnen Bezug ein Wert zugeordnet, so dass ein Bewertungsbogen entstand, der über die Analyseergebnisse gelegt wurde. Das Punktesystem wurde abschließend in ein Notensystem übertragen, das eine einheitliche Benotung, beruhend auf dem Schulnotensystem von eins bis sechs, für jeden Bildungsplan ermöglichte, die ein wesentlicher Bestandteil des jeweiligen Resümees bildet.

---

[21] Näheres zu den Bestimmungen unter Kapitel 3.1
[22] Insbesondere seit PISA 2001 ist der Begriff Lesekompetenz ein Schlagwort in der deutschen Bildungsdebatte.

1 Methodik – Die Bewertungsmatrix zur Benotung der Bildungspläne

Der Buchbezug innerhalb der einzelnen Bildungspläne lässt sich grob in vier verschiedene Kategorien unterteilen, die sich in der Bewertungsmatrix als Spaltenüberschriften wieder finden.[23] Dies sind: A – Räumliche Gestaltung / Materialien / Ausstattung, B – Kooperationen / Gemeinwesenorientierung / Eltern, C – Zentrale Forderungen / Zielstellungen und Fragestellungen, D – Aktivitäten rund ums Buch / mit dem Buch. Diesen Kategorien werden Unterkategorien zugeordnet, die besonders wichtige und oft geforderte Parameter innerhalb der Bildungspläne bezeichnen. Zum Beispiel *Bibliothek in der Einrichtung* unter der Kategorie A. Thematisiert ein Bildungsplan eine Unterkategorie, werden dafür fünf Punkte vergeben. Die Thematisierungstiefe ist jedoch von Bildungsplan zu Bildungsplan unterschiedlich und muss in der Bewertung berücksichtigt werden. Detaillierte Forderungen rund um diese Unterkategorien wurden als Stichpunkte aufgelistet und je nach Wichtigkeit und Häufigkeit mit einem oder drei Punkten bewertet. So wurde die Forderung, dass die Bibliothek allen stets zugänglich sein soll, mit drei Punkten, die Forderung nach einer gemeinschaftlichen Gestaltung derselben mit einem Punkt bewertet.) Für die einzelnen Kategorien ergibt sich damit folgende maximal zu erreichende Punkteverteilung: Kategorie A: 30 Punkte, Kategorie B: 40 Punkte, Kategorie C: 10 Punkte, Kategorie D: 61 Punkte. Die maximal zu erreichende Gesamtpunktzahl beträgt folglich 141 Punkte. Die Kategorie D *Aktivitäten rund ums Buch / mit dem Buch* deckt mit 61 erreichbaren Punkten fast die Hälfte der zu vergebenen Punkte ab und bildet damit einen Schwerpunkt. Die Kategorien A und B (Räumliche Gestaltung und Kooperationen, Eltern) werden mit maximal 30 bzw. 40 Punkten in etwa gleich gewichtet. Dass die zentralen Forderungen, Zielstellungen und Fragestellungen lediglich mit insgesamt 10 Punkten bewertet werden, liegt zum einen daran, dass diese in den Bildungsplänen selten eindeutig formuliert werden, zum anderen sind ausführliche Handlungsanweisungen und detaillierte Vorschläge oder Empfehlungen als Hilfestellung für den pädagogischen Alltag sinnvoller, als zwar prägnante, aber allgemeine Postulate. Aus diesem Grund ist diese Kategorie lediglich als Bonuskategorie aufzufassen.

Beim Abgleich der Bewertungsmatrix mit den Bildungsplananalysen wurde auf eine inhaltlich sinngemäße Thematisierung der einzelnen Parameter geachtet, nicht auf eine wortwörtliche Nennung. Die dabei zwar seltenen aber doch entstandenen Schwierigkeiten bei der Zuordnung auf Grund von uneindeutigen Formulierungen und insbesondere das Problem der „Randthematisierung", also der Frage, ab wann eine Forderung als erfüllt gilt. Ist Forderung *Bibliothek in der Einrichtung* erfüllt, wenn der Text nicht explizit von Bibliothek, sondern von einem reichhaltigen, den Kindern frei zugänglichem Buchangebot spricht? In der Regel wurde dies zugunsten der Bildungspläne als erfüllte Forderungen gewertet.

Da die Bewertungsmatrix sämtliche relevante Forderungen aller Bildungspläne enthält, ist das Erreichen der vollen Punktzahl nicht realistisch, zumal berücksichtigt werden muss, dass bei der Konzeption und Ausformulierung der Bildungspläne ledig-

---

[23] Vgl. dazu Anhang Tabellen Ia und Ib. Diese geben einen Überblick über die Punktewertung pro Parameter.

lich der gemeinsame Rahmenplan der Länder als Bezugspunkt herangezogen wurde, zu allen weiteren inhaltlichen Dimensionen gab es keine Vorgaben. Die zum Teil sehr großen Unterschiede von Bundesland zu Bundesland sind folglich nicht verwunderlich. Diesem Faktum wird im Notensystem Rechnung getragen: der Notenbereich von eins bis drei beginnt bereits bei 43 % der zu erreichenden Gesamtpunktzahl und ist damit im Vergleich zu der von der Deutschen Industrie- und Handelskammer entwickelten Leistungstabelle, bei der derselbe Bereich erst bei 67 % beginnt, sehr groß gehalten und hebt den Notenspiegel um zwei Noten an.[24]

Es ist bei der folgenden Analyse und Bewertung immer daran zu denken, dass die Bewertung der Bildungspläne keine Aussage über die tatsächliche Qualität der pädagogischen Arbeit in den Kindertagesstätten macht. Sie gibt lediglich Auskunft darüber, wie das Medium Buch und die Kulturtechnik Lesen innerhalb der Bildungspläne behandelt wird. Trotz der Annahme, dass die Bildungspläne die pädagogische Arbeit beeinflussen, liegt es in der Hand der Erzieherinnen, auf die Anregungen eines mit gut oder befriedigend bewerteten Bildungsplans einzugehen oder diese nicht zu berücksichtigen oder andere, eigene Ideen umzusetzen. Gleiches gilt für die Erzieherin, die mit einem hier mit mangelhaft bewertetem Bildungsplan arbeitet – nichts hindert sie daran, aus anderen Quellen Anregungen zu bekommen oder eigene Ideen zu entwickeln und umzusetzen; vielleicht mangelt es dann allerdings an nötigen Impulsen.

2 Der Beschluss der Jungendministerkonferenz / Kultusministerkonferenz vom 13. / 14.05.2004 bzw. 03. / 04.06.2004 zu einem gemeinsamen Rahmen der Länder für die frühe Bildung in Kindertageseinrichtungen

2004, drei Jahre nach dem PISA-Schock, verabschiedeten die Jugend- und Kultusminister der Bundesländer einen gemeinsamen Rahmen für die frühe Bildung in Kindertageseinrichtungen. Dieser gemeinsame Rahmen soll „[...] wesentlich zur Verwirklichung der Bildungs- und Lebenschancen der Kinder [...]"[25] beitragen. Damit honoriert er die Wichtigkeit der Einrichtungen und der in ihnen geleisteten Arbeit für den Bildungsprozess und die Persönlichkeitsbildung der Kinder.

Die einzelnen Bundesländer verpflichteten sich, sofern noch nicht geschehen, einen Bildungsplan für die Kindertageseinrichtungen im Elementarbereich zu konzipieren, der auf dem gemeinsamen Rahmen der Länder basiert, welcher „[...] konkretisiert, ausgefüllt und erweitert wird."[26] Die Ausformulierung und die konkrete Umsetzung der zu erstellenden Bildungspläne sind also landesspezifisch, eine Anpassung an die jeweiligen Gegebenheiten im Bildungssektor der Länder ist möglich und erwünscht.

„Bildungspläne haben aber insbesondere die Aufgabe, die Grundlagen für eine frühe und individuelle Förderung der Kinder zu schaffen."[27] und gewährleisten, dass allen

---

[24] Zur Leistungstabelle der IHK vergleiche URL: http://www.eventpruefung.de/index.php?id =53,0,0,1,0,0 [17.08.2008].
[25] Minister für Jugend und Bildung der Länder 2004, S. 2.
[26] Ebd.
[27] Minister für Jugend und Kultus der Länder 2004, S. 2.

Kindern eine angemessne Bildung zuteil wird. Sie geben jedoch kein starres pädagogisches Konzept vor, das es in den Einrichtungen umzusetzen gilt, sondern „[...] belassen einen großen pädagogischen Freiraum und setzen auf die Berücksichtigung individueller Unterschiede und spielerischer, erkundender Lernformen."[28] Jedoch formulieren sie sehr wohl „Aufgaben und zu erbringende Leistungen"[29] die von den Einrichtungen zu erfüllen sind.

Der Rahmenplan der Länder formuliert sechs Bildungsbereiche, die im Sinne der ganzheitlichen Förderung verschiedene, sich gewollt überschneidende Themenfelder abdecken, zu deren besonderer Beachtung und Förderung die Kindertageseinrichtungen und die in ihnen beschäftigten Pädagogen aufgefordert sind:

- Sprache, Schrift, Kommunikation
- Personale und soziale Entwicklung, Werteerziehung / religiöse Bildung
- Mathematik, Naturwissenschaft, (Informations-)Technik
- Musische Bildung / Umgang mit Medien
- Körper, Bewegung, Gesundheit
- Natur und kulturelle Umwelten

Von besonderem Interesse für die vorliegende Arbeit sind jene Bildungsbereiche und deren jeweilige Ausformulierung in den Bildungsplänen der einzelnen Länder, bei denen ein möglicher Bezug zum Medium Buch und zum Lesen hergestellt werden könnte. Dazu gehören im engeren Sinne: Der Bildungsbereich *Sprache, Schrift, Kommunikation* und der Bildungsbereich *Musische Bildung / Umgang mit Medien*. Im weiteren Sinne ist auch der Bildungsbereich *Natur und kulturelle Umwelt* in die Betrachtung mit einzubeziehen. Der Bildungsbereich *Mathematik, Naturwissenschaft, (Informations-)Technik* wird in dieser Arbeit vernachlässigt; man könnte in ihm zwar einen gewissen Buchbezug vermuten, denkt man an die modernen Formen des Buches – zum Beispiel Hörbuch, E-book, E-Paper und umfangreiche Internetinhalte, doch ist deren Verbreitung und Marktanteil für diese Zielgruppe derart gering, dass man eine Thematisierung dieser nicht erwarten kann, zumal die hier zu erwartenden Bezüge auch im Bildungsbereich *Umgang mit Medien* abgedeckt werden könnten

Der Bildungsbereich *Sprache, Schrift, Kommunikation* spricht schon alleine durch seine Bezeichnung für einen möglichen Buch- bzw. Lesebezug, sind doch Sprache, Schrift und Kommunikation Themenfelder, die direkt mit dem Medium Buch und dem Thema Lesen verbunden sind. Im Rahmenplan der Länder heißt es zu diesem Bildungsbereich wörtlich: „Zentraler Bestandteil sprachlicher Bildung sind kindliche Erfahrungen rund um Buch-, Erzähl- und Schriftkultur (Literacy)."

Der Bildungsbereich *Musische Bildung / Umgang mit Medien* lässt besonders im zweiten Teil – *Umgang mit Medien* – einen Buchbezug zu. Innerhalb dieses Bereichs soll Medienkompetenz vermittelt und ein sinnvoller Umgang mit den Medien geschult werden. Es ist zu vermuten, dass in diesem Zusammenhang auch das Medium Buch thematisiert wird.

---

[28] Minister für Jugend und Kultus der Länder 2004, S. 2.
[29] Ebd.

„Den Kindern ist die Begegnung mit der Natur und den verschiedenen kulturellen Umwelten zu ermöglichen und es sind ihnen darin vielfältige Gestaltungsmöglichkeiten zu eröffnen." So lautet eine Bestimmung für den Bildungsbereich *Natur und kulturelle Umwelten*. Hier lässt zunächst nichts auf einen Buchbezug oder Bezug zum Lesen schließen, die Erklärung findet sich jedoch in dem Begriff der *kulturellen Umwelten*. Denn der Begriff bezeichnet alles das, „[…] was vom Menschen erschaffen wurde. Wie z.b. Kenntnisse im Bereich Wissenschaft und Technik, Kunst, Glaube, Sitten und Gebräuche."[30] Zur pädagogischen Umsetzung in der Praxis gehören das Beobachten des Wetters und das Bewusstmachen der jahreszeitlichen Veränderungen desselben ebenso dazu wie der Besuch von öffentlichen Einrichtungen, etwa der Post, einer Bank oder der Bibliothek.[31] Zudem sollen „lebenspraktische Tätigkeiten"[32] vermittelt werden, zu denen auch die Buchausleihe in einer Bibliothek gezählt werden kann.

Die hier aufgeführten Bildungsbereiche werden ganz im Sinne der Rahmenvereinbarung von den einzelnen Bundesländern thematisch unterschiedlich weit bzw. eng gefasst, interpretiert und ausformuliert und nicht eins zu eins in den jeweiligen Bildungsplänen aufgenommen. Es finden Ausdifferenzierungen statt, die dazu führen, dass in einigen Bildungsplänen weitere Bildungsbereiche ausgearbeitet werden, es kommt mitunter zu Umbenennungen und zu thematischen Verschiebungen innerhalb der einzelnen Teilbereiche. Die in der Rahmenvereinbarung formulierten Ansprüche an die verschiedenen Themenfelder finden sich jedoch in allen Konzepten wieder. Bei der folgenden Analyse wird daher versucht, die in den einzelnen Bildungsplänen enthaltenen *Konstrukte* inhaltlich so weit wie möglich den hier skizzierten Bildungsbereichen zuzuordnen, um auf eine einheitliche Vergleichsgrundlage zurückgreifen zu können. Darüber hinaus muss berücksichtigt werden, dass es sich bei einigen Länderversionen um Entwürfe zur Erprobung handelt, die noch eine abschließenden Überarbeitung erfahren können, denn „Im Interesse der Sicherung und Weiterentwicklung von Qualität sollte die Entwicklung von Plänen […] als langfristiges Vorhaben konzipiert werden, das der ständigen Verbesserung unterliegt."[33]

---

[30] Adams 2007.
[31] Vgl. ebd.
[32] Vgl. ebd.
[33] Minister für Jugend und Kultus der Länder 2004, S. 7.

3 Der Bayerische Bildungs- und Erziehungsplan für Kinder in Tageseinrichtungen bis zur Einschulung

3.1 Allgemeines

Der Bayerische Bildungs- und Erziehungsplan für Kinder in Tageseinrichtungen bis zur Einschulung – nachfolgend verkürzt als *Bayerischer Bildungsplan* bezeichnet – ist mit 485 Seiten die umfangreichste Konzeption innerhalb der 16 Bundesländer. Ende Oktober 2003 erstmals als Entwurf zur Erprobung im Cornelsen Verlag Scriptor erschienen, liegt inzwischen die 2., aktualisierte und erweiterte Auflage 2006 als Endfassung vor, die für die landesweite Anwendung vorgesehen ist und dementsprechend in dieser Arbeit unter buchwissenschaftlicher Prämisse analysiert werden soll.

Nicht nur aufgrund seiner umfangreichen Ausarbeitung sondern auch wegen seines frühen Erscheinens bereits ein Jahr vor der Rahmenvereinbarung der Länder diente und dient der Bayerische Bildungsplan den übrigen Bundesländern als Vorlage, wie in den Unterkapiteln zu den einzelnen Bildungsplänen noch deutlich werden wird.

Herausgegeben wird der Bayerische Bildungsplan vom Bayerischen Staatsministerium für Arbeit und Sozialordnung, Familie und Frauen sowie vom Staatsinstitut für Frühpädagogik (IFP) in München. Als Projektleiter und Gesamtverantwortlicher wird Prof. Dr. Dr. Dr. Wassilios E. Fthenakis, Direktor des Staatsinstituts für Frühpädagogik, aufgeführt. Die Schriftleitung und Gesamtredaktion hat Eva Reichert-Garschhammer, Abteilungsleiterin im Staatsinstitut für Frühpädagogik, inne. Erarbeitet wurde der Bildungsplan unter der Leitung des Staatsinstituts für Frühpädagogik durch eine Fachkommission und zahlreiche und Experten für die jeweiligen Themenfelder, die zu der Vorfassung und dem Erprobungsentwurf Stellung bezogen haben. Darunter sind zahlreiche Vertreter pädagogischer Fachgebiete, u.a. Medienpädagogik, Sozialpädagogik, Musikpädagogik, Familienpädagogik, aber auch ein Bildhauer und ein Referent für Freizeit und Umweltbildung; ein Buchwissenschaftler findet sich allerdings nicht.

Die oben erwähnte Endfassung ist das Resultat aus einer dreistufigen Entwicklung: Der Entwicklungsphase, an deren Ende der Entwurf für die Erprobung stand, folgte eine Erprobungs- und Reflexionsphase, nach deren Abschluss die Ergebnisse von 104 Modelleinrichtungen ausgewertet wurden, die im Kindergartenjahr 2003 / 2004 mit der praktischen Erprobung des Planes betraut waren. In der Auswertungs- und Fortschreibungsphase wurden diese Ergebnisse in den Bildungsplan eingearbeitet, um ihn „praxisgerechter und umsetzungsfreundlicher zu gestalten."[34] Doch auch die damit vorliegende Endfassung ist ein „offen bleibendes Projekt"[35], das auf gesellschaftliche Entwicklungen reagieren kann und muss.

In seiner Funktion soll der Bayerische Bildungsplan „dem pädagogischen Personal einen Orientierungsrahmen und Anregungen an die Hand [zu] geben"[36] mit deren Hilfe sie die in der *Ausführungsverordnung des Bayerischen Kinderbildungs- und*

---

[34] BBP 2006, S. 41.
[35] Ebd.
[36] BBP 2006, S. 37.

Betreuungsgesetzes (AVBayKiBiG) verbindlich eingeschriebenen Bildungs- und Erziehungsziele umsetzen können; der Bayerische Bildungsplan selbst ist folglich nicht verbindlich. Bei der konkreten Umsetzung in den jeweiligen Kindertagesstätten soll der Bildungsplan auf die Einrichtungskonzeption Einfluss nehmen und „[…] ist somit Orientierungshilfe, Bezugsrahmen und Verständigungsgrundlage für die Konzeptionsentwicklung und zugleich Richtschnur für die Selbstevaluierung."[37] Um dem gewünschten Umgang mit dem Bildungsplan gerecht werden zu können, werden allen Betroffenen „Qualifizierungsmaßnahmen" und „vertiefende Materialien" angeboten bzw. zur Verfügung gestellt. So gibt es einen vom IFP speziell zum Bildungsplan eingerichteten Online-Infodienst (www.ifp-bayern.de), eine Elternbroschüre des Sozialministeriums und zahlreiche Schulungen.

3.2 Die Bildungsbereiche

Der Bayerische Bildungsplan greift die in der Rahmenvereinbarung der Länder vorgeschlagenen Bildungsbereiche zwar weitgehend auf, versieht diese aber zum Teil mit anderen Überschriften und weist den einzelnen Bereichen vereinzelt leicht erweiterte Themengebiete zu.[38] Die für diese Arbeit relevanten Bildungs- und Erziehungsbereiche nach unter II. 2 genannten Kriterien sind:

- Sprach- und medienkompetente Kinder
  - Sprache und Literacy
  - Informations- und Kommunikationstechnik, Medien
- Künstlerisch aktive Kinder
  - Ästhetik, Kunst und Kultur

Der Bildungsbereich *Sprach- und medienkompetente Kinder* mit seiner Untergliederung in *Sprache und Literacy* und *Informations- und Kommunikationstechnik, Medien* ist dabei eine Verquickung des im Rahmenplan als *Sprache, Schrift, Kommunikation* bezeichneten Bildungsbereichs mit Bestandteilen der Bereiche *Mathematik, Naturwissenschaft, (Informations-)Technik, Medien* und *Musische Bildung / Umgang mit Medien*. Der mit *Künstlerisch aktive Kinder* betitelte Bereich ist wenigstens teilweise eine Entsprechung des Bildungsfeldes *Natur und kulturelle Umwelten*.

Für jeden Bildungs- und Erziehungsbereich wird jeweils ein Leitgedanke formuliert, der die Wichtigkeit des Bereichs thematisiert, es werden Bildungs- und Erziehungsziele genannt, Anregungen und Beispiele zur Umsetzung gegeben, Leitfragen gestellt und auf ein Projektbeispiel aus der Praxis Bezug genommen. Am Ende jedes Unterkapitels findet sich ein Auszug aus der verwendeten Literatur.

Sprach- und medienkompetente Kinder – Sprache und Literacy

Das Medium Buch erfährt innerhalb des Bildungsbereichs *Sprach- und medienkompetente Kinder* im Unterkapitel *Sprache und Literacy* insbesondere als *Werkzeug* für die Entwicklung von Sprachkompetenz Aufmerksamkeit. Der für den Bereich Sprache

---

[37] BBP 2006, S. 39.
[38] Vgl. BBP 2006, Kapitel 7, S. 173–399.

und Literacy formulierte Leitgedanke nimmt besonderen Bezug auf den Spracherwerb, denn „Sprachkompetenz ist eine Schlüsselqualifikation und sie ist eine wesentliche Voraussetzung für schulischen und beruflichen Erfolg, für eine volle Teilhabe am gesellschaftlich-kulturellen Leben." [39] Damit formuliert er auch eine wesentliche Voraussetzung für den Umgang mit dem Medium Buch: ohne Sprachkompetenz ist der Erwerb von Lesekompetenz nicht möglich, Lesekompetenz ist jedoch für den sinnvollen Umgang nicht nur mit dem Buch, sondern mit allen Medien, unerlässlich.

Einen wichtigen Beitrag zur Entwicklung von Sprachkompetenz leistet die Ausbildung von Literacy. Der Bayerische Bildungsplan formuliert dazu: „In der Begegnung mit (Bilder)Büchern, Geschichten, Märchen, Fingerspielen oder Reimen entwickeln Kinder literacybezogene Kompetenzen, die ganz wesentlich zur Sprachentwicklung gehören." [40] Weiter heißt es, dass diese Erfahrungen für die „[…] spätere Lesekompetenz und Bildungschancen von Kindern von großer Bedeutung sind." [41], an anderer Stelle, dass sie „Lesekompetenz und Lesefreude" fördern. Es wird gefordert, dass „der Bereich der Literacy-Erziehung […] im Elementarbereich stärker als bisher einen Schwerpunkt bilden [muss]." [42] Die „Entwicklung von Interessen und Kompetenzen rund um Bücher und Buchkultur, Schreiben und Schriftkultur (,Literaturkompetenz', Interesse an Büchern und Geschichten, Lesefreude, Interesse an Schrift)" [43] gehört dementsprechend auch zu einem der wesentlichen Bildungs- und Erziehungsziele innerhalb der literacybezogenen Interessen und Kompetenzen und rückt unter buchwissenschaftlichen Gesichtspunkten in den Mittelpunkt des Interesses.

Unter den Anregungen und Beispielen zur Umsetzung wird darauf hingewiesen, dass „eine literacyfördernde räumliche Gestaltung und ein qualitativ hochwertiges, ansprechendes Angebot an Materialien" [44] ebenso von großer Wichtigkeit sind, wie die „Integration von literacyfördernden Ritualen im Alltag." Eine andere Möglichkeit stellt eine regelmäßige Buchausleihe aus dem Bestand der kindergarteneigenen Bibliothek dar, deren Aufbau der Bayerische Bildungsplan anregt: Vorgeschlagen wird die „ansprechende Gestaltung einer Kinderbibliothek bzw. von Leseecken und ,Schreibecken'" zu deren Ausstattung „mehrsprachige Materialien, (z.B. zweisprachige oder fremdsprachige Bilderbücher und Hörspiele) [gehören]." [45] Darüber hinaus sollen den Kindern Schreibutensilien und Lettern zur Verfügung stehen, mit denen sie selbstständig in die Welt der Sprache und Schrift eintauchen können. Die gesamte Lernumgebung soll so gestaltet sein, dass die Kinder „angeregt werden, selbstständig, selbstverständlich und gestaltend mit Buch und Schrift umzugehen" [46] und so eine reichhaltige Literacyförderung erhalten.

Des Weiteren verweist der Bayerische Bildungsplan unter dem Punkt „Gemeinwesenorientierung – Kooperation mit fachkundigen Stellen" auf die Möglichkeit der Kooperation mit Bibliotheken und das Wahrnehmen der Serviceangebote derselben.

---

[39] BBP 2006, S. 207.
[40] BBP 2006, S. 208.
[41] BBP 2006, S. 216.
[42] BBP 2006, S. 216.
[43] BBP 2006, S. 210.
[44] BBP 2006, S. 213.
[45] BBP 2006, S. 213.
[46] BBP 2006, S. 219.

Nicht selten bieten Bibliotheken in kommunaler Trägerschaft über die Buchausleihe hinaus zahlreiche Sonderveranstaltungen für Kinder an, die von Kindertagen über Lesenächte bis hin zu Autorenlesungen reichen können.

Ganz konkrete Handlungsanleitungen gibt der Bayerische Bildungsplan unter der Zwischenüberschrift *Literacy-Erziehung* zur „Bilderbuch-Betrachtung"[47], zum „Erzählen und Vorlesen"[48] sowie zu „Aktivitäten rund um das Buch"[49]: Bei der Bilderbuch-Betrachtung soll der Wunsch des Kindes nach wiederholter Lektüre desselben Buches aufgegriffen werden. Auch während des gemeinsamen *Lesens* kann dem Prinzip der Wiederholung – „ein Grundprinzip der Sprachförderung"[50] – durch Zurückblättern, erneuter Betrachtung und wiederholtes Vorlesen vorangegangener Bilder und Handlungen gedient werden. Wichtig ist, dass die Bilderbuchlektüre in einem gemeinsamen Dialog geschieht, durch den das Kind nach und nach „selbst zum Erzähler der Geschichte wird und auch die Freiheit hat, eigene Kommentare und Erfahrungen beizusteuern."[51] Da die Bilderbuch-Betrachtung, das Erzählen und Vorlesen die wesentlichen *Werkzeuge* zur Literacy-Entwicklung sind, wird empfohlen, diesbezügliche Aktivitäten täglich anzubieten. Die Lektüre von Bilderbuch-Serien erlaubt den Kindern, sich mit den gleich bleibenden Figuren zu identifizieren und kann dadurch dazu beitragen, dass sie sich eigenständig ein weiteres Bilderbuch anschauen. Neben dem Vorlesen in der Einrichtung wird die Ausleihe der Bücher nahe gelegt. Auch der Umgang mit und die Ausleihe von ergänzenden Medien – z.B. CDs oder Tonkassetten zum Buch – wird befürwortet. Nach Möglichkeit soll auch immer wieder auf mehr- bzw. fremdsprachige Bücher zurückgegriffen werden. Neben dem gemeinsamen Vorlesen und Erzählen von Geschichten kann auch eine *Inszenierung* stattfinden, die „mit viel Gestik, Dramatik und refrainartigen Wiederholungen"[52] von den Kindern aufgeführt wird.

Zum Thema *Erzählen und Vorlesen* vermerkt der Bayerische Bildungsplan vor allem die damit verknüpfte Förderung der Sprachentwicklung, indem die Kinder „allmählich lernen, sich von dieser unmittelbaren, situationsgebundenen Sprachform [die den Kindergartenalltag dominiert] zu lösen. Beim Erzählen und Vorlesen wird die Welt, von der erzählt wird, über Sprache vergegenwärtigt, und so lernen Kinder allmählich die ‚erzählte Welt' zu verstehen und sich diese vorzustellen [...] "[53] Neben dem Zuhören ist es auch förderlich, wenn die Kinder selbst als *Autoren* tätig werden, indem sie ihre eigenen Geschichten diktieren und von den Erzieherinnen und Erziehern aufschreiben lassen. So erleben sie sich selbst als Gestalter einer Welt, geben ihrer Fantasie Ausdruck und erleben den Prozess der Kodierung von mündlich Gesprochenem in einen schriftsprachlichen Code.[54]

„Aktivitäten rund um das Buch sind eine wesentliche Dimension von Literacy-Erziehung".[55] Zu diesen Aktivitäten zählt der Bayerische Bildungsplan die bereits er-

---

[47] BBP 2006, S. 216.
[48] BBP 2006, S. 217.
[49] Ebd.
[50] BBP 2006, S. 216.
[51] BBP 2006, S. 216.
[52] BBP 2006, S. 217.
[53] BBP 2006, S. 217.
[54] Vgl. BBP 2006, S. 217.
[55] BBP 2006, S. 217.

wähnte Einrichtung einer Bibliothek und / oder einer Leseecke, die mit einem umfangreichen Buchangebot ausgestattet sind – von Bilderbüchern, Märchenbüchern, längeren Gesichten, die an mehreren Tagen als Folge vorgelesen werden, über kindgerechte Sachbücher bis hin zu Lexika und Zeitschriften sollte alles vertreten sein. Die Gestaltung sollte gemeinschaftlich mit den Kindern angegangen werden und regelmäßig verändert werden. Neben den Büchern sollen auch Audio-Medien für die Kinder zugänglich sein. Ideal wäre eine Verfügbarkeit der Medien auch in anderen Sprachen. Auch die Pflege der Medien ist Bestandteil der Literacy-Erziehung, so zum Beispiel die gemeinsame Reparatur von Büchern und das Einbinden derselben, wie es der Bildungsplan vorschlägt.

Zu den Möglichkeiten, die selbstständig innerhalb der Einrichtung geleistet werden können, kommen jene Aktivitäten hinzu, die von Außenstehenden in die Einrichtungen hineingetragen werden, oder die gänzlich außerhalb der Einrichtung stattfinden. Der Bildungsplan nennt als Anregung zum Beispiel Bilderbuchausstellungen und Lesungen von zeitgenössischen Kinderbuchautoren, (Bilder-)Buchausstellungen von verschiedenen Buchhandlungen, regelmäßige Besuche der (Stadt-)Bibliothek und das Wahrnehmen spezieller Kinderveranstaltungen derselben sowie die Inanspruchnahme der Beratungskompetenz der Bibliotheksfachkräfte sowohl für Erzieherinnen als auch für Eltern und Kinder.

Neben dem eigentlichen Umgang mit dem Medium Buch nimmt der Bayerische Bildungsplan auch auf folgende der sprachlichen Bildung zugute kommenden Aktivitäten Bezug: „Laut- und Sprachspiele, Reime und Gedichte, Rollenspiele, szenisches Spiel, Theater sowie spielerische und ‚entdeckende‘ Erfahrungen mit Schreiben und Schrift".[56] Es wird darauf hingewiesen, dass insbesondere Aktivitäten rund um Schreiben und Schrift „für sozial benachteiligte Kinder, die zu Hause wenig Kontakt mit Schrift und Büchern haben, […] von besonderer Bedeutung [sind]."[57] Vorgeschlagen wird u.a. die Herstellung von Plakaten mit Schrift und Bild, das Schreiben von Briefen aber auch das Entziffern von Schrift in anderen Medien wie Computer und Fernsehen. Die Raumgestaltung und Materialien betreffend, führt der Bildungsplan eine „Schreibecke" auf und empfiehlt die Ausstattung mit Buchstaben, mit denen die Kinder hantieren können.[58]

Einen wichtigen Stellenwert misst der bayerische Bildungsplan auch der Integration der Eltern in die Literacy-Erziehung bei. Neben den bereits erwähnten regelmäßigen Medienausleihen nach Hause können die Kinder über das Jahr hinweg ihr eigenes Geschichtenbuch gestalten, in dem die Erzählungen der Kinder schriftlich und bildlich festgehalten werden. Dieses Büchlein nehmen die Kinder mit nach Hause und schaffen so wieder eine Verbindung zwischen der Bildungsinstitution Kindergarten und dem Elternhaus. Doch auch die Eltern selbst sollen aktiv gefordert werden: etwa als regelmäßige Vorlesepaten in der Einrichtung, als aktive Gestalter in einer Eltern-Kind-Theatergruppe oder als Vorleser bei einem ‚Geschichtenfest‘.[59]

Unter *Projektbeispiel aus der Praxis*, das jeweils der Anregung dienen soll, stellt der *Bayerische Bildungsplan* das Projekt *Die Geschichte der Malerei – Von der Höhlenmale-*

---

[56] BBP 2006, S. 218.
[57] BBP 2006, S. 218.
[58] Vgl. BBP 2006, Tab. 7.1, S. 218f.
[59] Vgl. BBP 2006, S. 219.

rei zu den ‚Blauen Reitern‘ der Modelleinrichtung *Kath. Kindergarten St. Wolfgang in Schwaigen-Grafenaschau bei Murnau* vor. Im Fokus des Projekts stand der Bildungsbereich *Sprache und Literacy*. Die Umsetzung war eng an den Aufbau des Buches „Wie entstand die Malerei – Über Farben, Pinsel und Flächen: Ein Blick in die Werkstätten der Maler"[60] gekoppelt, das als roter Faden diente. Es „[…] führte die Kinder durch die verschiedenen Kunstepochen von der Steinzeit bis in die Gegenwart: […]".[61] Während des Projekts beschäftigten sich die Kinder intensiv mit vielen unterschiedlichen Büchern, Bildern und Geschichten rund um die Thematik. Es kam zu einem regen Austausch über verschiedene Teilaspekte sowohl bei den Kindern untereinander als auch im Dialog mit den Erzieherinnen und Eltern. Teilprojekte wie „Das alte China: mit Tusche und Seide" und „Gutenberg und die Druckkunst" oder „In der modernen Künstlerwerkstatt: Drucktechniken des 20. Jahrhunderts" weckten bei den Kindern die Begeisterung für Schrift und Zeichen. Zielschwerpunkte des Projekts waren dementsprechend unter anderem: „Literaturkompetenz – Interesse an Büchern und Geschichten", „Sprachfreude und Interesse am Dialog" und „Interesse an Schrift und Zeichen"[62]. Aufgeführte Teilprojekte stehen nicht nur im Kontext des Projektthemas, sondern weisen darüber hinaus einen direkten Buchbezug auf und sind Beispiele für die Vielfältigkeit der Themen, die sich aus einer intensiven Beschäftigung mit dem Medium Buch ergeben können.

Sprach- und Medienkompetente Kinder – Informations- und Kommunikationstechnik, Medien

Während die Überschrift des Unterkapitels *Informations- und Kommunikationstechnik, Medien* zunächst keine Einschränkung im Hinblick auf die Art der Medien macht, wird im Leitgedanken zu diesem Kapitel bereits darauf hingewiesen, dass es sich „auf die technischen bzw. informationstechnischen oder elektronischen Medien [konzentriert]."[63] Mit einem Bezug zum Medium Buch als Druckmedium ist also wider erwarten nicht zu rechnen. Auch im Hinblick auf Buchmedien im Sinne von „Buch 2.0" – also eBook[64] und ePaper – wird das Buch nicht thematisiert, was jedoch daran liegen dürfte, dass diese Produkte bis jetzt noch keinen nennenswerten Marktanteil haben und der Umgang mit diesen daher nicht relevant ist.[65] Thematisiert werden demzufolge die *neuen Medien* Fernseher, Video, DVD, Computer, Internet und die so genannten IuK-Geräte[66], die sich dadurch auszeichnen, „dass sie durch Eingabegeräte (Rezeptoren, Sensoren) Informationen aufnehmen […], diese in einer Zentraleinheit weiterverarbeiten und an ein Ausgabegerät ausgeben."[67]

---

[60] Thiel, H. P./Seidel, I.: Wie entstand die Malerei – Über Farben, Pinsel und Flächen: Ein Blick in die Werkstätten der Maler (Meyers Jugendbibliothek 03). Mannheim 1994.

[61] BBP 2006, S. 223.

[62] Vgl. BBP 2006, S. 224 f.

[63] BBP 2006, S. 231.

[64] weder mit Bezug auf den Inhalt, also elektronische Dokumente, noch mit Bezug auf den materiellen Gegenstand, also einen Handheld.

[65] Im November 2007 stellte amazon.com das eBook „Kindle" vor. Ob sich dieses Gerät, das mit elektronischer Tinte arbeitet, auf dem Markt etablieren wird, muss sich noch zeigen.

[66] Informations- und Kommunikationstechnik.

[67] BBP 2006, S. 231.

Wenn im weiteren Verlauf des Kapitels von Medienkompetenz die Rede ist, bezieht sich diese folglich ausschließlich auf die oben genannten *neuen Medien* sowie auf IuK-Geräte. Das Buch scheint aus dem Medienkanon heraus gefallen zu sein, warum sonst wird mehrfach explizit darauf verwiesen, dass die Druckmedien bereits im Bereich *Sprache und Literacy* im Fokus stehen und auf diese daher nicht mehr explizit eingegangen wird. Das ist zwar richtig, aber der Fokus ist dort ein anderer: Es geht vielmehr, wie weiter oben bereits dargestellt wurde, im Wesentlichen um Sprachkompetenz und Literacy-Erziehung, nicht jedoch um die dem Buch als Medium inhärenten Funktionen, nämlich sich *durch, über* und *mit* Medien zu bilden, wie es in den Bildungs- und Erziehungszielen für die *neuen Medien* formuliert wird.[68] Dadurch allerdings ignoriert man eben jene wesentlichen Funktionen des Mediums Buch, denen es mitunter seinen Stellenwert als eines der Leitmedien verdankt. Wenn zum Beispiel davon die Rede ist, dass „Medien als primär informelle Orientierungs-, Wissens- und Kompetenzquellen"[69] genutzt werden sollen, dann gilt das ebenso für das Buch. Selbstverständlich lässt sich auch mit dem Buch das „Verständnis der Medien erweitern (z. B. Wissen über Medienformate und Mediengenres)"[70]; natürlich trifft es auch auf das Buch zu, dass sich an ihm die kritische Reflektion von Inhalten üben lässt; ebenso lässt sich anhand des Mediums Buch das Wert- und Qualitätsbewusstsein schulen. Warum sollte es nicht von Belang sein, neben dem Wissen um das Entstehen bewegter Bilder[71] auch zu wissen, wie ein Buch hergestellt wird? An dieser Stelle muss dem Bayerischen Bildungsplan aus buchwissenschaftlicher Sicht ein Versäumnis konstatiert werden; die nicht vorhandene tiefere Thematisierung des Buches als Objekt ist eine verpasste Chance, bei Kindern das Interesse am Buch zu wecken und mit seiner Geschichte einen breiten kulturhistorischen Horizont aufzubauen.

Künstlerisch aktive Kinder – Ästhetik, Kunst und Kultur

Der Begriff *kulturelle Umwelt*, dem in Kapitel II. 2 ein möglicher Bezug zum Medium Buch zugeordnet wurde, findet sich als solches im *Bayerischen Bildungsplan* nicht. Der Bildungsbereich *Natur und kulturelle Umwelten* des Rahmenplans der Länder spiegelt sich im *Bayerischen Bildungsplan* am ehesten in Kapitel 7.8 wieder, das sich mit *Ästhetik, Kunst und Kultur* beschäftigt. Die Erwartung, dass in diesem Kapitel im Zusammenhang mit dem Begriff *Kultur* der Besuch von öffentlichen (kulturellen) Einrichtungen nahe gelegt wird, erfüllt sich jedoch nicht. Schwerpunkt der Bildungs- und Erziehungsziele dieses Kapitels ist das *Bildnerische und darstellende Gestalten* sowie *Wahrnehmungsfähigkeit entwickeln und Kultur erleben*.[72]

Dennoch finden sich in diesem Kapitel Buch bezogene Anregungen. Unter der Zwischenüberschrift *Querverweise zu anderen Bereichen* wird explizit auf das Kapitel *Sprache und Literacy* verwiesen, denn „[…] wenn Kinder gestalterisch mit Schriftzei-

---

[68] BBP 2006, S. 231.
[69] BBP 2006, S. 233.
[70] BBP 2006. S. 234.
[71] Vgl. ebd.
[72] Vgl. BBP 2006 S. 311.

chen und Schrift umgehen, Bildergeschichten erfinden, selbst Bilderbücher gestalten […], dann verbinden sich sprachliche und gestalterische Ausdrucksformen."[73]

Auch unter *Projektbeispiele aus der Praxis* finden sich Anregungen, die zumindest mit dem Medium Buch in Verbindung gebracht werden könnten. In der Modelleinrichtung *Kinderkrippe St. Josef in Kaufbeuren* wurden verschiedene Projektangebote mit Papier geboten, die sich vor allem mit der Materialität dieses Werkstoffs beschäftigten, einen direkten Buchbezug jedoch gab es dabei nicht. Der *Wald- und Seekindergarten in Lindau e. V.* führte sogar ein ganzes Projekt zum Thema *Papier schöpfen – Vom Baum zur Papierherstellung* durch und verfolgte als Ziel „den Buchdeckel für ein persönliches ‚Winterwald-Geschichtenbuch'"[74] herzustellen. Ob dabei auch auf die Materialität des Buches genauer eingegangen wurde, ist nicht ersichtlich, böte aber eine gute Gelegenheit.

Über die hier näher analysierten Bildungsbereiche hinaus finden sich im gesamten Bildungsplan immer wieder inhaltliche Bezüge zum Medium Buch, sei es als Querverweise innerhalb anderer Bildungsbereiche zum Bildungsbereich *Sprach- und medienkompetente Kinder* oder in den vorangestellten Kapiteln zu (pädagogischen) Grundlagen des Bildungsplans, dessen Einführung und Charakteristika. Der Bezug zum Medium kann dabei sehr unterschiedlich sein. Mal wird das Buch lediglich in einer Reihe mit anderen Medien als Beispiel genannt – in diesem Fall allerdings auffallend oft an erster Stelle – mal dient es als Ausgangsbasis für ein anderes Projekt, mal wird es direkt thematisiert. Als Beispiel seien an dieser Stelle vier Zitate aufgeführt: „[…] Daneben bleiben bereichsspezifische Aktivitäten mit den Kindern bedeutsam, so insbesondere tägliche Bilderbuchbetrachtungen […]"[75], „Einige Kinder informieren sich […] mittels Büchern oder Internet über den Nutzen von Regenwürmern."[76], „Im Projekt ‚Licht und Schatten' wird das Bilderbuch als Schattentheater umgesetzt (Naturwissenschaften und Technik → Kap. 7.6)."[77], „Bilderbücher in den Familiensprachen der Kinder gehören zum Buchbestand der Einrichtung oder sie werden in der öffentlichen Bücherei ausgeliehen, Eltern werden in die Ausleihe einbezogen."[78]

3.3   Bewertung des Bayerischen Bildungsplans

Der Bayerische Bildungsplan erreicht mit 99 Punkten die beste Bewertung und schließt die Untersuchung als einziger mit der Note *gut* (2-) ab.[79] Innerhalb des Bildungsplans und insbesondere im Bildungsbereich *Sprach- und medienkompetente Kinder – Sprache und Literacy* wird die Forderung nach einer stärkeren Berücksichtigung der Literacy-Erziehung nicht nur aufgestellt, die zahlreichen Vorschläge und Handlungsanweisungen helfen auch, diese Forderung zu erfüllen. Mit einer ausführlichen Beschreibung einer dialogorientierten Vorlesesituation stellt er das Vorlesen als

---

[73] BBP 2006 S. 312.
[74] BBP 2006 S. 326.
[75] BBP 2006, S. 53. Teil 2, Kapitel 4, 4.5 Umsetzung des Plans als Prozess.
[76] BBP 2006, S. 74. Teil 2, Kapitel 5, 5.9 Lernmethodische Kompetenz – Lernen, wie man lernt.
[77] BBP 2006, S. 90. Teil 2, Kapitel 5, 5.10 Widerstandsfähigkeit (Resilienz).
[78] BBP 2006, S. 145. Teil 2, Kapitel 6, 6.2 Umgang mit individuellen Unterschieden und soziokultureller Vielfalt.
[79] Zur Gesamtübersicht Bayern siehe Anhang Tabellen 2a, 2b.

ein zentrales Element der Sprach- und Literalitätsförderung in den Mittelpunkt. Allerdings könnte dem Vorlesen noch mehr Beachtung geschenkt werden. Kleine, aber wichtige Details werden nicht erwähnt, zum Beispiel, dass zum gemeinsamen Dialog nach oder während dem Vorlesen Kleingruppen ideal sind. Ebenso fehlt der Hinweis, dass die Erzieherinnen und die Eltern eine Vorbildfunktion innehaben – ein Fakt, dem die Forschung, gestützt auf zahlreiche Studien, ein großes Maß an Bedeutung zuspricht. Der richtige Umgang mit dem Medium Buch scheint für die Autoren des Bayerischen Bildungsplans eine Selbstverständlichkeit zu sein, denn dass auch dieser gelernt sein will, wird nicht thematisiert. Generell lässt sich zur Unterkategorie *Bilderbuchbetrachtung / Erzählen und Vorlesen* bemerken, dass neben der ausführlich behandelten Vorlesesituation einige Vorschläge wünschenswert wären, welche die gängige Vorlesesituation aufbrechen und kreativer gestalten.

Bei der Unterkategorie *Buch als Informationsquelle / Projektbasis* schöpft der Bayerische Bildungsplan die zu erreichenden Punkte voll aus. Durchgehend durch alle Bildungsbereiche wird das Buch als Medium zur Informationsbeschaffung und Recherche thematisiert, wird zur thematischen Begleitung unterschiedlichster Themen herangezogen und dient mitunter auch als Projektbasis.

Zwar wird die Buchherstellung mit den Kindern in der Unterkategorie *Buch als Objekt* nicht angeregt, doch sind die Vorschläge, zusammen mit den Kindern Bücher zu reparieren und einzubinden, von großem Wert, verbinden sich mit den handwerklichen Tätigkeiten doch Einsichten über den richtigen Umgang mit dem Medium Buch und der Wertschätzung desselben. Eine tiefere Beschäftigung mit dem Buch als Objekt, in deren Zusammenhang zum Beispiel der Buchaufbau vermittelt wird oder auf die Frage, wie die Buchstaben in das Buch gelangen, eine Antwort gesucht wird, findet sich im Bayerischen Bildungsplan nicht, obwohl gerade letztere Frage eine gelungene Überleitung zu dem verwandten Themengebiet rund um Schrift, Buchstaben und Zeichen bieten könnte, das durchaus thematisiert wird. Daneben findet sich unter *Verwandte Themen* auch das Ziel, Kinder sprachliche und literarische Erfahrungen machen zu lassen, welches eindeutig die inhaltliche Komponente des Buches anspricht.

Trotz einiger Auslassungen und verpasster Chancen liegt der Bayerische Bildungsplan mit 35 von 61 möglichen Punkten in der Kategorie D – Aktivitäten rund ums Buch / mit dem Buch im direkten Vergleich mit den anderen Bildungsplänen in der Spitzengruppe; durchschnittlich werden in dieser Kategorie 22 Punkte erzielt.

Durchschnittlich 12 von 30 möglichen Punkten werden in der Kategorie A – Räumliche Gestaltung / Materialien / Ausstattung erreicht. Auch hier belegt der Bayerische Bildungsplan mit 23 erzielten Punkten zusammen mit der Version aus Schleswig-Holstein (28 Punkte) die besten Plätze und lässt das Anschlussfeld mit 17 und 16 Punkten (Berlin, Niedersachsen, Saarland) weit hinter sich. Sehr ausführlich behandelt die bayerische Publikation die Einrichtung einer gemeinschaftlich mit den Kindern zu gestaltenden Kindergartenbibliothek mit Ausleihmöglichkeiten nach Hause und mehrsprachigen Medien. Die idealen Zugangsmodalitäten *stets und allen zugänglich* werden allerdings nicht gefordert. Gelesen werden können die Bücher aus der Bibliothek in einer Leseecke; diese Anregung wird auch im Bayerischen Bildungsplan aufgenommen, jedoch geht die Empfehlung nicht so weit, zu diesem Zweck einen eigenen Raum zu nutzen, der mit geeignetem Mobiliar ausgestattet ist.

Punkteabzug gibt es auch für das Fehlen der Schreibutensilien in der einzurichtenden Schreibecke, die dafür jedoch mit Drucklettern ausgestattet werde soll.[80]

Mit sehr gut ist das Abschneiden des Bayerischen Bildungsplans in der Kategorie B – Kooperationen / Eltern / Gemeinwesenorientierung zu bewerten. Innerhalb der Unterkategorie *Bibliotheken / Büchereien* werden alle Parameter vom Besuch und der Ausleihe über die Beratung und die Inanspruchnahme der Serviceleistungen berücksichtigt. Bei der Unterkategorie *Buchhandlung* wird neben dem Besuch derselben auch die Buchausstellung in der Einrichtung angeregt. Sehr erfreulich ist auch, dass der Autor berücksichtigt wird, der zu Lesungen eingeladen werden soll oder mit dessen Büchern eine Ausstellung in der Einrichtung organisiert werden kann. Punkte verliert der Bayerische Bildungsplan in der Unterkategorie *Vorlesepatenschaften*, in der lediglich die Eltern solche übernehmen. Andere Bildungspläne weiten diese wichtige Stütze für die Sprach- und Leseförderung auch auf Schulkinder aus. Dennoch erzielt der Bayerische Bildungsplan mit 37 von 40 erreichbaren Punkten in dieser Kategorie mit einem Vorsprung von 13 Punkten das beste Ergebnis.

In Bezug auf die erfolgte Auswertung der Bewertungsmatrix zeichnen sich im Bayerischen Bildungsplan aus buchwissenschaftlicher Perspektive folgende Schwächen und Stärken ab: Die Stärken des Bayerischen Bildungsplans liegen insbesondere im Bereich der angeregten Kooperationen, sei es mit Bibliotheken, Autoren oder Eltern sowie in den Empfehlungen die buch- und lesefreundliche Umgebung / Raumgestaltung betreffend. Die Kategorie D – Aktivitäten rund ums Buch / mit dem Buch hingegen ist noch ausbaufähig. Besonders die wichtige Unterkategorie *Bilderbuchbetrachtung / Erzählen und Vorlesen* könnte noch ausführlicher behandelt werden, Empfehlungen und Vorschläge, welche die übliche Vorlesesituation aufbrechen und kreativ gestalten, sind in diesem Zusammenhang wünschenswert.

Verlässt man die Bewertungsmatrix als Werkzeug zur Beurteilung, ist die bereits in der obigen Analyse geübte Kritik am verwendeten Medienbegriff zu nennen; dass das Buch als Medium im Kapitel über Medien und sprach- und medienkompetente Kinder keine Berücksichtigung findet und dieses Kapitel den *neuen* Medien vorbehalten ist, wird dem Buch als Leitmedium nicht gerecht und ist eine ungenutzte Gelegenheit, den Kindern mit dem Medium Buch und dessen Geschichte einen breiten Wissenshorizont zu eröffnen.

Als Gesamtresümee kann dem Bayerischen Bildungsplan trotz einiger Defizite insgesamt ein umfangreicher Buchbezug bescheinigt werden, der dazu beitragen kann, dass dieses Medium im Kindergartenalltag durch zahlreiche Vorschläge, Empfehlungen und Anregungen und zum Teil sogar durch ausführliche Handlungsanweisungen in allen Kategorien (wieder) stärker ins Bewusstsein rückt.

---

[80] Dass sich die Ausstattung mit Schreibutensilien in einer Schreibecke möglicherweise von selbst versteht, wird dabei nicht berücksichtigt, da verschiedene andere Bildungspläne diese explizit erwähnen.

4 Die Bildungspläne der übrigen Bundesländer

4.1 Baden-Württemberg – Orientierungsplan für Bildung und Erziehung für die baden-württembergischen Kindergärten

4.1.1. Allgemeines

Die Pilotfassung des baden-württembergischen Bildungsplans, herausgegeben vom baden-württembergischen Ministerium für Kultus, Jugend und Sport, ist seit März 2006 in einer dreijährigen Erprobungsphase. In dieser setzten sich vor allem ausgewählte Pilotkindergärten und jene Kindergärten, die an der wissenschaftlichen Begleitung des Plans beteiligt sind, intensiv mit diesem auseinander. Neben der wissenschaftlichen Begleitung findet eine landesweite Fortbildungsinitiative für alle Erzieherinnen statt. Ab dem Kindergartenjahr 2009 / 10 soll eine, gegebenenfalls auf Grund der gesammelten Erfahrung modifizierte Fassung, zur verbindlichen Einführung herausgegeben werden. Die verbindliche Einführung beruht auf einer Vereinbarung der Landesregierung mit den kommunalen Landesverbänden und den weiteren Trägerverbänden.[81]

Die 128 Seiten starke Erprobungsfassung wurde von Fachkräften verschiedenster Disziplinen und Einrichtungen erarbeitete; darunter Erzieherinnen, Sozialpädagogen, Sportwissenschaftler, zahlreiche Erziehungswissenschaftler und Pädagogen, ein Psychologe sowie eine Diplom-Bibliothekarin, die im Kontext der Arbeit besonders erwähnenswert ist.

Der Titel des Baden-Württembergischen Orientierungsplans legt die Vermutung nahe, dass dieser nur an Kindergärten adressiert ist. Doch richtet er sich ausdrücklich an „[…] die gesamte Palette der Tageseinrichtungen für Kinder […]."[82] Die pädagogische Ausrichtung deckt Kinder im Alter von null bis zehn Jahren ab, ein Schwerpunkt liegt dabei aber auf der Alterskohorte der Drei- bis Sechsjährigen, also auf den typischen Kindergartenjahren bis zur Einschulung. Die Zielgruppe umfasst „[…] Eltern, sozialpädagogische Fachkräfte und die Lehrkräfte […]"[83], denen der Orientierungsplan Anregungen und Hilfestellungen zum Erreichen der Ziele liefern soll, die gemäß des baden-württembergischen Kindergartengesetzes für die einzelnen Bildungsbereiche festgelegt sind.[84]

4.1.2. Die Bildungsbereiche

Der baden-württembergische Bildungsplan nutzt die im Rahmenplan der Länder gewährte Freiheit bei der schriftlichen Umsetzung des Bildungsplans zugunsten einer eigenen „Erziehungs- und Bildungsmatrix"[85], die sich an den Motivationen der Kinder orientiert und eine Untergliederung in sechs „Bildungs- und Entwicklungsfelder" des Kindes vornimmt: 1. Körper, 2. Sinne, 3. Sprache, 4. Denken, 5. Gefühl und Mitgefühl, 6. Sinn, Werte und Religion. Diese werden jeweils mit den Antworten auf

---

[81] Vgl. Diskowski 2007.
[82] BWBP 2006, S. 7.
[83] BWBP 2006, S. 8.
[84] Vgl. BWBP 2006, S. 8.
[85] BWBP 2006, S. 66.

die Motivationsfragen – „Was will das Kind?" und „Was braucht das Kind?" gekoppelt und wie folgt mit Majuskeln bezeichnet: A. „Anerkennung und Wohlbefinden!", B. „Die Welt entdecken und verstehen! (wahrnehmen, beobachten, erforschen)", C. „Sich ausdrücken!" und D. „Mit anderen leben!".[86] Den Antworten werden zudem Einflussfaktoren des Kindergartens zugeordnet: zu A: Gesundheit, Geborgenheit, Selbstwirksamkeit; zu B: Das Ich, Natur und Umwelt, Soziales und kulturelles Gefüge; zu C: nonverbal, verbal, kreativ; zu D: Regeln, Rituale, Traditionen. Jedem Bildungs- und Entwicklungsfeld lassen sich also jeweils vier „Motivationen" mit ihren Einflussfaktoren zuweisen. Daraus ergeben sich jeweils die Kombinationen A1 bis D1, A2 bis D2 usw. [87] In Kapitel drei werden diese Kombinationen der Reihe nach „durchgespielt". Einer ca. zweiseitigen Erläuterung des Bildungs- und Entwicklungsfeldes folgt ein expliziter Verweis auf die für das jeweilige Feld formulierten Ziele. Anschließend folgen zu jeder Kombination „Fragen als Denkanstöße"[88] Diese „[…] konkretisierenden Fragen sollen Denkanstöße geben für die einzelne Erzieherin und für das Team, das eigene pädagogische Handeln zu reflektieren und Möglichkeiten zu finden, die Zielsetzungen – auf die konkrete Vorortsituation bezogen – umzusetzen."[89] Als Abschluss jedes Bildungs- und Erziehungsfeldes wird kurz die sinnvolle Weiterführung der in den Kindertageseinrichtungen begonnenen Fördermaßnahmen in der Grundschule erörtert.

Das Bildungs- und Entwicklungsfeld Sprache

Eine Zuordnung zu den im Rahmenplan definierten Bildungsbereichen ist nur sehr bedingt möglich. Lediglich der Bildungsbereich *Sprache, Schrift, Kommunikation* findet sich andeutungsweise im Bildungs- und Entwicklungsfeld *3. Sprache* wieder. Vor allem das Feld C3 ist unter der hier vorgegebenen Perspektive von Interesse: Es bildet den Schnittpunkt des Bildungs- und Entwicklungsfeldes *3. Sprache* mit der Motivation *C. Sich ausdrücken!* und den Einflussfaktoren *nonverbal, verbal, kreativ*.[90] Es ist zu erwarten, dass sich hier die meisten Bezüge zum Medium Buch finden lassen.

In der Einleitung zu diesem Bildungs- und Entwicklungsfeld wird vor allem auf die Bedeutung der Sprachentwicklung Bezug genommen. Zusammenfassend heißt es: „[…] Sprachdefizite schon bei Kindergartenkindern sind Behinderungen für alle weiteren Lebens- und Lernprozesse. […] Alle Kinder im Kindergarten haben von Anfang an ein Anrecht auf Sprachbildung und Sprachförderung und damit auf gezielte Erweiterung ihres Sprachvermögens"[91], denn „Sprechen lernt man aber nur durch Sprechen."[92]

Das Medium Buch wird in diesem Kapitel zunächst im Hinblick auf seinen Inhalt erwähnt, da mangelndes Sprachvermögen zu Schwierigkeiten unter anderem bei der Sinnentnahme eines Textes in einem „Geschichtenbuch" entsteht.[93] Im Bildungsplan

---

[86] Vgl. BWBP 2006, S. 65.
[87] Vgl. BWBP 2006, S. 63.
[88] BWBP 2006, S. 76.
[89] BWBP 2006, S. 69.
[90] Vgl. BWBP 2006, S. 66.
[91] BWBP 2006, S. 92f.
[92] BWBP 2006, S. 92.
[93] Vgl. BWBP 2006, S. 92.

wird folglich gefordert, dass in den Kindertageseinrichtungen großer Wert auf den Dialog mit den Kindern gelegt werden soll. Dabei helfen „Fingerspiele, Lieder, Reime, Gedichte, Erzählrunden, Kreisspiele, rhythmisches Sprechen […].“[94]. Es überrascht, dass nicht bereits an dieser Stelle auch das Vorlesen bzw. gemeinsame Betrachten und Erzählen eines Bilderbuchs Erwähnung findet, bietet diese Situation doch eine sehr gute Dialogmöglichkeit mit den Kindern und wird in der Fachliteratur immer wieder als Chance der Sprachförderung angeführt.[95] Doch auch für den baden-württembergischen Bildungsplan ist das Buch Bestandteil einer sprachanregenden Umgebung, im Vordergrund stehen jedoch die Erzieherinnen, die den Kindern Geschichten erzählen und vorlesen.[96]

Erst bei den *Fragen als Denkanstöße* wird explizit nach dem Medium Buch gefragt:

> - „Welche Möglichkeiten findet das Kind, sich etwas vorlesen zu lassen (auch von anderen Kindern, von Schulkindern, Lesepaten, Großeltern, auch in anderen Sprachen; ab und zu auch von Kassette / CD?)
> - Wo finden die Kinder ein vielfältiges Bücherangebot, auf das sie jederzeit zugreifen können?
> - Wodurch wird sichergestellt, dass den Kindern regelmäßig vorgelesen und über das Gelesene gesprochen wird?“[97]

„Lesepaten, Bibliotheksführerschein, verlässliche Vorlese- und Lesezeiten, verlässliche Schreib- und Erzählzeiten“[98] jedoch verortet der baden-württembergische Bildungsplan vor allem in der Grundschule.

Außerhalb des Bildungs- und Entwicklungsfeldes *Sprache* findet sich das Medium Buch im *Teil A: Grundlagen des Orientierungsplans* wieder. Dort heißt es: „Erzieherin / Erzieher und Lehrkräfte […] planen gemeinsam kleine Projekte, wie z. B. ‚Wir stellen ein Buch her‘ (Papier schöpfen, Kritzelbriefe, Bilder und Fotos aufkleben; Besuch einer Bibliothek) […]“[99], zudem wird dort die Auswahl eines Lieblingsbuches, aus dem ihnen vorgelesen wurde und dessen Inhalt sie anderen wiedergeben können zur Kompetenz erhoben.[100] Eine indirekte Bezugnahme auf das Medium Buch findet sich in einer Schlagwortsammlung zu den pädagogischen Herausforderungen, die die „Prozesse der Weltaneignung“[101] unterstützen und anregen sollen. Dazu gehört das Hinzuziehen von Experten, zum Beispiel des Schriftstellers oder auch der Besuch von externen Einrichtungen und Orten, zum Beispiel der Bibliothek und Buchhandlung.[102] Die Bibliothek wird ebenso wie die Vorlesepaten an späterer Stelle auch als Partner genannt, bei der sich die Erzieherinnen und Eltern neben vielen anderen In-

---

[94] Vgl. BWBP 2006, S. 92.
[95] Als Beispiel siehe Ausführungen dazu im BBP 2006.
[96] Vgl. BWBP 2006, S. 93.
[97] BWBP 2006, S. 95f.
[98] BWBP 2006, S. 98.
[99] BWBP 2006, S. 55.
[100] Vgl. BWBP 2006, S. 56.
[101] BWBP 2006, S. 46.
[102] Vgl. BWBP 2006, S. 47.

stitutionen Hilfe und Unterstützung holen können.[103] In den übrigen Kapiteln, die anderen Bildungs- und Entwicklungsfelder eingeschlossen, findet das Buch keinen nennenswerten weiteren Eingang.

4.1.3. Bewertung des Baden-Württembergischen Bildungsplans

Im Vergleich zum Bayerischen Bildungsplan, der dem Bereich Sprache und Literacy ein eigenständiges Kapitel widmet, wird die Thematik im baden-württembergischen Bildungsplan wesentlich weniger intensiv erörtert, und dass, obgleich es im Vorwort heißt: „Er [der Bildungsplan] [...] fokussiert auf sechs maßgebliche Bildungs- und Entwicklungsfelder unter besonderer Berücksichtigung der Sprachentwicklung und der Schulfähigkeit."[104] Im Umfang des Kapitels zum Bildungs- und Entwicklungsfeld *Sprache* macht sich dieser Schwerpunkt jedenfalls nicht bemerkbar, halten sich doch alle Bildungs- und Entwicklungsfelder mit einem Seitenumfang von etwa neun Seiten die Waage.

Mit 60 von 141 erreichbaren Punkten liegt der Baden-Württembergische Bildungsplan hinter dem bayerischen Werk. Mit einer 3(-) (befriedigend, minus) platziert er sich bei einem Notendurchschnitt von 4 (ausreichend) aber immer noch im oberen Mittelfeld.[105]

In der Kategorie A – Räumliche Gestaltung / Materialien / Ausstattung erreicht die baden-württembergische Publikation mit 12 Punkten den Durchschnittswert. Zwar wird die Einrichtung einer Kindergartenbibliothek empfohlen, die sowohl mit mehrsprachige Medien als auch Ergänzungsmedien ausgestattet und für die Kinder stets zugänglich sein soll, doch ist weder die Rede von einer Lese- noch von einer Schreibecke. Die Kinder hätten damit zwar die Möglichkeit, auf das Medium Buch zurückzugreifen, aber der geeignete Ort für eine ungestörte Lektüre würde fehlen, denn auch die Medienausleihe nach Hause bleibt unerwähnt.

29 von 40 Punkten erzielt der Baden-Württembergische Bildungsplan in der Kategorie B – Kooperationen / Eltern / Gemeinwesenorientierung und liegt damit nach Bayern auf Platz zwei und weit über dem Durchschnitt von 11 Punkten. In dieser Kategorie ist im Hinblick auf das Medium Buch eindeutig die Stärke des Werkes zu verzeichnen. Alle Unterkategorien werden thematisiert, jedoch in keiner werden alle Parameter genannt. Der Besuch der Bibliothek mit den Kindern bleibt eine Aufgabe der Eltern. Der Schriftsteller wird zwar als hinzuzuziehender Experte erwähnt, genauere Vorschläge, wie zum Beispiel eine Autorenlesung, bleiben aber aus. Bei den Vorlesepatenschaften sollen neben den Eltern auch Schulklassen integriert werden – eine erfreuliche und für Schüler und Kindergartenkinder sinnvolle Empfehlung. Leider wird der Vorschlag, auch in Fremdsprachen vorzulesen, an dieser Stelle nicht thematisiert.

Zentrale Forderungen rund um das Medium Buch, Lese- und Sprachförderung stellt der Baden-Württembergische Bildungsplan nicht auf, mit durchschnittlich 2 Punkten fällt dieser Bereich jedoch bei der Endnote wenig ins Gewicht, wie die Kategorie D – Aktivitäten rund ums Buch / mit dem Buch, bei der die Publikation ledig-

---

[103] Vgl. BWBP 2006, S. 59.
[104] BWBP 2006, S. 8.
[105] Zur Gesamtansicht Baden-Württemberg siehe Anhang Tabellen 1a, 1b.

lich 19 Punkte erzielt und damit unter dem Durchschnitt von 22 Punkten liegt. Die Unterkategorie *Bilderbuchbetrachtung / Erzählen und Vorlesen* wird zwar angesprochen, doch fehlt es an Thematisierungstiefe. Die Autoren konzentrieren sich nur auf das tägliche / regelmäßige Vorlesen und den Vorschlag, die Kinder ihr Lieblingsbuch vorstellen zu lassen. Das genügt nicht, um abwechslungsreiche und spannende Vorlesesituationen zu schaffen, und damit im Kind die Lust am Buch und an Literatur zu wecken. Die Anregung, mit den Kindern ein Buch zu basteln, ist die einzige, die in der Unterkategorie *Buch als Objekt* Punkte erzielt. Überraschend ist, dass das Buch weder als Wissensträger und Recherchemöglichkeit, noch als thematische Begleitung oder als Projektbasis herangezogen wird. Zumindest Ersteres sollte doch selbstverständlich sein.[106] Ebenso fehlt die Thematisierung verwandter Themen gänzlich.

Unabhängig von der Bewertungsmatrix ist auf folgende Besonderheit hinzuweisen: die eigens für den Bildungsplan entwickelte Erziehungs- und Bildungsmatrix unterscheidet sich wesentlich von den Bildungsbereichen des gemeinsamen Rahmenplans der Länder. Statt der Bildungsbereiche *Sprache, Schrift, Kommunikation, musische Bildung / Umgang mit Medien* und *Natur und kulturelle Umwelten* ergibt sich aus der Erziehungs- und Bildungsmatrix nur ein Bereich, der einen offensichtlichen Buchbezug zulässt: das Bildungs- und Erziehungsfeld *Sprache*. Die Vermutung, dass sich innerhalb dieses Bildungs- und Entwicklungsfeldes die meisten Bezüge zum Medium Buch finden lassen, erfüllt sich zwar, allerdings nicht unter dem Punkt C3, wie oben angenommen; die Buchbezüge finden sich hingegen bei A3 (Schnittpunkt der Motivation A. *Annerkennung und Wohlbefinden*, den Einflussfaktoren *Gesundheit, Geborgenheit, Selbstwirksamkeit* und dem Bildungs- und Entwicklungsfeld *Sprache*) und B3 (Schnittpunkt der Motivation B. *Die Welt entdecken und verstehen*, den Einflussfaktoren *das Ich, Natur und Umwelt, soziales und kulturelles Gefüge* und dem Bildungs- und Entwicklungsfeld *Sprache*).

Eine ausdrückliche Befürwortung des Mediums als *Werkzeug* zur Sprach- und / oder Lesekompetenz findet nicht statt. Dabei gäbe es Anknüpfungspunkte genug, um einen Buchbezug herzustellen, doch bleiben die Ausführungen stets allgemein, eine thematische Vertiefung, in der Raum für dezidierte Vorschläge wäre, findet nur in der Kategorie B statt, konkrete Handlungsanweisungen zum Umgang mit dem Medium, wie sie sich im bayerischen Bildungsplan finden[107], sind nicht vorhanden. Insbesondere der Bereich Aktivitäten mit dem Buch / rund ums Buch wird aus buchwissenschaftlicher Sicht zu wenig thematisiert. Nur durch das gute Abschneiden in der Kategorie B – Kooperationen / Eltern / Gemeinwesenorientierung erzielt der Baden-Württembergische Bildungsplan noch soeben einen befriedigenden Buchbezug, als besonders Impuls gebend und fördernd ist er gleichwohl nicht zu bewerten.

---

[106] Ob es gerade daher nicht thematisiert wird, sei dahin gestellt.
[107] Vgl. Kapitel II.3.2.

4.2 Berlin – Berliner Bildungsprogramm für die Bildung, Erziehung und Betreuung von Kindern in Tageseinrichtungen bis zu ihrem Schuleintritt

4.2.1. Allgemeines

Veröffentlicht wurde die Endfassung des Berliner Bildungsplans im August 2004. Vorausgegangen war die Diskussion und Überarbeitung des Entwurfs von Juni 2003 mit den Trägerverbänden, Gewerkschaften und der Landeselternvertretung. Federführend bei der Konzeption war die Internationale Akademie für innovative Pädagogik, Psychologie und Ökonomie gGmbH (INA) unter Leitung von Dr. Christa Preissing. Herausgegeben wird das Berliner Bildungsprogramm von der Senatsverwaltung für Bildung, Jugend und Sport Berlin.

Eine im Kindertagesbetreuungsreformgesetz von 2005 vorgeschriebene gesetzlich verpflichtende Qualitätsentwicklungsvereinbarung zwischen Land und Trägern garantiert eine verbindliche Umsetzung des Bildungsprogramms.[108] Die Einführung des Bildungsplans wird durch ein gestuftes Fortbildungssystem gestützt, bei dem zunächst durch „Multiplikatorenkurse" Fachkräfte der einzelnen Träger geschult werden, die wiederum Fortbildungsmaßnahmen mit den Führungskräften aller Kindertageseinrichtungen durchführen.[109]

Anwendung finden soll das 133 Seiten umfassende Berliner Bildungsprogramm bei Kindern von der Geburt bis zum Schuleintritt. Neben der vor allem für die pädagogischen Fachkräfte gedachten Version gibt es eine 20-seitige Kurzfassung zur Information der Eltern.

4.2.2. Die Bildungsbereiche

Das Berliner Bildungsprogramm übernimmt die im gemeinsamen Rahmenplan der Länder formulierten Bildungsbereiche nicht eins zu eins, orientiert sich aber deutlich daran. Während der Bildungsbereich *Körper, Bewegung und Gesundheit* übernommen wird, findet bei den übrigen Bereichen eine geringfügige Modifizierung statt. Der Umgang mit Medien wird hier nicht mehr neben die *musische Bildung* gestellt, sondern dem Bereich *Kommunikation: Sprachen, Schriftkultur und Medien* zugeordnet, die *mathematischen Grunderfahrungen* werden von den *naturwissenschaftlichen und technischen Grunderfahrungen* separiert. Mit *Bildnerisches Gestalten* gibt es einen zusätzlichen Bildungsbereich. Der Bereich *Natur und kulturelle Umwelten* wurde in *Soziale und kulturelle Umwelt* umbenannt. Jeder Bildungsbereich wird mit einer kurzen theoretischen Erörterung bezüglich der Bedeutung der darin enthaltenen Ziele für den Bildungsprozess der Kinder eingeführt. Anschließend folgt eine dreiteilige Gliederung in die Lebensbereiche des Kindes: „Das Kind in seiner Welt", „Das Kind in der Kindergemeinschaft" und „Weltgeschehen erleben, Welt erkunden"[110] Diese drei Teile werden wiederum mit drei Unterkapiteln versehen: 1. Analyse der Lebenssituationen der Kinder anhand von Fragen. 2. Zielstellungen. 3. Beispiele für die pädagogische Arbeit.[111]

---

[108] Vgl. Gesetz- und Verordnungsblatt für Berlin, 61. Jahrgang, Nummer 22, 30. Juni 2005, S. 326.
[109] Vgl. BeBP 2004, S. 8.
[110] Vgl. BeBP 2004, S. 43.
[111] Vgl. BeBP 2004. S. 42.

Die für die Analyse relevanten Bildungsbereiche sind *Kommunikation: Sprachen, Schriftkultur und Medien* sowie *Soziale und kulturelle Umwelt*.

Der Bildungsbereich *Kommunikation: Sprachen, Schriftkultur und Medien*

Die theoretische Einführung in den Bildungsbereich *Kommunikation: Sprachen, Schriftkultur und Medien* geht vor allem auf die Relevanz von Sprache und Sprachentwicklung ein. Die Feststellung, dass „Frühe Medienerfahrungen und Begegnungen mit Bild- und Schriftsprache […] Bestandteile sprachlicher Bildung [sind]"[112], ist in der Einführung der einzige mögliche Anknüpfungspunkt, um das Medium Buch und den Umgang mit diesem als Bestandteil einer Sprachförderung zu integrieren. Auch der Exkurs mit der Zwischenüberschrift „Entwicklung von Medienkompetenz"[113] bietet keinen expliziten Buchbezug, der Medienbegriff bleibt ein allgemeiner mit einer Tendenz zu den neuen Medien: „Die Vielfalt, Verfügbarkeit und Allgegenwart von Medien eröffnet Kindern heute mehr Informationsquellen und andere Kommunikationsformen […]"[114] Mit dem Mehr an Informationsquellen und den anderen Kommunikationsformen werden bevorzugt die Medien Computer, Internet und Mobiltelefon angesprochen. Dennoch ist davon auszugehen, dass das Medium Buch diesem Medienbegriff inhärent ist, folglich muss bei der Analyse der Begriff *Medien* immer auch mit einem möglichen Buchbezug gelesen werden.

Das Kind in seiner Welt

Erst in den Analysefragen zu den Erfahrungen und Vorlieben des Kindes im Lebensbereich *Das Kind in seiner Welt* wird dem Medium Buch direkte Aufmerksamkeit gewidmet. Auf die Fragen, ob das Kind beim Vorlesen gerne zuhört und welche Lieblingsbücher es hat, sollen Antworten gefunden werden.[115] Implizit lassen auch die Fragen nach den vom Kind genutzten Medien, der mit Medien verbrachten Zeit und den Regeln beim Umgang mit Medien einen Bezug zum Buch zu. Unter „Erfahrungen und Bedingungen in der Kita"[116] wird die Frage gestellt, welches Medienangebot es im Kindergarten gibt und ob das Kind beispielsweise die Möglichkeit hat, Bücher in seiner Muttersprache zu „lesen".

Auch in den als Kompetenzen formulierten Zielen findet das Buch seinen Platz: Als „Ich-Kompetenz" wird das „Interesse an Büchern, am Lesen, am Geschichten erfinden"[117] angeführt. Das regelmäßige Vorlesen, das Einrichten so genannter „Orte für Worte" unter denen ein Vor-/Leseraum und ein Schreibplatz mit Computer gezählt werden, und das Bereitstellen von (Kinder-)Büchern aus unterschiedlichen Kulturkreisen gehört im Berliner Bildungsprogramm zu den Bildungsaufgaben, die den Erzieherinnen und Erziehern zufallen. Unter dem Stichpunkt „Projektarbeit" wir zu-

---

[112] BeBP 2004, S. 62.
[113] BeBP 2004, S. 63.
[114] Ebd.
[115] Vgl. BeBP 2004, S. 64.
[116] Ebd.
[117] BeBP 2004, S. 65.

dem ein Projekt rund um das Thema „Wer bin ich? Wer will ich sein" angeregt, zu dem neben Fotos und Bilder auch Bücher genutzt werden sollen.

Das Kind in der Kindergemeinschaft

Die Analysefragen zu diesem Lebensbereich thematisieren insbesondere den Begriff *Kommunikation* und fragen nach deren Voraussetzung innerhalb des Kindergartens: Wie gestaltet sich die Kommunikation zwischen den Kindern untereinander und zwischen den Kindern und Erwachsenen? Wie sieht der Umgang mit Kommunikations- und Schriftkultur innerhalb der Einrichtung aus? In den einzelnen Fragen wird kein Medium explizit thematisiert sondern mit dem Begriff Medien immer nur die Gesamtheit der Medien angesprochen. Dass dazu auch das Medium Buch gehört, zeigt sich anhand einer beispielgebenden Stichwortaufzählung zu der Frage „Welche Medien werden in der Kita eingesetzt?"[118] In Klammern werden folgende Medien erwähnt: Bücher, Foto, Video, Kassettenrecorder und Computer. Daraus lässt sich folgern, dass bei allen Fragestellungen die Medien betreffend das Medium Buch zumindest implizit berücksichtigt wird. Dies betrifft die Fragen zur Medienverfügbarkeit in verschiedenen Sprachen, zur Thematisierung von Medienerlebnissen, die Kommunikation über dieselben sowie deren spielerisches Nachempfinden.[119] Die Fragen zur medialen Gewalt und deren Verarbeitung dürfte sich allerdings eher auf die Medien Fernsehen, Computer und Internet beziehen.

Bei den angestrebten Zielen für den Lebensbereich *Das Kind in der Gemeinschaft* wird das Medium Buch wieder ausdrücklich genannt, denn „Bücher ‚vorlesen‛"[120] gilt hier als Sachkompetenz. Als Lernmethodische Kompetenz wird die gemeinsame Nutzung von Medien – also auch des Buches – als Informationsquelle genannt.

Zu den Bildungsaufgaben der Erzieherinnen und Erzieher im Alltag des Kindergartens gehört „regelmäßiges Vorlesen auch in der Familiensprache der Kinder"[121], unter dem Stichwort *Projektarbeit* finden sich folgende Anregungen: Herstellung eines Gedichte-Buches, veranstalten einer „Dichterlesung" für die Eltern. Zur Raumgestaltung und Materialausstattung gehört eine Bibliothek mit Bilderbüchern und mehrsprachigen Sachbüchern und idealerweise auch Bücher mit anderen Schriften.[122]

Weltgeschehen erleben, Welt erkunden

Innerhalb des Lebensbereichs *Weltgeschehen erleben, Welt erkunden* wird unter der Zwischenüberschrift *Erscheinungsformen von Schriftsprache im Umfeld der* Kinder wiederholt nach der Buchausstattung innerhalb des Kindergartens gefragt. Insbesondere wird hier das Buch als Informationsquelle thematisiert. Zudem lautet eine Frage: „Kennen und nutzen die Kinder Orte für Bücher außerhalb der Kita (Bibliotheken und Buchhandlungen)".[123] Ob die Kinder Sprache als Literatur erleben, soll ebenso

---

[118] BeBP 2004, S. 67.
[119] Ebd.
[120] BeBP 2004, S. 68.
[121] Ebd.
[122] Ebd.
[123] BeBP 2004, S. 69.

herausgefunden werden, wie ihre Mediennutzung – zu dem explizit auch die Buchnutzung zählt – innerhalb und außerhalb der Einrichtung. Eine Fragestellung bezieht sich unter anderem auf das Lesen von Bildergeschichten und Comics.[124]

Informationskompetenz und die Einbeziehung von Büchern zur Informationsbeschaffung wird auch in diesem Lebensbereich als lernmethodische Kompetenz formuliert. Die Vorbildfunktion der Erzieherinnen beim Lesen und Schreiben zählt zu den Bildungsaufgaben, die das Fachpersonal erfüllen sollen. Ebenso der gemeinsame Besuch von Bibliotheken und die dortige Ausleihe von Büchern und anderen Medien. Neben dem Führen eines gemeinsamen Kindergarten-Tagebuches wird unter Projektarbeit die Herstellung eines Buches angeregt, in dem neben den von den Kindern diktierten Geschichten, übersetzt in die jeweiligen Familiensprachen, auch ihre dazugehörigen Illustrationen abgedruckt werden sollen.[125]

Neben den oben aufgeführten expliziten Buchbezügen lassen sich im Berliner Bildungsprogramm insbesondere innerhalb des Bildungsbereichs *Kommunikation: Sprachen, Schriftkultur und Medien* einige dem Buch und dem Schlagwort Lesen thematisch angeschlossene Forderungen, Analysefragen, Zielformulierungen und Bildungsaufgaben finden. Herausgefunden werden soll unter anderem, ob die Kinder sich generell für Text und Schrift interessieren, ob sie Buchstaben nutzen, am Computer schreiben oder Briefe verfassen, wie das Interesse der Kinder an der Schriftsprache geweckt und gefördert wird und ob sich das Kind an Wort- und Sprachspielen erfreut. Zu den zu erwerbenden Kompetenzen zählen zum Beispiel der bewusste, kreative Umgang mit mündlicher und schriftlicher Sprache, das Erkennen von Buchstaben, Symbolen und Zeichen und die Kompetenz, diese lesen und entschlüsseln zu können. „Die ersten Schriften des Menschen: Experimentieren mit Keilschrift und Hieroglyphen"[126] ist der Titel eines Projektvorschlags.[127]

Bereits im allgemeinen Teil zu den Zielen wird darauf hingewiesen, dass das Kind „Interesse an schriftsprachlichen Symbolen, an Büchern und am Lesen entwickeln [soll]".[128] Das Gleiche gilt für Medien aller Art, für die sich die Kinder „Fertigkeiten im Umgang"[129] aneignen sollen. Des Weiteren wird das Medium Buch auch in allen anderen Bildungsbereichen angeführt, wenn es um die thematische Begleitung, Informationsbeschaffung und Veranschaulichung geht. Eignen sich für bestimmte Ziele prinzipiell alle Medien, lautet die Formulierung dennoch häuft: „Bücher und andere Medien […]." Das Buch wird hier aus dem Medienspektrum hervorgehoben und damit als besonders geeignet dargestellt.[130]

Der Bildungsbereich *Soziale und kulturelle Umwelt*

Im Gegensatz zum Bayerischen Bildungsplan werden die Bibliothek und die Buchhandlung als öffentliche Orte und Kulturinstitutionen (und mit ihnen das Buch) im

---

[124] BeBP 2004, S. 69.
[125] Vgl. BeBP 2004, S. 70.
[126] BeBP 2004, S. 69.
[127] Vgl für diesen Abschnitt BeBP 2004, S. 65–70.
[128] BeBP 2004, S. 28.
[129] Ebd.
[130] Vgl. exemplarisch BeBP 2004, S. 51.

Bildungsbereich *Soziale und kulturelle Umwelt* des Berliner Bildungsprogramms direkt erwähnt. Innerhalb der Analysefragen zu diesem Bildungsbereich widmet sich ein Fragenblock folgendem Thema: „Orte kulturellen Lebens, kulturelle Ereignisse, kulturelle Veranstaltungen im Umfeld".[131] Bei der Frage nach den Angeboten für die Familie und Kinder wird die Bibliothek an erster Stelle gelistet, neben Museen und Märkten findet auch der Kinderbuchladen seinen Platz.[132] Darüber hinaus wird auch in diesem Bildungsbereich darauf hingewiesen, dass auf eine Ausstattung mit Kinderbüchern und anderen Medien Wert gelegt werden sollte.[133]

4.2.3. Bewertung des Berliner Bildungsprogramms

70 Punkte von 161 erreichbaren erzielt das Berliner Bildungsprogramm und liegt damit im Gesamtvergleich im oberen Drittel.[134] Alle wesentlichen Unterkategorien werden von den Autoren angesprochen, allerdings bleiben in jeder Unterkategorie Lücken bei den zugeordneten Parametern. Für die einzelnen Kategorien bedeutet dies: In der Kategorie A – Räumliche Gestaltung / Materialien / Ausstattung erzielt das Berliner Bildungsprogramm 17 von 30 Punkten und erreicht somit 5 Punkte mehr als der Durchschnitt. In dieser Kategorie fehlen vor allem jene Parameter, welche die Einrichtung der Kindergartenbibliothek tiefer thematisieren. Leider wird dabei lediglich auf eine Ausstattung mit mehrsprachigen Medien hingewiesen. Die Parameter *Ausleihe nach Hause, Ergänzungsmedien, gemeinschaftliche Gestaltung* und der *freie Zugang für alle* finden sich nicht. Weiteren Punktabzug gibt es für die nicht weiter ausgeführte Empfehlung, eine Schreibecke einzurichten. Bei der Leseecke, die zwar in einem separaten Raum untergebracht sein soll, wird auf den Hinweis verzichtet, diese mit geeignetem Mobiliar auszustatten.

Sowohl der Verweis auf den Autor als auch auf die Lesepatenschaften innerhalb der Kategorie B fehlen gänzlich – dadurch verliert die Berliner Publikation in dieser Kategorie knapp die Hälfte der Punkte. Besonders die fehlende Anregung, Lesepatenschaften mit engagierten Eltern einzugehen, stellt eine große Unzulänglichkeit dar, geht damit doch eine gute Gelegenheit verloren, die Eltern in den Kindergartenalltag zu integrieren und eine Brücke zwischen Einrichtung und Elternhaus zu schlagen. Dennoch erreicht er mit 16 Punkten einen Wert, der über dem Durchschnitt von 11 Punkten liegt. Im Wesentlichen trägt die gute Thematisierung der Bibliotheken dazu bei, die sowohl mit den Eltern als auch mit der Gruppe besucht werden soll. Dies steht im Einklang mit der Forderung, die Bibliothek als Ort des öffentlichen und kulturellen Lebens aufzufassen[135], gleiches gilt für die Buchhandlung. Der Vorschlag, Buchhandlungen für Buchausstellungen in den Einrichtungen zu gewinnen, wird nicht aufgegriffen.

Aus buchwissenschaftlicher Perspektive wünschenswert ist innerhalb der Kategorie D eine intensivere und innovativere Beschäftigung sowohl mit der Kulturtechnik Lesen, als auch mit dem Buch als Objekt. Zwar wird eine tägliche / regelmäßige Vorlesestunde nahe gelegt, der Hinweis, dass diese idealer Weise im gemeinsamen Dialog

---

[131] BeBP 2004, S. 58.
[132] Vgl. BeBP 2004, S. 58.
[133] Vgl. BeBP 2004, S. 57.
[134] Zur Gesamtübersicht Berlin siehe Anhang Tabellen 3a, 3b.
[135] Siehe Kategorie C.

oder mit verschiedenen Vorlesesituationen abläuft, fehlt jedoch ebenso, wie die Beschäftigung mit dem Lieblingsbuch, die Lektüre von Bilderbuchserien oder die Einrichtung eines Vorlesetages. Der zu erlernende Umgang mit dem Medium Buch wird zwar indirekt angesprochen, schlägt sich in der Unterkategorie *Buch als Objekt* aber nicht nieder. Hier wird lediglich dazu angeregt, mit den Kindern ein Buch zu basteln. Dass Bücher auch repariert und eingebunden werden müssen, um sie zu pflegen und vor Schaden zu bewahren, wird nicht thematisiert. In beiden Unterkategorien bleiben im Berliner Bildungsprogramm folglich Parameter ungenannt, die zu einem reichhaltigeren, abwechslungsreicheren Umgang beitragen und anregen können. Thematisiert wird hingegen das Buch als Informationsquelle und als Werkzeug zur thematischen Begleitung. Trotz der beschriebenen Defizite in dieser Kategorie schneidet das Berliner Bildungsprogramm hier mit 35 Punkten überdurchschnittlich gut ab und bezieht seine Stärke vor allem aus diesem Bereich – insgesamt eine befriedigende Bilanz. Aber auch für das Berliner Programm gilt, dass aus Sicht der Buchwissenschaft eine tiefere Verankerung des Mediums Buch insbesondere innerhalb der analysierten Bildungsbereiche erstrebenswert ist.

4.3 Brandenburg – Grundsätze der Förderung elementarer Bildung in Einrichtungen der Kindertagesbetreuung in Brandenburg

4.3.1. Allgemeines

Das Land Brandenburg reagierte bereits im Jahr 2002 auf die Ergebnisse von PISA 2001 und ließ durch Ludger Pesch[136] ein Gutachten erstellen, auf das der Bildungsplan im Wesentlichen fußt. Das Gutachten wurde im Internet, auf Fachtagungen und durch eine Arbeitsgruppe des Sozialpädagogischen Fortbildungswerkes des Landes Brandenburg diskutiert und überarbeitet. Darüber hinaus wurden Anregungen aus dem Berliner Bildungsprogramm aufgegriffen. Im Juni 2004 lag schließlich die vom Ministerium für Bildung, Jugend und Sport des Landes Brandenburg herausgegebene Endfassung vor, deren Inhalt seit dem 1.7.2007 nach § 3 des Brandenburgischen Kindertagesstättengesetz eine verbindliche Arbeitsgrundlage für alle Kitas darstellt. 2005 wurden zwei Ordner an alle brandenburgischen Kindertagesstätten verteilt, 2007 folgte ein dritter. Der erste Ordner enthält die Grundsätze elementarer Bildung und die Bildungsbereiche, der zweite Ordner das Bildungskonzept und der dritte Ordner mit dem Titel „Umgang mit Differenzen" legt einen Schwerpunkt auf Kinder mit besonderem Förderungsbedarf und deren individuelle Förderung. Die Ordner sollen weiterentwickelt und ergänzt werden.[137] Analysiert wird im Folgenden der erste Ordner in Form der von der Online-Plattform des brandenburgischen Bildungsservers herunterladbaren PDF-Version. Die 25 Seiten umfassende Publikation gilt zwar für Kinder von der Geburt bis zum Ende der Grundschulzeit, ein deutlicher Schwerpunkt liegt jedoch auf den Jahren im Kindergarten. Die Adressaten sind der vorliegenden Version nicht zu entnehmen, das Dokument ist jedoch im Internet frei zugänglich und kann von jedem als Printprodukt über den Buchhandel erworben werden.

4.3.2. Die Bildungsbereiche

Der brandenburgische Bildungsplan kennt sechs Bildungsbereiche, die jeweils in die Kapitel *Grundverständnis, Ebenen der Zuordnung* und *Beispiele* strukturiert sind. Im Kapitel *Grundverständnis* wird der jeweilige Bildungsbereich abgesteckt, *Ebenen der Umsetzung* gibt Antworten auf die Frage: „Wie kann die Einrichtung der Kindertagesbetreuung die Bildungsfähigkeiten der Kinder pädagogisch begleiten?"[138] Welche pädagogischen Maßnahmen die Kinder in ihrer Bildungsgenese besonders unterstützen können, wird anhand des Kapitels *Beispiele* aufgezeigt.[139]
    Die Bildungsbereiche orientieren sich deutlich an den im gemeinsamen Rahmenplan der Länder definierten Bereichen. Identisch sind die Bereiche *Körper, Bewegung, Gesundheit* und *Sprache, Kommunikation und Schriftkultur.* Im Bereich *Mathematik und Naturwissenschaft* entfällt der Teilbereich *(Informations-)Technik*, im Bereich *Musik* wird der Teil *Umgang mit Medien* ersatzlos gestrichen. Der Bereich *Darstellen*

---

[136] Diplom Pädagoge, u. a. am Institut für den Situationsansatz in der Internationalen Akademie gGmbH , Freie Universität Berlin, tätig.
[137] Vgl. Diskowski 2007 und BraBP 2004, redaktioneller Hinweis.
[138] BraBP 2004, S. 2.
[139] Vgl. ebd.

und Gestalten tritt für den Bereich *Natur und kulturelle Umwelt* auf den Plan, der sich im Brandenburger Bildungsplan nicht widerspiegelt. *Personale und soziale Entwicklung* heißt in der Version Brandenburgs *Soziales Leben*. Der Bereich *Sprache, Kommunikation und Schriftkultur* steht bei der folgenden Analyse als einziger im Fokus, da es bei den übrigen Bildungsbereichen keine Anhaltspunkte für einen eindeutigen Buchbezug gibt.

Der Bildungsbereich *Sprache, Kommunikation und Schriftkultur. Sprechen – Schreiben – Lesen*

„Das Fundament zum Schreiben- und Lesenlernen legt bereits der Kindergarten."[140], formulieren die Autoren des Brandenburgischen Bildungsplans in ihrer Ausführung zum Grundverständnis des Bildungsbereiches *Sprache, Kommunikation und Schriftkultur. Sprechen – Schreiben – Lesen*. Dass Vorhandensein von Büchern, Zeitungen und Zeitschriften zu Hause sowie in der Einrichtung wird daher vorausgesetzt.[141] „Frühe Erfahrungen mit den verschiedenen Facetten von Lese-, Erzähl- und Schreibkultur fordern Kinder heraus, sich selbst als sprechende, zuhörende, erzählende, lesende, schreibende Person zu erleben."[142] Mit diesem Grundverstädis legen die Autoren einen Grundstein für das Medium Buch, das am engsten mit der Tätigkeit des Lesens verbunden ist.

Auch unter *Beispiele guter Praxis* steht das Medium Buch an erster Stelle. Einleitend heißt es dort: „Das Bilderbuch gehört zur Kindergartenkultur. Für die Sprachentwicklung ist das Bilderbuchbetrachten von sehr hoher Bedeutung. Mit der Bilderbuchbetrachtung sind vielfältige Lernchancen und Erfahrungen verknüpft."[143] Anschließend wird dargestellt, welchen Nutzen vor allem die dialogorientierte Bilderbuchbetrachtung für das Kind haben kann. Neben der Nähe und Zuwendung von Erwachsenen erfährt das Kind viel über „das Wesen" des Buches: nicht nur, dass der Inhalt spannend, traurig oder schön sein kann, sondern auch, dass es zusätzlich zu den Bildern auch Text gibt, der von rechts nach links gelesen werden muss. Auch über den Aufbau des Buches kann das Kind etwas erfahren: es gibt einen Anfang und ein Ende, das Buch hat einen Titel und man muss blättern, um auf der nächsten Seite weiter lesen zu können und neue Informationen zu bekomme. Auch der Unterschied zwischen Schriftsprache und gesprochener Sprache wird dem Kind deutlich, ebenso der Unterschied zwischen Geschichten und Alltagsgesprächen. Die gemeinsame Bilderbuchbetrachtung bietet zudem Gelegenheit für einen lebhaften Dialog und das Kind kann seinen Wortschatz erweitern, schult seine Syntax und das Textverständnis. Und nicht zuletzt bietet die Bilderbuchbetrachtung dem Kind „[...] eine Einführung in Kulturtechniken (Buch und Schriftkultur, Literatur) [und] Lesefreude."[144] Die Forderung nach einer Kinderbücherei, die von den Kindern selbstständig genutzt werde kann, findet sich unter den Anregungen zur Materialausstattung und Raumgestaltung ebenso wieder, wie der Vorschlag, eine Schreibecke einzurichten, in

---

[140] BraBP 2004, S. 7.
[141] Vgl. ebd.
[142] Ebd.
[143] BraBP 2004, S. 8.
[144] Ebd.

der die Kinder verschiedenen Medien nutzen können, neben Stiften und Papier auch eine Schreibmaschine oder ein Computer.[145]

4.3.3.   Bewertung des Brandenburgischen Bildungsplans

Im Bildungsplan des Landes Brandenburg wird das Medium Buch im Wesentlichen nur in einem Bildungsbereich und zwar unter dem Bereich *Sprache, Kommunikation und Schriftkultur,* thematisiert. Dort wird vor allem die „dialogorientierte Bilderbuchbetrachtung" als Beispiel guter Praxis betont und deren Wichtigkeit sowie deren großer pädagogischer Nutzen erläutert. Da sich die Autoren in ihren Ausführungen jedoch leider darauf beschränken, werden zahlreiche Facetten des Vorlesens nicht berücksichtigt; wichtige Forderungen wie die Regelmäßigkeit und die Vorbildfunktion der Erwachsenen bleiben ebenso unerwähnt, wie die verschiedenen Vorlesesituationen und die Empfehlung, lieber einer kleinen Gruppe von Kindern vorzulesen, die ruhig und konzentriert zuhören und eine intensivere Anschlusskommunikation ermöglichen. Zu Gute halten kann man den Autoren, dass sie Informationen zum Buchaufbau und zum Buchumgang in die Vorlesesituation einfließen lassen und darauf verweisen, dass die Kinder über die Bilderbuchbetrachtung und das Vorlesen ihren Sprachschatz erweitern und ein Gefühl für Syntax entwickeln. Aufgrund der großen Defizite erreicht der Brandenburgische Bildungsplan in der Kategorie D dennoch nur 16 Punkte und liegt damit unter dem Durchschnitt.[146]

Aufgenommen werden die Forderungen nach einer Bibliothek, die für die Kinder stets zugänglich ist und nach einer Schreibecke, die mit verschiedenen Schreibutensilien ausgestattet ist. Zum Erreichen der vollen Punktzahl in der Kategorie A ist das zu wenig; wesentliche Parameter rund um die Kindergartenbibliothek fehlen, die Leseecke wird außer Acht gelassen. Mit 14 von maximal 30 Punkten in dieser Kategorie liegt die Publikation dennoch über dem Durchschnitt (12).

Schwerer als die nicht angesprochene Ausstattung mit einer Leseecke wiegt jedoch, dass die gesamte Kategorie B – Kooperationen / Eltern / Gemeinwesen nicht thematisiert wird. Dadurch fehlen weitere, ebenso wichtige wie pädagogisch wertvolle Anregungen und Vorschläge: die Einbindung von Lesepaten in den Kindergartenalltag, der Besuch von Bibliotheken und Buchhandlung, Lesungen und Autorenbesuchen.

Die, in Relation zum Gesamtumfang, ausführliche und gute Darstellung der dialogorientierten Bilderbuchbetrachtung innerhalb des Bildungsbereichs *Sprache, Kommunikation und Schriftkultur* ist zwar erfreulich, insgesamt bleibt der Brandenburgische Bildungsplan, was die Möglichkeiten eines Buchbezugs im Kindergarten betrifft, aber weit zurück. Der Stellenwert, der dem Medium Buch zukommen könnte und sollte, wird hier nur vage angedeutet, eine thematische Vertiefung und Ergänzung ist aus buchwissenschaftlicher Perspektive daher wünschenswert.

---

[145] Vgl. BraBP 2004, S. 9.
[146] Zur Gesamtübersicht Brandenburg siehe Anhang Tabellen 4a, 4b.

4.4 Bremen – Rahmenplan für Bildung und Erziehung im Elementarbereich

4.4.1. Allgemeines

Mit einer 40 Seiten umfassenden Publikation kommt der Freistaat Bremen der Verpflichtung zum Verfassen eines Bildungsplanes nach. Betitelt wird dieser als *„Rahmenplan für Bildung und Erziehung im Elementarbereich"* Als Herausgeber fungiert der Senator für Arbeit, Frauen, Gesundheit, Jugend und Soziales. Veröffentlicht wurde er im Januar 2005 für eine 3-jährige Erprobungsphase mit Umsetzungsvorgaben.[147] Zur Ausarbeitung wurden Expertinnen und Experten hinzugezogen.

Ausgerichtet ist der Bildungsplan ausdrücklich auf den Elementarbereich, „der alle Kinder von der Geburt bis zum Schuleintritt" umfasst, ein Schwerpunkt wird jedoch auf den Kindergarten gelegt. Als Adressaten nennt der Rahmenplan sowohl die Fachkräfte in den Tageseinrichtungen für den Elementarbereich, deren Ausbilder, die Träger der Einrichtungen, die Eltern, als auch die Lehrkräfte des Primarbereichs. Gemäß der Rahmenvereinbarung der Länder überlässt er die konkrete pädagogische Umsetzung den jeweiligen Einrichtungen, er konkretisiert lediglich den Bildungs- und Erziehungsauftrag, definiert die Bildungsbereiche und beschreibt die Anforderungen der Bildungsarbeit und gibt Anregungen, mit deren Hilfe diese Anforderungen erfüllt werden können. Die Umsetzung des Rahmenplanes ist verpflichtend und von der jeweiligen Einrichtungsleitung zu überprüfen. Zu diesem Zweck sind die pädagogischen Konzepte der Einrichtungen nach den im Bildungsplan genannten Zielen zu überarbeiten bzw. zu entwerfen.[148]

Zur Unterstützung der Umsetzung wurde zusätzlich entwickelt: eine „Individuelle Lern- und Entwicklungsdokumentation" (Dez. 2005), eine Handreichung mit dem Titel „Konkretisierungen zu den Bildungsbereichen (Dez. 2005), das Online-Handbuch „Gebildete Kindheit" und ein Qualifizierungsgesamtkonzept für alle Träger. Insbesondere die Handreichung „Konkretisierungen zu den Bildungsbereichen" ist für diese Arbeit von Interesse und muss bei der Analyse berücksichtigt werden.

4.4.2. Die Bildungsbereiche

Der Bremer Rahmenplan kennte sieben Bildungsbereiche und damit einen mehr als der gemeinsame Rahmenplan der Länder, an dem sich zwar orientiert wird, der jedoch in einigen Bereichen eine inhaltliche Umstrukturierung erfährt. Die im Rahmenplan der Länder als für diese Arbeit relevant betrachteten Bildungsbereiche finden im Bremer Rahmenplan unter folgenden Überschriften am ehesten ihre Entsprechung: *Sprachliche und nonverbale Kommunikation* und *Soziales Lernen, Kultur und Gesellschaft.* Einen Bildungsbereich, der sich explizit mit Medien beschäftigt, gibt es nicht.

Die jeweiligen Kapitel der Bildungsbereiche umfassen zwei bis drei Seiten und werden jeweils mit einer vier- bis sechszeiligen Kurzdefinition eingeleitet. Unterschieden wird zwischen kurzen Ausführungen zu den Themen *Chancen zur Selbstbildung* und *Unterstützung der Selbstbildung.* Im ersten Teil werden die psychologische,

---

[147] Vgl. Diskowski 2007.
[148] Vgl. BrBP 2004, S. 3.

physiologische und kognitive Fähigkeiten und Entwicklungen des Kindes im Hinblick auf den jeweils spezifischen Bildungsbereich skizziert. Der zweite Teil gibt den Erzieherinnen Beispiele für Fördermöglichkeiten.

Der Bildungsbereich *Sprachliche und nonverbale Kommunikation*

Schwerpunkt des Bildungsbereichs *Sprachliche und nonverbale Kommunikation* ist der Spracherwerb und die Sprachförderung. Im Abschnitt *Chancen zur Selbstbildung* bleibt alles andere außen vor, weder das Medium Buch noch andere Medien werden thematisiert. Es geht im Wesentlichen um den Vorgang des Spracherwerbs. Dass zur Sprachförderung auch das Medium Buch genutzt werde kann, wird im Abschnitt *Unterstützung der Selbstbildung* angesprochen: „Auch Bücher und Medien konfrontieren Kinder mit einer […] stilisierten ‚öffentlichen' Sprache. Das Vorlesen von Bilderbüchern oder geschriebenen Erzählungen sollte immer wieder für Zwischenfragen und Gespräche offen bleiben […].“[149] Neben diesem expliziten Buchbezug, der klar im Kontext der Sprachförderung verortet ist, findet sich in der Forderung nach Unterstützung der kindlichen Neugierde an Schrift und Zeichen, da damit „[…] erste Grundlagen für das Lesen und Schreiben gelegt [werden]“[150] und in der Anregung, eigene Medien zu gestalten[151], ein indirekter Verweis auf das Medium Buch. Innerhalb des Bremer Bildungsplans selbst gibt es im Kapitel zum Bildungsbereich *Sprachliche und nonverbale Kommunikation* kein weiterer Hinweis auf die Verwendung des Buches, doch wird es in der Handreichung *Konkretisierungen zu den Bildungsbereichen* noch mal erwähnt.

Die Handreichung bietet eine tabellarische Übersicht, in der die Grobziele und Aufgaben zusammengefasst werden, konkrete Beispiele für die pädagogische Umsetzung. Die Anregung, mit den Kindern über Bilderbücher oder Alltagsgeschichten zu sprechen, in denen sie sich wieder finden und die sie nachspielen können, wird zum Beispiel dem Grobziel *Kommunikative Entwicklung fördern, verbal und nonverbal* zugeordnet.[152] Auch kann das Buch dazu beitragen, im Alltag neue Begriffe einzuführen und dient damit dem Ziel der Sprachschatzerweiterung.[153] In der Handreichung findet sich die übliche Forderung nach regelmäßigem Vorlesen von Büchern ebenso, wie die Ausstattung der Einrichtung mit Büchern, die für die Kinder (frei) zugänglich sind. Zugeordnet werden diese Anregungen dem Grobziel *Fähigkeiten für den Schriftspracherwerb entwickeln (Literacy)*. Ebenso kann das Erlernen der Mutter- bzw. einer Fremdsprache durch Bücher gefördert werden.[154]

Neben diesen konkreten Anregungen der Förderung durch den Umgang mit dem Buch werden auch in der Handreichung buchnahe Anregungen gegeben; wie im Bildungsplan wird auch hier dazu aufgefordert, das Interesse des Kindes an Buchstaben, Schrift und Zeichen zu wecken und zu fördern.[155]

---

[149] BrBP 2004, S. 21.
[150] Ebd.
[151] Vgl. ebd.
[152] Vgl. BrBP Handreichung Konkretisierung 2005, S. 11.
[153] Vgl. ebd.
[154] BrBP Handreichung Konkretisierungen 2005, S. 12.
[155] Vgl. ebd.

Der Bildungsbereich *Soziales Lernen, Kultur und Gesellschaft*

Es wird im Bildungsbereich *Soziales Lernen, Kultur und Gesellschaft* zwar darauf hingewiesen, dass die Kinder ihren Stadtteil erkunden und dessen „Kultur- und Bewegungsangebote"[156] kennen lernen sollen. Welche Institutionen und Angebote damit genau gemeint sein können, bleibt offen, von einem Besuch der Bibliothek oder einer Buchhandlung ist nicht die Rede. Das Buch spielt in diesem Bildungsbereich neben anderen Medien lediglich als Medium zur Informationsbeschaffung eine Rolle, mit dessen Hilfe die Kinder zusammen mit den Fachkräften „gesellschaftliche Zusammenhänge"[157] erkunden und begreifen lernen. Auch die Handreichung zur Konkretisierung der Bildungsbereiche bietet über den Gebrauch des Buches als Werkzeug zur Förderung interkultureller Kompetenz[158] hinaus keine weiteren neuen Anregungen, die einen konkreten Buchbezug herstellen. Der oben genannte Vorschlag, mittels des Buches Alltagsgeschichten und Situationen nachzuspielen und darüber zu reden findet sich hier unter dem Grobziel *Konfliktlösungsstrategie und Streitkultur anregen und fördern* wieder.

4.4.3. Bewertung des Bremer Bildungsplans

Der Bremer Bildungsplan weist, wie schon die Version Brandenburgs, ein großes Defizit im Bereich rund um den Besuch externer Orte des Buches und der Zusammenarbeit mit externen Personen auf, sei es der Autor oder die Eltern – auch in der Kategorie B kann die Publikation Bremens bedauerlicherweise keine Punkte erzielen.[159]

Unter dem Durchschnitt liegt ebenso der in der Kategorie A erreichte Wert: 11 Punkte, resultierend aus der Forderung, den Kindern ausreichend und frei zugänglich Bücher zur Verfügung zu stellen und dem indirekten Hinweis, dass fremdsprachige Bücher darunter sein können. Weder wird die Gestaltung einer Leseecke angeregt, noch soll eine Schreibecke eingerichtete werden.

Lediglich in der Kategorie D erzielt der Bremer Bildungsplan mit 24 Punkten zwei Punkte mehr als der Durchschnitt (22). Drei der vier Unterkategorien werden zumindest angesprochen, ausgelassen wird die Unterkategorie *Buch als Objekt*. Mit den Parametern *täglich / regelmäßig / ritualisiert* und *Gemeinsamer Dialog / Anschlusskommunikation* werden jedoch nur die üblichen Forderungen bezüglich der Bilderbuchbetrachtung / des Vorlesens aufgestellt. Neben dem Buch als Informationsquelle wird auf das Interesse des Kindes an Schrift und Zeichen Wert gelegt und auf den sprachfördernden Nutzen der Bilderbuchlektüre hingewiesen, damit sind zwei Parameter aus dem Bereich der verwandten Themen genannt.

Das Ergebnis von 37 Punkten, die der Note 4 (ausreichend minus) entsprechen, macht deutlich, dass das Bremer Bildungsprogramm dem Medium Buch aus buchwissenschaftlicher Sicht nicht in dem Umfang gerecht wird. Aufgrund fehlender Impulse kann eine intensivere Beschäftigung mit dem Medium im Kindergartenalltag

---

[156] BrBP 2004, S. 24.
[157] Ebd.
[158] Vgl. BrBP Handreichung Konkretisierungen 2007, S. 14.
[159] Zur Gesamtübersicht Bremen siehe Anhang Tabellen 5a, 5b.

nicht erreicht werden. Mit den angeführten Standardanregungen gelingt es nicht, das Bewusstsein für das Medium Buch zu stärken.

4.5 Hamburg – Hamburger Bildungsempfehlungen für die Bildung und Erziehung von Kindern in Tageseinrichtungen

4.5.1. Allgemeines

Wie das Berliner Bildungsprogramm wurden die Hamburger Bildungsempfehlungen durch die Internationale Akademie für innovative Pädagogik, Psychologie und Ökonomie gGmbH (INA) entwickelt. Die Leitung hatte wie schon in Berlin Dr. Christa Preissing inne. Beteiligt waren die Behörde für Soziales und Familie und die Verbände und Träger von Kindertageseinrichtungen. Die Veröffentlichung erfolgte im Dezember 2005 durch die Behörde für Soziales und Familie, Abteilung Kindertagesbetreuung der Freien und Hansestadt Hamburg. Die 84 Seiten umfassende Publikation ist für alle am Kita-Gutschein-System[160] beteiligten und dem Landesrahmenvertrag beigetretenen Träger[161] verbindlich. Zur Einführung wurden Fortbildungsmaßnahmen sowie eine Fachtagung und Evaluation durchgeführt, zudem erhielten die Träger finanzielle Unterstützung bei der Durchführung von Qualifizierungsmaßnahmen. Eine landesweite Qualitätsberichterstattung soll den Erfolg bescheinigen und bei der Weiterentwicklung helfen.[162] Da die Bildungsempfehlungen für Kinder in Tageseinrichtungen gedacht sind und damit auch den Hort einbeziehen, reicht der Geltungsbereich von der Geburt bis zum 14. Lebensjahr. Ein klarer Schwerpunkt liegt jedoch auf dem Elementarbereich. Die Publikation, die im Internet frei erhältlich ist und zudem im Buchhandel als Printversion erworben werden kann, richtet sich vor allem an das Fachpersonal. Für Eltern wurde im Rahmen der Öffentlichkeitsarbeit ein Faltblatt herausgegeben, das neben einigen begründenden Worten vor allem die Bildungsbereiche vorstellt.

4.5.2. Die Bildungsbereiche

Da sich die Hamburger Bildungsempfehlungen an das Berliner Bildungsprogramm anlehnen, „[...] weil dieses praxisnah ist und sich viele Lebensbedingungen von Kindern und Familie der beiden Städte ähneln"[163], sind die Titel der Bildungsbereiche beider Programme identisch. Auch die Hamburger Bildungsempfehlungen orientieren sich deutlich am gemeinsamen Rahmen der Länder, es finden lediglich geringfügige Modifizierungen statt. Die für die Analyse relevanten Bildungsbereiche heißen *Kommunikation: Sprachen, Schriftkultur und Medien* und *Soziale und kulturelle Umwelt*.

Innerhalb der Bildungsbereiche findet, anders als im Berliner Bildungsprogramm, eine Gliederung in vier Teilbereiche statt; strukturiert wird jeder Bildungsbereich in eine kurze theoretische Einleitung, Erkundungsfragen, einer Zieldefinition und in die Aufgaben der Erzieherinnen. Die Erkundungsfragen, die Ziele und die Aufgaben sind jeweils wieder in vier Unterpunkte gegliedert. Die Erkundungsfragen richten sich

---

[160] In Hamburg erhalten die Eltern für ihr Kind ein Kita-Gutschein, dessen Höhe vom Einkommen abhängig ist. Der Gutschein gilt in der Regel für ein Jahr und muss verlängert werden. Das System soll eine individuelle und für alle finanzierbare Betreuung gewährleisten.
[161] Zurzeit beteiligen sich ca. 800 Tageseinrichtungen.
[162] Vgl. Diskowski 2007.
[163] HaBP 2005, S. 5.

thematisch an den Lebensbereichen der Kinder aus: *Das Kind in seiner Welt, Das Kind in der Kindergemeinschaft, Weltgeschehen, Welt erkunden* und *Kita-Kultur*. Die Gliederung in *Ich-Kompetenzen, Soziale Kompetenzen, Sachkompetenzen* und *Lernmethodische Kompetenzen* findet sich unter den Zielen. Bei den Aufgaben für die Erzieherinnen heißen die Unterpunkte *Alltag der Kita, Spielanregungen und Spielmaterial, Projektarbeit* und *Raumgestaltung und Materialauswahl*.

Der Bildungsbereich *Kommunikation: Sprachen, Schriftkultur und Medien*

In der theoretischen Einführung zum Bildungsbereich *Kommunikation: Sprachen, Schriftkultur und Medien* heißt es unter der Zwischenüberschrift mit dem Titel *Schriftkultur, gestaltete Sprache und Literatur*: „Die Heranführung an Bücher eröffnet Kindern eine neue, spannende Welt. Die Lesefähigkeit ermöglicht den Zugang zum Weltwissen – auch vergangener Zeit."[164] Die Wichtigkeit und Nützlichkeit des Buches wird hier bereits aufgegriffen. Eine weitere Zwischenüberschrift formuliert explizit, dass das tägliche Vorlesen in der Kindertageseinrichtung eine Selbstverständlichkeit sein soll.[165] Die Überschrift ist mit einer Fußnote versehen, in der schon in der Einführung auf ein Praxisbeispiel verwiesen wird. Vorgeschlagen wird die Integration einer Vorlesestunde innerhalb der Kita durch eine 3. Klasse einer ortsnahen Grundschule, von der sowohl die Kindergartenkinder als auch die Schüler profitieren.[166] Der unter der Überschrift folgende Textabschnitt thematisiert allerdings nicht das Buch an sich, sondern dessen Inhalt, die geschriebene Sprache „als Kunstform und Kultur"[167]. Der Nutzen des Vorlesens wird bei der angestrebten Vermittlung und Pflege von traditioneller Sprache, dem Plattdeutschen, wieder aufgegriffen, dass zwar im Alltag nur noch selten Verwendung findet, in dem aber etliche Lieder und Geschichten verfasst sind.[168] Besondere Aufmerksamkeit wird auch Kindern mit Migrationshintergrund zuteil, deren Herkunftssprache in den meisten Familien gesprochen und gepflegt wird – „nicht zuletzt durch leicht zugängliche Medien (Zeitungen, Fernseher, Internet und Video." Auffallend ist, dass in der in Klammern stehenden Aufzählung das Buch nicht erwähnt und damit nicht zu den leicht zugänglichen Medien gezählt wird – zu Recht, denn der Anteil an fremdsprachiger (Kinder-)Literatur in den Bibliotheken ist in den meisten Fällen immer noch gering[169], der Erwerb im stationären Buchhandel meist nur über eine Bestellung möglich.

Auch der Entwicklung von Medienkompetenz kommt in der Einführung eine Zwischenüberschrift zu. Wie schon im Berliner Bildungsprogramm ist an dieser Stelle zwar von „Medien aller Art"[170] die Rede, doch ist auch hier eine Tendenz zu den neuen Medien erkennbar, denn „Die Vielfalt, Verfügbarkeit und Allgegenwart von Medien eröffnet Kindern heute mehr Informationsquellen und andere Kommunikationsformen als die heute Erwachsenen sie hatten."[171] Dennoch lassen die Ausführun-

---

[164] HaBP 2005, S. 40.
[165] Vgl. ebd.
[166] Vgl. ebd.
[167] Ebd.
[168] Vgl. ebd.
[169] Vgl. Bestand in den Kinderbuchabteilungen der Erlanger und Nürnberger Stadtteilbibliotheken.
[170] HaBP 2005, S. 41.
[171] Ebd.

gen zumindest einen Buchbezug zu, denn wenn davon die Rede ist, dass die Kinder Medieninhalte thematisieren, sei es in ihrem Spiel oder etwa im Austausch mit anderen, so ist das auch für das Medium Buch denkbar, auch wenn hier eher Fernseherlebnisse gemeint sind.[172]

Das Kind in seiner Welt

Innerhalb des Lebensbereichs *Das Kind in seiner Welt* finden sich im Vergleich zum Berliner Bildungsprogramm mehr Fragen mit Buchbezug. Beschränkten sich die Berliner Autoren auf die Frage, ob sich das Kind gerne vorlesen lässt und welche Lieblingsbücher es hat, wird hier die Fragestellung, ob das Kind eigene (Bilder-)Bücher besitzt und / oder ob es die örtliche Bibliothek nutzt, ergänzt.[173] Damit wird eine entscheidende Voraussetzung einer erfolgreichen Lesesozialisation abgefragt – Buchbesitz und Buchnutzung im Elternhaus.[174] Auch im Hamburger Bildungsplan lassen sich, wie im Berliner Bildungsprogramm, einige Fragen, die sich allgemein mit Medien befassen, durchaus auf das Buch übertragen, auch wenn sich diese eher auf andere Medien beziehen, zum Beispiel die Frage nach der kindlichen Verarbeitung von Medienerlebnissen und der verbrachten Zeit mit Medien sowie nach Nutzungsregeln.[175]

Das Kind in der Kindergemeinschaft

Der Fokus im Lebensbereich *Das Kind in der Kindergemeinschaft* liegt auf dem Umgang mit Medienerlebnissen, einen expliziten Buchbezug gibt es allerdings nicht, implizit lässt er sich jedoch herstellen, geht man davon aus, dass im verwendeten Medienbegriff das Buch eingeschlossen ist. Ein Großteil der Fragen beschäftigt sich mit dem Thema Kommunikation und Sprache. Dabei soll auch herausgefunden werden, ob es Vorlesestunden gibt. Diese stellen in diesem Lebensbereich den einzigen direkten Bezugspunkt für das Medium Buch dar.

Weltgeschehen erleben, Welt erkunden

Neben der allgemeinen Frage, welche Medien die Kinder innerhalb und außerhalb des Kindergartens nutzen, gibt es im Lebensbereich *Weltgeschehen erleben, Welt erkunden* auch Fragen, die konkret das Medium Buch thematisieren: „Kennen und nutzen die Kinder Orte für Bücher außerhalb der Kita (Bibliotheken oder Buchhandlungen)?"[176] Hier wird abermals die Buchnutzung im Elternhaus erkundet. Folgende Frage thematisiert das Medium Buch als Informationsquelle: „Haben die Kinder Zugang zur Informationsquellen (Sachbücher, Atlanten, erste Wörterbücher, Lernsoftware, Internet ...)?"[177] Die Fragestellungen „Erleben sie Sprache als Literatur und

---

[172] Vgl. HaBP 2005, S. 41.
[173] Vgl. HaBP 2005, S. 42.
[174] Diese Frage findet sich im Berliner Bildungsprogramm unter dem Lebensbereich *Weltgeschehen erleben, Welt erkunden.*
[175] Vgl. HaBP 2005, S. 42.
[176] HaBP 2005, S. 43.
[177] Ebd.

Kunstform? Nimmt die Kita an Lesefesten u.ä. Veranstaltungen teil?"[178] fokussieren das Buch und insbesondere dessen Inhalt als Werkzeug für Sprachförderung im Fokus und thematisieren das Buch als Kulturgut und Lesen als kulturelle Errungenschaft und Schlüsselkompetenz.

Kita-Kultur

Auch innerhalb des Lebensbereichs *Kita-Kultur* ist, wie in den vorangestellten Lebensbereichen, die Sprachkompetenz und Mehrsprachigkeit der Kinder von besonderem Interesse. Dieser widmet sich auch die in diesem Lebensbereich einzige buchrelevante Fragestellung: „Verfügt die Kita über Bücher, Medien und Musikkassetten in verschiedenen Sprachen? Können Kinder sie eigenständig nutzen?"[179]

Ziele

„Interesse an Büchern, am Lesen und Schreiben, am Geschichten erfinden"[180] wird als Ich-Kompetenz aufgeführt und ist das Ziel, das unter der hier eingenommenen Analyseperspektive das Wichtigste ist. Hinzu kommt die lernmethodische Kompetenz, Bücher als Informationsquellen nutzen zu können.[181] Alle weiteren aufgelisteten Ziele bieten zumindest keine expliziten Bezugsmöglichkeiten zum Medium Buch.

Beispiele für Aufgaben der Erzieherinnen

Unter den Aufgaben im Hamburger Bildungsprogramm findet man neben der Forderung, den Kindern täglich vorzulesen, wenn möglich auch in anderen Sprachen unter Hinzuziehung von Familienmitgliedern und Kolleginnen mit Fremdsprachenkenntnissen[182], auch die schon aus dem Berliner Bildungsprogramm bekannten Anregungen, ein Gedichte-Buch herzustellen und eine „Dichterlesung"[183] für die Eltern zu veranstalten, sowie ein Buch mit Kindergeschichten zu gestalten, die in die verschiedenen Familiensprachen übersetzt und von den Kindern illustriert werden.[184] Ein Besuch der öffentlichen Bücherhallen der Stadt, um dort mit den Kindern Bücher und andere Medien auszuleihen, ist eine weitere Aufgabe für die Erzieherinnen.[185] Gleichfalls aus dem Berliner Bildungsprogramm übernommen wurde der Projektvorschlag „Wer bin ich? Wer will ich sein?".[186] Neben Fotos, Geschichten und Bilder sollen auch Bücher Verwendung finden oder entstehen können. Ebenso findet man die Forderung, dass sich die Erzieherinnen als Lesenden und Schreibende ihrer Vorbildfunktion bewusst werden sollen.[187] Bei den Vorschlägen zur Raumgestaltung und

---

[178] Ebd.
[179] HaBP 2005, S. 44.
[180] HaBP 2005, S. 45.
[181] Vgl. ebd.
[182] Vgl. HaBP 2005, S. 46.
[183] HaBP 2005, S. 47.
[184] Ebd.
[185] Vgl. HaBP 2005, S. 46.
[186] HaBP 2005, S. 47.
[187] Ebd.

Materialausstattung greift der Hamburger Bildungsplan ebenfalls auf die Ausführungen im Berliner Bildungsprogramm zurück: neben einer „Bibliothek mit Büchern, in denen das Kind sich und seine Familienkultur wieder findet; Sachbücher in verschiedenen Sprachen und Schriften; […]"[188] sollen auch „Orte für Worte"[189] eingerichtet werden, an denen das Kind in Ruhe lesen kann und die zudem mit anderen Medien, Spiel- und Büromaterialien ausgestattet sind.[190]

Neben den oben aufgeführten expliziten Buchbezügen lassen sich im Hamburger Bildungsplan insbesondere innerhalb des Bildungsbereichs *Kommunikation: Sprachen, Schriftkultur und Medien* einige dem Buch und dem Schlagwort Lesen thematisch angeschlossene Forderungen, Erkundungsfragen, Zielformulierungen und Bildungsaufgaben finden.

Der Bildungsbereich *Soziale und kulturelle Umwelt*

Während im Berliner Bildungsprogramm die Bibliothek und die Buchhandlung innerhalb der Analysefragen – die den Erkundungsfragen des Hamburger Bildungsprogramms entsprechen – als „Orte kulturellen Lebens"[191] Eingang fanden, wird im Hamburger Bildungsprogramm folgende Sachkompetenz als Ziel formuliert: „Wichtige Institutionen im Ortsteil und Begegnungsmöglichkeiten kennen, z.B. Bücherhalle, Schule […]"[192]. Einen weiteren Buchbezug bietet der Aspekt der Materialausstattung. Gefordert werden „Kinderbücher, in denen Grundgefühle im Kinderalltag thematisiert sind […]"[193] und „Bilderbücher, in denen die Familienkultur des Kindes vorkommt.".[194]

In den Hamburger Bildungsempfehlungen lassen sich neben den oben aufgeführten expliziten Buchbezügen über die gesamte Publikation verteilt Verknüpfungspunkte herstellen, die dem Medium Buch und dem Schlagwort Lesen thematisch zumindest sehr nahe stehen. So wird über alle Bildungsbereiche hinweg das Buch immer wieder als Informationsquelle genannt, eine typische Formulierung lautet „Bücher und andere Medien […]"[195] Besonders innerhalb des Bildungsbereichs *Kommunikation: Sprachen, Schriftkultur und Medien* wird dem Thema Schrift Aufmerksamkeit geschenkt. Erfragt wird zum Beispiel, ob sich die Kinder für Buchstaben und Texte interessieren und ob sie auf Schrift verschiedener Herkunft neugierig sind.[196]

4.5.3. Bewertung der Hamburger Bildungsempfehlungen

Die Bildungsempfehlungen Hamburgs erreichen in allen Kategorien überdurchschnittliche Werte und erreichen mit 77 von 161 Punkten die Note 3 (befriedigend)

---

[188] HaBP 2005, S. 47.
[189] Ebd.
[190] Vgl. ebd.
[191] BeBP 2004, S. 58.
[192] HaBP 2005, S. 36.
[193] HaBP 2005, S. 38.
[194] Ebd.
[195] Vgl. exemplarisch HaBP 2005, Bildungsbereich *Körper, Bewegung und Gesundheit*, S. 32.
[196] Vgl. HaBP 2005, S. 43.

sie belegen damit im direkten Vergleich aller Länder mit Bayern (94) und dem Saarland (78) einen Platz in der Spitzengruppe.[197]

Verbesserungsbedarf aus buchwissenschaftlicher Perspektive gibt es vor allem in der Kategorie A – Räumliche Gestaltung / Materialien / Ausstattung. Zwar wird hier die Einrichtung einer Bibliothek mit mehrsprachigen Medien sowie die Gestaltung einer Leseecke empfohlen, es fehlen jedoch wichtige konkretisierende Parameter, wie etwa die allgemeine Zugänglichkeit und die Möglichkeit einer Medienausleihe nach Hause. Keine Erwähnung findet die Schreibecke.

Unterkapitel und Parameter der Kategorie B – Kooperation / Eltern / Gemeinwesenorientierung werden im Verhältnis zum erreichten Durchschnitt (11 Punkte) mit 27 Punkten sehr umfangreich thematisiert. Aber auch für diesen Bereich sind sinnvolle Ergänzungen möglich: zum Beispiel die Integration des Autors, Buchausstellungen lokaler Buchhandlungen in der Einrichtung und die Möglichkeit, Eltern mit Migrationshintergrund als Vorlesepaten zu gewinnen.

In der Kategorie D – Aktivitäten rund ums Buch / mit dem Buch thematisieren die Hamburger Bildungsempfehlungen alle aufgestellten Unterkategorien, jedoch werden überwiegend Standardparameter aufgeführt: die Regelmäßigkeit des Vorlesens, das Buch als Informationsquelle und die Anregung, mit den Kindern ein Buch zu basteln. Im Bereich *Bilderbuchbetrachtung / Erzählen und Vorlesen* in dem auf die häufige Forderung der Anschlusskommunikation verzichtet wird, erwähnen die Autoren dafür den wichtigen Aspekt der Vorbildfunktion der Erzieherinnen und schlagen darüber hinaus die Initiierung eines Lesefestes vor. Etwas ausführlicher wird auch die Unterkategorie *Verwandte Themen* bedacht; neben dem zu weckenden Interesse für Schrift und Zeichen soll den Kinder auch die traditionelle Sprache (Plattdeutsch) vermittelt werden, die es in Literatur und Kunstform zu erleben und entdecken gilt.

Erfreulich sind die drei thematisierten zentralen Forderungen in der Kategorie C – Zentrale Forderungen / Zielstellungen und Fragestellungen, die eine deutlichere Wertschätzung für das Mediums Buch und seine Facetten zum Ausdruck bringen. Allerdings könnte diese auch in der Version Hamburgs noch intensiviert werden.

---

[197] Zur Gesamtübersicht Hamburg siehe Anhang Tabellen 6a, 6b.

4.6 Hessen – Bildung von Anfang an. Bildungs- und Erziehungsplan für Kinder von 0 bis 10 Jahren in Hessen

4.6.1. Allgemeines

„Bildung von Anfang an. Bildungs- und Erziehungsplan für Kinder von 0 bis 10 Jahren in Hessen" lautet der Titel des vom Hessischen Sozial- und Kultusministerium herausgegebenen Bildungsplans. Der Erstentwurf vom 21.3.2005 wurde nach einer Anhörungsphase im Herbst desselben Jahres überarbeitet und anschließend zur 1 ½-jährigen Erprobung an ausgewählten Standorten ab dem Kindergarten- und Schuljahr 2005 / 06 freigegeben. Nach einer einjährigen Erprobungsphase und einer erneuten Überarbeitung liegt nun die vorläufige Endfassung vom Dezember 2007 vor. Auch nach seiner geplanten landesweiten Einführung ab dem Kindergarten- und Schuljahr 2008 / 09 soll der Bildungsplan ein offenes Projekt bleiben, das jederzeit auf die sich ändernden gesellschaftlichen Bedingungen reagieren kann.[198] Eine Besonderheit ist die ausdrückliche Einbeziehung der Grundschule in das Konzept des Bildungsplans. „Sein Anspruch ist es, die Bildung von Kindern […] sowohl in Kindertageseinrichtungen als auch in der Grundschule auf die gleiche bildungsphilosophische Grundlage zu stellen."[199] Dieses übergreifende Konzept entwickelt der Hessische Bildungsplan auf 150 Seiten.

Für die Konzeption, Leitung und fachliche Gesamtverantwortung sind zuständig: Professor Dr. Dr. Dr. Wassilios E. Fthenakis, der die Leitung des Projekts innehat sowie Dr. Dagmar Berwanger und Eva Reichert-Garschhammer des Staatsinstituts für Frühpädagogik, München. An der Erarbeitung sind eine Steuerungsgruppe und eine Fachkommission beteiligt. Im Impressum findet sich der Verweis, dass bei einzelnen Kapiteln auf den Bayerischen Bildungs- und Erziehungsplan zurückgegriffen wurde. Des Weiteren wurden für das Kapitel *Medien* Texte des Instituts für Medienpädagogik in Forschung und Praxis (JFF), München, herangezogen.

Bereits in der Titelgebung wird deutlich, dass sich der vorliegende Bildungsplan nicht auf den Kindergarten beschränkt, sondern sich von der Geburt bis zum Ende der Grundschulzeit erstreckt und somit „[…] alle Lernorte, an denen kindliche Bildungs- und Erziehungsprozesse stattfinden […]"[200] abdeckt. Dabei soll er als „Orientierungsrahmen"[201] verstanden werden und hat zunächst noch keinen verbindlichen Charakter. Allerdings soll in Zukunft eine Vereinbarung zwischen dem Hessischen Sozialministerium und den Spitzenverbänden der freien und kommunalen Einrichtungsträger die Träger verpflichten, den Plan in ihren Einrichtungen umzusetzen.[202] Wie bereits in der Rahmenvereinbarung der Länder eingeschrieben, kann und muss selbst bei einer Umsetzungsverpflichtung eine „Transformation dieses Orientierungsplans zum einrichtungsbezogenen Plan"[203] vorgenommen werden.

---

[198] Vgl. HeBP 2005, S. 15.
[199] HeBP 2005, S. 34.
[200] HeBP 2005, S. 12.
[201] HeBP 2005, S. 34.
[202] Vgl. HeBP 2005, S. 39.
[203] Ebd.

4.6.2. Die Bildungsbereiche

Anders als in der gemeinsamen Rahmenvereinbarung der Länder nahe gelegt, orientiert sich der hessische Bildungsplan nicht an Bildungsbereichen, sondern an „Bildungs- und Erziehungszielen" – den „fünf Visionen"[204]. Die relevanten Bildungsbereiche der Rahmenvereinbarung finden sich unter den folgenden Bildungs- und Erziehungszielen wieder: *Kommunikationsfreudige und medienkompetente Kinder* und *Verantwortungsvoll und wertorientiert handelnde Kinder*

Dem Bildungs- und Erziehungsziel *Kommunikationsfreudige und medienkompetente Kinder* sind die Schlagworte *Sprache und Literacy* sowie *Medien* untergeordnet. Diese Begriffe finden im Rahmenplan der Länder unter den Bildungsbereichen *Sprache, Schrift, Kommunikation* und *Musische Bildung / Umgang mit Medien* ihre Entsprechung. Innerhalb des Bildungs- und Erziehungsziels *Verantwortungsvoll und wertorientiert handelnde Kinder* gibt es einen Abschnitt, der sich der *Gesellschaft, Wirtschaft und Kultur* widmet und somit dem im Rahmenplan der Länder vorgeschlagenen Bildungsbereich *Soziale und kulturelle Umwelten* nahe kommt. Daher soll er in der Analyse berücksichtigt werden.

Jedes Unterkapitel innerhalb der einzelnen Bildungs- und Erziehungsziele wird mit einem Leitgedanken eingeleitet, dem Ausführungen zu den Bildungs- und Erziehungszielen folgen. Praxisbeispiele oder Vorschläge zur Umsetzung gibt es nicht. Das Kapitel *Kommunikationsfreudige und medienkompetente Kinder* gliedert sich in die Unterkapitel *Sprache und Literacy* und *Medien*.

Das Bildungs- und Erziehungsziel *Kommunikationsfreudige und medienkompetente Kinder – Sprache und Literacy*

Ein Abschnitt des Leitgedankens zum Unterkapitel *Sprache und Literacy* beschäftigt sich explizit mit der Entwicklung von Literacy. Die Wichtigkeit früher und umfangreicher Literacy-Erfahrungen für das Kind wird betont, denn von diesen „[...] hängen im starken Maß der Erwerb und die Ausdifferenzierung schriftsprachlicher Kompetenzen in all ihren Dimensionen (Textverstehen, Lesen, Lesefreude, Literaturkompetenz, Schreiben [...]) ab."[205]. Dementsprechend soll der Literacy-Erziehung in allen Bildungsinstanzen ein hoher Stellenwert zukommen.[206] Auf die Bedeutung, die dem Medium Buch bei der Literacy-Entwicklung beigemessen wird, findet im Leitgedanken keine Berücksichtigung.

Ein ausdrückliches Bildungs- und Erziehungsziel ist der Erweb „literacybezogener Kompetenzen"[207], prominent positioniert wurde dabei die „Entwicklung von Interessen und Kompetenzen rund um Bücher und Buchkultur, Schreiben und Schriftkultur (‚Literaturkompetenz‘, Interesse an Büchern und Geschichten, Lesefreude, Interesse an Schrift)"[208]. Dies bleibt im Rahmen des Unterkapitels *Sprache und Literacy* die einzige ausdrückliche Erwähnung des Mediums Buch. Eine indirekte Thematisie-

---

[204] HeBP 2005, S. 13.
[205] HeBP 2005, S. 67.
[206] Vgl. ebd.
[207] HeBP 2005, S. 68.
[208] HeBP 2005, S. 69.

rung erfährt es in den Kompetenzen, die auf den Buchinhalt Bezug nehmen, zum Beispiel Textverständnis oder die Kompetenz, verschiedene Textsorten unterscheiden und vergleichen zu können.[209] Alle weiteren Bildungs- und Erziehungsziele richten ihren Fokus auf Sprache und Sprachförderung.

Das Bildungs- und Erziehungsziel *Kommunikationsfreudige und medienkompetente Kinder – Medien*

Im Leitgedanken zum Unterkapitel *Medien* wird Wert auf die Feststellung gelegt, dass sich die Pädagogik grundsätzlich mit allen Medien befasst.[210] Dementsprechend ist im gesamten Unterkapitel ganz allgemein von *Medien* und *Medienerlebnissen* die Rede. Dennoch ist im Umgang mit dem Begriff eine Tendenz zu den neuen Medien spürbar; folgende Formulierung legt den Bezug zum Medium Computer und Fernsehen jedenfalls wesentlich näher, als zum Medium Buch: „Medienbotschaften und –tätigkeiten durchschauen und kritisch reflektieren (z.B. Trennen von Realität, Fiktion und Virtualität, Erkennen von Absichten der Werbung, Reflektieren der Bedeutung von Rollenklischees)"[211]. In weiteren Beispielaufzählungen werden quantitativ häufiger der Computer und das Internet genannt.[212] Das Medium Buch hingegen wird nicht explizit genannt.

Das Bildungs- und Erziehungsziel *Verantwortungsvoll und wertorientiert handelnde Kinder – Gesellschaft, Wirtschaft und Kultur*

Die Erwartung, im Unterkapitel *Gesellschaft, Wirtschaft und Kultur* des Bildungs- und Erziehungsziels *Verantwortungsvoll und wertorientiert handelnde Kinder* Buchbezüge zu finden, wird enttäuscht, diese werden nicht erwähnt.

Auch in den übrigen Kapiteln des Hessischen Bildungsplans finden sich nur sehr sporadisch explizite Nennungen des Mediums, so zum Beispiel unter der Überschrift *Philosophieren mit Kindern,* hier lässt sich der Hinweis darauf entdecken, dass Geschichten und Bilderbücher dazu geeignet sind, Themen und Fragestellungen zu entwickeln, über die man mit den Kindern philosophieren kann.[213]

4.6.3. Bewertung des Hessischen Bildungsplans

Das Medium Buch wird im Hessischen Bildungsplan bis auf wenige Ausnahmen ausschließlich im Bildungs- und Erziehungsziel *Kommunikationsfreudige und medienkompetente Kinder* erwähnt und steht dort im Kontext des Begriffs *Literacy*, dem die Buchkultur so oder so inhärent ist. Darüber hinaus finden sich nur sehr wenige Anhaltspunkte, die einen Buchbezug zulassen. Insbesondere aufgrund fehlender konkreter Handlungsvorschläge bleiben selbst die sonst nahezu floskelhaften Forderungen wie das regelmäßige Vorlesen und die Ausstattung mit einer Kinderbibliothek außen vor. Das führt dazu, dass der Hessische Bildungsplan im Vergleich zur Bayerischen

---

[209] Vgl. HeBP 2005, S. 69.
[210] Vgl. HeBP 2005, S. 71.
[211] Ebd.
[212] Vgl. exemplarisch HeBP 2005, S. 71. Sich mit Medien bilden.
[213] HePB, S. 91.

Version aber auch zu den bisher analysierten anderen Länderversionen aus buchwissenschaftlicher Perspektive mit ungenügend bewertet werden muss. Mit null Punkten in den Kategorien A und B und sechs Punkten in der Kategorie D, resultierend aus der Thematisierung des Buches als Informationsquelle, bleibt es lediglich bei der Forderung, der Literacy-Erziehung im Elementarbereich einen hohen Stellenwert beizumessen.[214] Die hessische Publikation trägt in keiner Weise dazu bei, das Medium Buch im Bewusstsein der verantwortlichen Erzieherinnen und durch diese im Bewusstsein der Kinder zu stärken.

---

[214] Zur Gesamtübersicht Hessen siehe Anhang Tabellen 7a, 7b.

4.7 Mecklenburg-Vorpommern – Rahmenplan für die zielgerichtete Vorbereitung von Kindern in Kindertageseinrichtungen auf die Schule

4.7.1. Allgemeines

Das Sozialministerium ist in Mecklenburg-Vorpommern der Herausgeber des oben genannten Bildungsplans, der lediglich für die Vorschulkinder gedacht ist. Seit 2006 arbeitet das Ministerium für Bildung, Wissenschaft und Kultur an einer Fassung, die „[…] über den bisherigen Rahmenplan für das Vorschuljahr hinausgeht und ganzheitlich ausgerichtet ist."[215]. Obgleich im Internetportal des Ministeriums die Fertigstellung des neuen Bildungsplans für Juni 2008 angekündigt wird, war diese Fassung auch auf Anfrage nicht zu erhalten. Stattdessen gilt „[…] gegenwärtig noch die Verpflichtung, die Kinder nach dem im Kindertagesförderungsgesetz vorgeschriebenen Rahmenplan gezielt auf die Schule vorzubereiten."[216], der unter Einbeziehung von Praktikern durch die Arbeitsgruppe Frühpädagogik an der Universität Rostock verfasst und 2004 veröffentlicht wurde. „Multiplikatorenfortbildungen"[217] machten die Erzieherinnen mit der 92 Seiten starken Publikation vertraut.

4.7.2. Die Bildungsbereiche

Der Bildungsplan Mecklenburg-Vorpommerns kennt fünf Bildungs- und Erziehungsbereiche, die sich an den Vorschlägen des gemeinsamen Rahmenplans der Länder orientieren. Für die Analyse relevant sind die folgenden Bereiche: *Sprechen und Sprache* sowie *Gemeinschaft – Natur – Sachen* die den Bildungsbereichen *Sprache, Schrift, Kommunikation* und *Natur und kulturelle Umwelten* des Rahmenplans der Länder am ehesten entsprechen. Auch hier ist erneut festzustellen, dass es keinen Bildungsbereich gibt, der sich explizit mit Literacy, Medien oder Schrift beschäftigt.

Die Bildungsbereiche sind jeweils in vier Unterkapitel unterteilt. Neben einer allgemeinen Einführung gibt es Unterkapitel zu den Themen *Aufgaben, Bildungs- und Erziehungsziele* sowie *Empfehlungen zur inhaltlichen Ausgestaltung des Bildungs- und Erziehungsbereichs*, die wiederum in verschiene *Erfahrungsfelder* gegliedert sind und durch die Zwischenüberschriften *Orientierung auf zu erwerbendes Können, Exemplarische Inhalte und Gestaltungsvorschläge* sowie *Fragen zum Verständnis und zur Reflexion* strukturiert werden.[218]

Der Bildungs- und Erziehungsbereich Sprechen und Sprache

Der Erwerb sprachlicher Kompetenzen steht im Mittelpunkt des Bildungs- und Erziehungsbereichs *Sprechen und Sprache*. Darunter fällt auch, dass sich die Kinder „[…] mit Literatur auseinandersetzen und sie freudvoll erleben"[219] sowie die kogni-

---

[215] Regierungsportal Mecklenburg-Vorpommern, Ministerium für Wissenschaft und Kultur. URL: http://www.regierung-mv.de/cms2/Regierungsportal_prod/Regierungsportal/de/bm/Themen/Fruehkindliche_Bildung/index.jsp [Stand: 8.09.2009].
[216] Ebd.
[217] Diskowski 2007.
[218] Vgl. MeBP 2005, S. 9. und S. 28f.
[219] MeBP 2005, S. 26.

tive Fähigkeit mit Texten und Medien umgehen zu können.[220] Diese beiden Ziele thematisieren die inhaltliche Ebene des Mediums Buch. Eine direkte Nennung erfährt es unter den aufgelisteten Zielen nicht.

Hingegen wird das Buch unter dem Erfahrungsfeld *Kommunikation und soziale Umwelt* direkt angesprochen. Das „Mitbringen und Vorstellen des Lieblingsbuches; über Figuren sprechen, Figuren darstellen, Identifizieren und Distanzieren von Figuren und begründen; Begründen, wodurch Spaß und Freude ausgelöst werden […]"[221] wird unter dem Stichwort Lieblingsbuch als Beispiel inhaltlicher Gestaltung verstanden. Die Verständnisfrage „Ist sprachliche und literarische Erfahrung im Umgang mit Texten erkennbar?"[222], thematisiert wiederum die inhaltliche Ebene des Mediums.

Vornehmlich dem Inhalt widmet sich auch das Erfahrungsfeld *Begegnungen mit Texten und anderen Medien*. Hier wird darauf Wert gelegt, dass das Kind dem Vorlesenden konzentriert zuhören kann und in der Lage ist, die Inhalte der Kinderliteratur zu verstehen und mit seinen eigenen Erlebnissen in Verbindung bringen kann.[223] Außerdem soll es „unterschiedliche Inhalte und Formen der Kinderliteratur aufnehmen und sich aneignen."[224]. Bei den exemplarischen Inhalten und Gestaltungsvorschlägen für dieses Erfahrungsfeld werden u.a. verschiedene Buchgattungen thematisiert. Ein Unterpunkt lautet „Bilderbuch-/ Bildergeschichten verstehen, erzählen, abändern"[225], hier soll die Freude am Buch geweckt und anhand dessen Inhalte die Phantasie, Kreativität und Denk- und Sprachfähigkeit geschult werden.[226] Mittels Sachbüchern soll das Kind seinen Wissenshorizont erweitern und das Medium als Wissensquelle schätzen lernen.[227] In den das Erfahrungsfeld abschließenden Verständnisfragen soll herausgefunden werden, ob das Kind gerne Geschichten hört und sich dabei konzentrieren kann und verschiedene Textgattungen kennt.

Der Bildungs- und Erziehungsbereich *Gemeinschaft – Natur – Sachen*

Innerhalb des Bildungs- und Erziehungsbereichs Gemeinschaft – Natur – Sachen erfährt das Medium Buch einen anderen Bezug, als zunächst angenommen[228]. Als Beispiel einer inhaltlichen Beschäftigung mit diesem Bildungsbereich wird zum Erfahrungsfeld *Raum und Zeit der Lebenswelt* unter den Schlagworten *Erkunden und Forschen* folgender Vorschlag formuliert: die Kinder betrachten alte und neue Kinderbücher und vergleichen diese untereinander, so gelingt ein buchbezogener Zugang zur Geschichte.[229] Hier ist das Buch Basis für die Beschäftigung mit einer anderen Thematik. Innerhalb des Erfahrungsfeldes *Natürliche Lebenswelt* findet sich ein erfreulicher Buchbezug: als Alltagshandlung soll den Kindern ein „[…] sorgfältiger

---

[220] Vgl. MeBP 2005, S. 26.
[221] MeBP 2005, S. 28.
[222] MeBP 2005, S. 29.
[223] Vgl. ebd.
[224] Ebd.
[225] MeBP 2005, S. 30.
[226] Vgl. ebd.
[227] Vgl. ebd.
[228] Bibliothek und Buchhandlung als kultureller Ort.
[229] Vgl. MeBP 2005, S. 50.

Umgang mit gesammelten Materialien, Büchern, technischen Geräten [...]" beigebracht werden. Erstmals wird hier angedeutet, dass der sorgfältige Umgang mit dem Medium Buch nicht selbstverständlich ist, sondern wie mit allen anderen Medien auch erst erlernt werden muss.

4.7.3. Bewertung des Bildungsplans Mecklenburg-Vorpommerns

Der Bildungsplan Mecklenburg-Vorpommerns thematisiert das Medium Buch überwiegend im Rahmen der Sprachförderung über seinen Inhalt. Wichtige Forderungen, wie zum Beispiel das regelmäßige Vorlesen, werden von den Autoren jedoch ausgespart. Es gibt weder Vorschläge zur räumlichen Gestaltung und Ausstattung der Kindertageseinrichtung (Leseecke, Kinderbibliothek), noch Anregungen zur Kooperation mit Buchhandlungen und Bibliotheken, Autoren und Eltern. Wie der Hessische Bildungsplan bleibt auch die Publikation Mecklenburg-Vorpommerns in den Kategorien A und B ohne Punkte.[230]

Die in der Kategorie C bewerteten Forderungen nach einem bei den Kindern zu weckendem generellen Interesse am Medium Buch und der Kulturtechnik Lesen und dem damit verbundenen Zugang zum Weltwissen können folglich nur durch erfüllte Parameter der Kategorie D umgesetzt werden. Mit 28 erreichten Punkten trägt diese auch dazu bei, dass der Plan aus buchwissenschaftlicher Sicht gerade noch mit 4 (ausreichend minus) bewertet werden kann. In der Unterkategorie *Bilderbuchbetrachtung / Erzählen und Vorlesen* wird zwar nicht empfohlen, das Vorlesen regelmäßig zu praktizieren, immerhin wird aber angeregt, die Kinder zur Vorstellung ihres Lieblingsbuches zu animieren. Besonders erfreulich ist der ausdrückliche Hinweis, dass auch der Umgang mit dem Buch erlernt werden muss. Das Buch darüber hinaus als Medium zur Informationsbeschaffung und als Projektbasis zu thematisieren sowie die Forderungen in der Unterkategorie *Verwandte Themen* reichen aber nicht aus, die Defizite der Kategorien A und B auszugleichen. Sowohl die räumliche Gestaltung als auch die Dimension der Kooperationen sind, in ihrer Bedeutung für ein stärkeres Bewusstsein und eine größere Wertschätzung, für das Medium Buch unersetzlich.

---

[230] Zur Gesamtübersicht Mecklenburg-Vorpommern siehe Anhang Tabelle 8a, 8b.

4.8 Niedersachsen – Orientierungsplan für Bildung und Erziehung im Elementarbereich niedersächsischer Tageseinrichtungen für Kinder

4.8.1. Allgemeines

Seit dem 12.01.2005 ist die Umsetzung des Niedersächsischen Rahmenplans gemäß einer Vereinbarung zwischen den Trägerverbänden, den Elternvertretungen und dem Niedersächsischen Kultusministerium verpflichtend. Der Endversion ging eine zweistufige Erarbeitungsphase voraus; zunächst entwarf eine Arbeitsgruppe unter der Redaktionsverantwortung des Ministeriums eine Diskussionsfassung, die, mit einem Rücklaufbogen versehen, an die Einrichtungen versandt wurde. Anschließend fand mit Hilfe der Rückmeldungen eine Überarbeitung statt. Als Herausgeber fungiert das Ministerium für Kultus, Niedersachsen, das 2006 auch eine Begleitstudie durchführte, welche belegt, dass „85 Prozent der niedersächsischen Kindertagesstätten […] nach eigener Einschätzung gut oder sehr gut über den Orientierungsplan Bildung und Erziehung im Elementarbereich informiert [sind]."[231]

Wie dem Titel schon zu entnehmen ist, beschränkt sich der 60 Seiten umfassende Bildungsplan auf den Elementarbereich und richtet sich vorwiegend an die Erzieherinnen. Als Information für die Eltern gibt es einen Flyer in Deutsch, Türkisch und Russisch. Der Plan ist im Internet als PDF frei zugänglich und kann darüber hinaus im Buchhandel erworben werden.

4.8.2. Die Bildungsbereiche

Der Niedersächsische Bildungsplan kennt statt der im Rahmenplan der Länder vorgeschlagenen sechs Bildungsbereiche neun *Lernbereiche und Erfahrungsfelder*. In ihrer Gesamtheit spiegeln sie die Vorschläge des Rahmenplans dennoch wieder. Folgende für die Analyse relevanten Zuweisungen lassen sich durchführen: Der im Rahmenplan mit *Sprache, Schrift, Kommunikation* betitelte Bildungsbereich entspricht am ehesten dem Lernbereich *Sprache und Sprechen*. Das Erfahrungsfeld *Natur und Lebenswelt* lässt sich verknüpfen mit dem Bildungsbereich *Natur und kulturelle Umwelten* des Rahmenplans. Ein Lernbereich oder Erfahrungsfeld rund um das Thema Medien gibt es nicht. Einer ausführlichen Definition und Beschreibung des Bildungsbereichs folgt jeweils eine kurze Auflistung von „Anregungen zur Reflexion und Bildungsbegleitung"[232].

Im Anhang finden sich zu den einzelnen Lernbereichen zusätzliche Anregungen für die „Einrichtung einer anregenden Lernumgebung"[233], die bei der Analyse berücksichtigt werden.

---

[231] Niedersächsisches Kultusministerium. URL: http://www.mk.niedersachsen.de/master/C30884689_L20_D0_I579_h1.html [12.09.2008].
[232] NiBP 2005, S. 15.
[233] NiBP 2005, S. 52.

Der Lernbereich *Sprache und Sprechen*

Der nahe liegenden Schwerpunkt des Lernbereichs *Sprache und Sprechen* sind der Spracherwerb und die Sprachförderung. In diesem Kontext stellt der Niedersächsische Bildungsplan fest, dass „sprachliche Bildung [...] durch das Konzept ‚Literacy‘ in jüngster Zeit eine Erweiterung erfahren [hat].“[234] Demnach eignen sich das Geschichtenerzählen sowie das Vorlesen und die Betrachtung von Bilderbüchern zur Schulung kognitiver Fähigkeiten, das Wissen um die Bedeutung von Buchstaben und Zeichen ist eine wichtige Voraussetzung für den Schriftspracherwerb.[235] Im Hinblick auf eine mögliche Zwei- oder Mehrsprachigkeit werden „zweisprachige Bilderbücher, fremdländische Buchstaben“[236] in der Kindertagesstätte gefordert.

Unter den „Anregungen zur Reflexion und Bildungsbegleitung“ findet sich als einziger direkter Buchverweis die Frage, welche Kinder sich für Bücher interessieren und ob sie sich selbst daraus „vorlesen“ können?[237]

Um eine ansprechende Lernumgebung zu schaffen, wird im Anhang empfohlen, eine „eigenständig zu nutzende Kinderbibliothek“[238] einzurichten sowie die Einrichtung mit einer Schreibecke zu versehen, in der die Kinder unterschiedliche Medien nutzen können.[239]

Das Lernfeld *Natur und Lebenswelt*

Innerhalb des Lernbereichs *Natur und Lebenswelt* wird das Medium Buch lediglich als Informationsquelle genannt.[240] Einen Verweis auf die Bibliothek oder die Buchhandlung als kulturelle Orte der kindlichen Lebenswelt gibt es nicht. Auch im Anhang wird das Buch lediglich als Informationsquelle erwähnt, wie es in fast allen Lernbereichen der Fall ist.[241]

4.8.3. Bewertung des Niedersächsischen Bildungsplans

Der Niedersächsische Bildungsplan erreicht eine Gesamtpunktzahl von 28 Punkten und muss aus buchwissenschaftlicher Perspektive mit mangelhaft bewertet werden, da er das Buch fast ausschließlich als Informationsquelle thematisiert.[242] In der Kategorie C erzielt er darüber hinaus nur noch in der Unterkategorie *Verwandte Themen* durch den Parameter *Interesse für Schrift, Buchstaben, Zeichen, Symbole* Punkte. Der wichtige Bereich rund um die Bilderbuchbetrachtung findet bedauerlicher weise keine Berücksichtigung. Wenigstens wird in der Kategorie A – Räumliche Gestaltung / Materialien / Ausstattung neben einer Schreibecke die Einrichtung einer Bibliothek empfohlen, die den Kindern stets zugänglich und mit mehrsprachigen Medien aus-

---

[234] NiBP 2005, S. 21.
[235] Vgl. NiBP 2005, S. 21.
[236] NiBP 2005, S. 20.
[237] Vgl. ebd.
[238] NiBP 2005, S. 53.
[239] Vgl. ebd.
[240] NiBP 2005, S. 29.
[241] Vgl, NiBP 2005, Lernbereich 8, S. 53.
[242] Zur Gesamtübersicht Niedersachsen siehe Anhang Tabellen 9a, 9b.

gestattet sein soll. Die Publikation Niedersachsens kann in der Kategorie B – Kooperationen / Eltern / Gemeinwesenorientierung keine Punkte erzielen; damit fehlt eine wesentliche Stütze literarischer Sozialisation, die Gelegenheit, auch außenstehende Institutionen und Personen in die Sprach- und Leseförderung der Kinder einzubeziehen bleibt ungenutzt. Die buch- und lesefördernde Wirkung, die vom Niedersächsischen Bildungsplan ausgeht, ist somit als gering zu bezeichnen.

4.9   Nordrhein-Westfalen – Bildungsvereinbarung NRW. Fundament stärken und erfolgreich starten

4.9.1.   Allgemeines

Das vom Ministerium für Schule, Jugend und Kinder herausgegebene, 22 Seiten umfassende Dokument wurde anhand eines Gutachtens unter Beteiligung des sozialpädagogischen Instituts der Fachhochschule Köln und in Zusammenarbeit mit Trägerverbänden und den Landesjugendämtern erarbeitet. Es dient als selbstverpflichtende Vereinbarung zwischen dem Ministerium und den jeweiligen Trägern als Rahmen für frühkindliche Bildungs- und Erziehungsaufgaben.[243]

Das Dokument besteht aus zwei Teilen: der Vereinbarung selbst, in der die Absichten und Ziele erklärt sowie grobe Vorgaben gemacht werden, und einem zehnseitigen Anhang, der eine „Handreichung zur Entwicklung träger- oder einrichtungsspezifischer Bildungskonzepte"[244] darstellt. Die Vereinbarung ist am 1. August 2003 in Kraft getreten, sie ist Bestandteil des Lehrplans für die Ausbildung von Erzieherinnen.[245] Beim Geltungsbereich legen die Autoren der Bildungsvereinbarung ihren Schwerpunkt auf das Kindergartenalter unter besonderer Berücksichtigung des Vorschuljahrs.[246] Die Bildungsvereinbarung ist in erster Linie an die Erzieherinnen adressiert. Das Dokument ist als PDF im Internet frei erhältlich, eine im Buchhandel zu erwerbende Printversion gibt es nicht.

4.9.2.   Die Bildungsbereiche

In der Bildungsvereinbarung NRW sind folgende vier Bildungsbereiche festgelegt: *Bewegung, Spielen und Gestalten, Medien, Sprache(n)* sowie *Natur und kulturelle Umwelt(en)*. Auch wenn die Bildungsbereiche im Vergleich zu den im gemeinsamen Rahmenplan der Länder vorgeschlagenen Bereichen gekürzt wurden, wird die Anlehnung an diesen deutlich. Analysiert werden sollen hier die Bereiche *Spielen und Gestalten, Medien; Sprache(n)* und *Natur und kulturelle Umwelt(en),* da diese im wesentlichen den in Kapitel II.2 genannten Bildungsbereichen des Rahmenplans entsprechen, auch wenn thematische Verschiebungen stattgefunden haben. Jeder Bildungsbereich wird in „Selbstbildungs-Potenziale"[247] unterteilt. Eine nähere Beschreibung weder der Bildungsbereiche noch der Selbstbildungs-Potenziale gibt es in der Vereinbarung an sich zunächst nicht. Erst im oben erwähnten Anhang werden konkrete Beispiele gegeben und die Bildungsbereiche nach einer kurzen Vorbemerkung anhand der Selbstbildungs-Potenziale aufgeschlüsselt.

---

[243] Vgl. NRWBP 2003, S. 4.
[244] NRWBP 2003, S. 12.
[245] Vgl. Diskowski 2007.
[246] Vgl. NRWBP 2003, S. 6.
[247] NRWBP 2003, S. 7.

Der Bildungsbereich *Spielen und Gestalten, Medien*

In der Vorbemerkung zum Bildungsbereich *Spielen und Gestalten, Medien* wird eine wichtige Einschränkung formuliert:

> „Zu diesem Bildungsbereich werden keine ausformulierten Vorschläge gemacht, da derzeit keine Aussagen über den Mediengebrauch von Kindern im Vorschulalter und seine Auswirkungen gemacht werden können. Medien, einschließlich der elektronischen Medien, sollen situationsbezogen entsprechend der Alltagserfahrungen der Kinder einbezogen werden."[248]

Der Bezug zum Medium Buch findet sich im folgenden Text aber dennoch: „Die Kinder haben vielfältige Gelegenheit, sich in erzählte, vorgelesene oder gehörte Geschichten zu vertiefen [...]"[249] heißt es unter dem Selbstbildungs-Potenzial „Innere Verarbeitung" zum Unterpunkt „durch sprachliches Denken"[250].

Der Bildungsbereich *Sprache(n)*

Im Bildungsbereich Sprache wird das Medium Buch im Zusammenhang der Sprachentwicklung genannt, denn „durch den alltäglichen Umgang mit Medien, wie Liedern, Reimen, Erzählungen, Vorlesen, Handpuppen, Bilderbüchern, Tonkassetten sowie anderen technischen Medien"[251] wird das Kind sowohl zum Hören als auch zum Sprechen angeregt. Diese Funktion des Buches und des Vorlesens wird dem Selbstbildungs-Potenzial „Differenzierung von Wahrnehmungserfahrungen" zugeordnet.

Es überrascht zum einen, dass die Medien in diesem Bildungsbereich intensiver thematisiert werden, als im vorangegangenen, dem sie eigentlich zugehörig sind, in dem sie aber aufgrund fehlender Forschungsergebnisse zum Medienumgang von Kindern im Vorschulalter gleich wieder ausgeschlossen wurden. Zum anderen verwundert der verwendete Medienbegriff, der offensichtlich auch Lieder, Reime, Erzählungen und Vorlesen beinhaltet – zumindest *Vorlesen* an sich ist nach keiner der gängigen Mediendefinitionen als Medium zu bezeichnen.[252]

Weitere Bezüge zum Medium Buch gibt es weder in diesem noch in den anderen Bildungsbereichen.

4.9.3. Bewertung der Nordrhein-Westfälischen Bildungsvereinbarung

Die Nordrhein-Westfälischen Bildungsvereinbarungen thematisieren das Medium Buch ausschließlich im Kontext der Sprachförderung und das in sehr eingeschränktem Umfang.[253] Viele Möglichkeiten, das Medium Buch als geeignetes Werkzeug zu erwähnen, bleiben ungenutzt. Selbst auf die bisher in allen Bildungsplänen genannte

---

[248] NRWBP 2003, S. 14.
[249] NRWBP 2003, S. 16.
[250] Ebd.
[251] NRWBP 2003, S. 18.
[252] Vgl. exemplarisch Wilke 2000, S. 1f.
[253] Zur Gesamtübersicht Nordrhein-Westfalen siehe Anhang Tabellen 10a, 10b.

Funktion des Buches als Informationsquelle wird in allen Bildungsbereichen der nordrhein-westfälischen Publikation verzichtet. Weder werden über das Vorlesen hinaus weitere interne, buchbezogene Praxisvorschläge gemacht, noch wird auf externe Veranstaltungsmöglichkeiten oder Kooperationen, etwa mit Bibliotheken oder Buchhandlungen, hingewiesen. Die inhaltliche Leere wird weiter angefüllt durch die ausbleibende Forderung regelmäßig vorzulesen, dementsprechend werden Anknüpfungspunkte, wie die Integration der Eltern als Vorlesepaten, nicht aufgezeigt. Auch als Basis für andere Projekte oder Fördermaßnahmen kommt das Buch nicht vor, konkrete Handlungsanweisungen fehlen ebenso. Das Resultat fällt folglich bescheiden aus – die Version Nordrhein-Westfalens erreicht gerade einmal fünf von 141 möglichen Punkten. Diese fünf Punkte werden in der Kategorie D – Aktivitäten rund ums Buch / mit dem Buch aufgrund der Thematisierung des Vorlesens erzielt. Gar keine Punkte gibt es in den übrigen Kategorien. Dementsprechend muss aus buchwissenschaftlicher Sicht konstatiert werden, dass die Nordrhein-Westfälische Bildungsvereinbarung das Buch ungenügend thematisiert, eine Sensibilisierung für das Medium scheint nicht angedacht.

4.10 Rheinland-Pfalz – Bildungs- und Erziehungsempfehlungen für Kindertagesstätten in Rheinland-Pfalz

4.10.1. Allgemeines

Am 1. August 2004 traten die Rheinland-Pfälzischen Bildungs- und Erziehungsempfehlungen, herausgegeben vom Ministerium für Bildung, Frauen und Jugend, Rheinland-Pfalz, mit selbstverpflichtendem Charakter in Kraft. Vorausgegangen war die Erarbeitung eines Entwurfs durch eine Arbeitsgruppe, bestehend aus Mitgliedern der Trägerverbände, Kirchen, Eltern, kommunalen Spitzenverbänden und dem Ministerium. Der Entwurf wurde im August 2002 veröffentlicht. Es folgte eine landesweite Anhörung, zudem konnten die Einrichtungen mittels eines Fragebogens Stellung beziehen. Auf Grundlage der Rückmeldungen fand eine Überarbeitung statt, die zu der nun vorliegenden, 135 Seiten umfassenden, im Buchhandel erwerbbaren Printversion führte.[254] Die Konzeption ist für Kinder von der Geburt bis zum 14. Lebensjahr gedacht und richtet sich vornehmlich an das Fachpersonal der Kindertagesstätten.

4.10.2. Die Bildungsbereiche

Der Rheinland-Pfälzische Bildungsplan kennt statt sechs Bildungsbereichen wie der gemeinsame Rahmenplan der Länder elf Bildungs- und Erziehungsbereiche und nimmt somit eine kleinteiligere Differenzierung vor. Dennoch ist nur in zwei Bildungsbereichen ein klarer Buchbezug zu vermuten: Die zu analysierenden Bildungsbereiche heißen *Sprache* und *Medien*. Mit insgesamt 27 Seiten nehmen die beiden Bildungsbereiche lediglich knapp ein Fünftel des Gesamtumfangs ein. Sie sind jeweils unterteilt in eine kurze Einleitung, die Beschreibung verschiedener Erfahrungen, die den Kindern in den jeweiligen Bildungsbereichen zuteil werden soll sowie Vorschläge, wie die Kindertagesstätte diese Erfahrungen ermöglichen kann, pointiert durch eine abschließende Zielformulierung.

Der Bildungs- und Erziehungsbereich *Sprache*

Dem Medium Buch kommt im Bildungs- und Erziehungsbereich *Sprache* lediglich im Kontext einer „intensive(n) Arbeit mit sprachbezogenem Material"[255] vor, zu dem Bilderbücher ebenso gehört, wie Geschichten erzählen und vorlesen, aber auch Kassetten und Videos. Unter anderem dadurch soll den Kindern die Erfahrung ermöglicht werden, „[...] zu entdecken, dass Sprache eine wichtige Funktion als Medium der Kommunikation und Zuwendung hat."[256]. Das Medium Buch übernimmt hier also eindeutig die Funktion des Werkzeugs der Sprachförderung.

---

[254] Vgl. Diskowski 2007.
[255] RPBP 2004, S. 41.
[256] Ebd.

Der Bildungs- und Erziehungsbereich *Medien*

Der Leitgedanke des Bildungs- und Erziehungsbereichs *Medien* ist, die „Kinder auf einen souveränen Umgang mit Medien sowie einer kritischen Haltung hinsichtlich des Medienkonsums vorzubereiten."[257]. Zu diesen Medien zählt der Rheinland-Pfälzische Bildungsplan ausdrücklich und an erster Stelle auch das Buch.[258] Allerdings wird der Medienbegriff gleich darauf wieder eingeschränkt auf „[...] die Medien der modernen Technik [...]"[259]. Dennoch sind die den Kindern zu ermöglichen Erfahrungen durchaus auf das Medium Buch zu übertragen, auch wenn dieses nicht explizit genannt wird; so ist zum Beispiel nicht nur der Umgang mit dem Medium Buch zu üben, sondern auch seine Funktion und sein Nutzen soll für die Kinder erfahren werden.[260]

4.10.3. Bewertung der Rheinland-Pfälzischen Bildungsempfehlungen

Der Buchbezug in den Rheinland-Pfälzischen Bildungsempfehlungen ist sehr gering. Innerhalb der Bildungs- und Erziehungsbereiche wird das Medium lediglich einmal explizit erwähnt und steht dabei im Kontext der Sprachförderung. Auch in den übrigen Kapiteln findet sich nur eine Stelle, an der das Buch angeführt wird: Im Rahmen des „[s]ituationsorientierten Lernen" gehört die Beschäftigung mit dem Buch neben Mode, Theater, Bauwerke etc. zu dem Erfahrungsfeld Kultur.[261] Der eigentliche Kulturbezug des Buches im Sinne der kulturellen, öffentlichen Institution Bibliothek fehlt gänzlich. Auch auf andere einrichtungsexterne Veranstaltungen rund ums Buch wird nicht hingewiesen, ebenso wenig wie auf mögliche Projekte innerhalb der Kindertagesstätte, bei denen das Buch sowohl im Fokus stehen als auch als Ausgangsbasis dienen kann. Selbst die Funktion des Buches als Informationsquelle und die Forderung nach regelmäßigen Vorlesestunden bleiben ungenannt. Die einzigen Punkte, welche die Version aus Rheinland-Pfalz erzielen kann, werden für die Nennung des Vorlesens und den Hinweis vergeben, dass der richtige Umgang mit dem Medium Buch erlernt werden muss. Alle anderen Unterkategorien und Parameter finden keine Berücksichtigung. Als Endergebnis können der Publikation sechs Punkte gegeben werden, die insgesamt nur für die Note 6 (ungenügend) ausreichen.[262] Einem bewussteren Umgang mit dem Medium Buch ist diese sehr dürftige Thematisierung in den Rheinland-Pfälzischen Bildungs- und Erziehungsempfehlungen nicht zuträglich.

---

[257] RPBP 2004, S. 65.
[258] Vgl. RPBP 2004, S. 64.
[259] Ebd.
[260] Vgl. ebd.
[261] Vgl. RPBP 2004, S. 88.
[262] Zur Gesamtübersicht Rheinland-Pfalz siehe Anhang Tabellen 11a, 11b.

4.11   Saarland – Bildungsprogramm für Saarländische Kindergärten

4.11.1.   Allgemeines

Das Bildungsprogramm für Saarländische Kindergärten, gültig von der Geburt bis
zum Schuleintritt, wurde wie die Bildungspläne von Berlin und Hamburg durch die
Internationale Akademie für innovative Pädagogik, Psychologie und Ökonomie
gGmbH (INA) unter Leitung von Dr. Christa Preissing konzipiert. Beteiligt waren
ein Beirat aus Fachkräften des Ministeriums für Bildung, Kultur und Wissenschaft,
dessen Minister der Herausgeber ist, sowie der Trägerverbände und Elternvertretungen. Die Entwurfsfassung wurde von 2004 bis Anfang 2006 von Fachkräften erprobt
und diskutiert und die Ergebnisse wurden in die 2006 veröffentlichte Version eingearbeitet. Erhältlich ist diese Version sowohl als PDF im Internet als auch im Buchhandel. Eine Besonderheit ist die Veröffentlichung in zwei Werken: Das Bildungsprogramm selbst enthält lediglich die Grundzüge des Bildungsverständnisses, kurze
Zieldefinitionen und Kurzbeschreibungen der Bildungsinhalte sowie eine prägnante
Beschreibung der erzieherischen Aufgaben. Explizite Handlungsanweisungen und
Vorschläge der pädagogischen Umsetzung des Programms geben die *Handreichungen
für die Praxis zum Bildungsprogramm für saarländische Kindergärten*. Die beiden Wer-
ke sollen jedoch als Einheit verstanden werden.[263] Aus diesem Grund wird für die
Analyse neben dem Programm auch die letztere Publikation herangezogen, die mit
190 Seiten den Umfang des Bildungsprogramms mit 20 Seiten weit übersteigt.

4.11.2.   Die Bildungsbereiche

Die Struktur der Bildungsbereiche, die sich am Vorschlag des gemeinsamen Rahmenplans orientiert, ist an das Berliner bzw. Hamburger Modell angelehnt. Das Saarländische Bildungsprogramm kennt sieben Bildungsbereiche, von denen die zwei Bereiche *Sprache und Schrift* und *Soziale und kulturelle Umwelten, Werteerziehung und
religiöse Bildung* für die Analyse relevant sind. Einen Bildungsbereich, der sich explizit
auf Medien bezieht, gibt es nicht. Wie schon im Berliner Bildungsplan werden die
Bildungsbereiche jeweils nach einer theoretischen Einführung in drei Lebensbereiche
des Kindes gegliedert: *Das Kind in seiner Welt, das Kind in der Gemeinschaft* und
Weltgeschehen erleben, Welt erkunden. Jeder dieser kindlichen Lebensbereiche ist wiederum gleich aufgebaut: Als erstes werden Analysefragen gestellt, die die Lebenssitua-
tion des Kindes erkunden sollen. Anschließend werden in Form von Kompetenzen
zu erreichende Ziele beschrieben. Beispiele zur pädagogischen Umsetzung schließen
das jeweilige Kapitel ab.

Der Bildungsbereich *Sprache und Schrift*

In der theoriebezogenen Einleitung zum Bildungsbereich *Sprache und Schrift* gilt die
Entwicklung von Hörverstehen bei Vorlesen als eine „fördernde Bedingung(en) für
die sprachliche Entwicklung des Kindes"[264]. Hier steht das Medium Buch ebenso im

---

[263] Vgl. SaBP 2006, S. 6.
[264] SaBP Handreichung 2007, S. 80.

Kontext der Sprachentwicklung und Sprachförderung, wie bei der Forderung, den Kindern die hochdeutsche Sprache nahe zu bringen, was zum Beispiel durch regelmäßiges Vorlesen geschehen kann.[265] Ein engerer Kontext zum Medium Buch ergibt sich nicht.

Das Kind in seiner Welt

Konkreter wird es bei den Analysefragen zum Lebensbereich *Das Kind in seiner Welt*. Bei den Analysefragen zur sprachlichen Entwicklung des Kindes soll erkundet werden, welche Bücher das Kind favorisiert und ob es generell gerne Bücher anschaut.[266] Ob das Kind es gerne hat, wenn man ihm vorliest und ob es gemeinsam mit den Eltern die Bibliothek besucht wird unter der Rubrik *Sprache und Sprechen in der Familie des Kindes* erfragt.[267] Allgemeiner, aber durchaus auch mit einem potenziellen Buchbezug, ist die Frage der Mediennutzung des Kindes im Elternhaus. „Interesse an Büchern und am Lesen entwickeln"[268] gehört, wie schon im Berliner Bildungsprogramm, zu den vom Kind zu erwerbenden Sach-Kompetenzen. Um dies zu erreichen gehört das regelmäßige Vorlesen, möglichst in Kleingruppen, zu den Aufgaben der Erzieherinnen.[269] Auch in die Projektarbeit kann das Medium Buch einfließen, die vorgeschlagenen Projekte *Mein Name* und *Meine Sprache(n)* sollen zusammen mit Eltern und Kindern auf einem Plakat oder in Buchform dokumentiert werden. Dabei findet die herstellerische Seite Buches Beachtung.

Das Kind in der Kindergemeinschaft

Ob in der Kindertagesstätte Vorlese-Aktionen mit Muttersprachlern anderer Länder stattfinden können, soll innerhalb der Analysefragen des Lebensbereichs *Das Kind in der Kindergemeinschaft* erkundet werden.[270] Der Fragenkomplex rund um das Thema „Kommunikations- und Schriftkultur im Kindergarten" haben zwar keinen expliziten Buchbezug, lassen sich aber zum Teil durchaus in einem positiven Sinn für dieses Medium beantworten. Wenn zum Beispiel erfragt wird, woran man die Beachtung der und die Sensibilisierung für die Sprachkompetenzen der Kinder innerhalb der Einrichtung erkennen kann, ist eine mögliche Antwort: durch das reichhaltige, für die Kinder frei zugängliche Buchangebot – sofern ein solches vorhanden ist. Zu den angestrebten Sach-Kompetenzen in diesem Lebensbereich gehört unter andere auch, dass die Kinder Bücher „vorlesen" können.[271] Den Erzieherinnen kommt auch hier die Aufgabe zu, den Kindern regelmäßig vorzulesen. Aus dem Berliner Bildungsprogramm wird der Vorschlag übernommen, mit den Kindern ein Gedichte-Buch herzustellen und für die Eltern eine „Dichterlesung"[272] zu veranstalten. Zur Raumgestaltung und Materialausstattung gehört neben einer Bibliothek mit verschiedenen

---

[265] Vgl. SaBP Handreichung 2007, S. 80.
[266] Vgl. SaBP Handreichung 2007, S. 84.
[267] Vgl. SaBP Handreichung 2007, S. 84f.
[268] SaBP Handreichung 2007, S. 86.
[269] Vgl. SaBP Handreichung 2007, S. 87.
[270] Vgl. Handreichung, SaBP, S. 88.
[271] Vgl. Handreichung, SaBP, S. 90.
[272] SaBP Handreichung 2007, S. 91.

Buchgattungen in verschiedenen Sprachen und Schriften auch eine „ruhige und behagliche Ecke fürs Vorlesen und Erzählen"[273].

Weltgeschehen erleben, Welt erkunden

Die Analysefragen des Lebensbereichs *Weltgeschehen erleben, Welt erkunden* beinhalten unter anderem die Frage der Mediennutzung der Kinder innerhalb und außerhalb der Einrichtung, bei deren Beispielauflistung verschiedener Medien das Buch an erster Stelle genannt wird.[274] Die Frage, ob die Kinder „Bücher, Atlanten und Medien als Wissensspeicher"[275] kennen und nutzen, thematisiert das Buch als wichtige Informationsquelle. Auch die „Orte für Bücher: Bibliotheken und Buchhandlungen"[276] sollen die Kinder nicht nur kennen sondern auch zu nutzen wissen. Die inhaltliche Ebene des Mediums Buch betrifft die Frage, ob die Kinder „Sprache als Literatur und Kunstform"[277] kennen. Ebenso soll auf die Frage eine Antwort gefunden werden, ob die Kinder Bildergeschichten und Comics lesen.[278] Die Sach-Kompetenz, Lesen als Prozess der Dekodierung von Zeichen und Botschaften zu verstehen, ist eines der Ziele mit Buchbezug, das Medium Buch als Informationsquelle nutzen zu können ist ein weiteres.[279] Den Erzieherinnen kommen für diesen Lebensbereich folgende Aufgaben zu: die Vorbildfunktion als Lesende und Schreibende, das Vorlesen von Bilderbüchern und Comics, zu möglichst regelmäßigen Vorlesezeiten, sowie die Herstellung eigener Geschichten-Bücher mit den Kindern.

Der Bildungsbereich *Soziale und kulturelle Umwelt, Werteerziehung und religiöse Bildung*

In der Einleitung zum Bildungsbereich *Soziale und kulturelle Umwelt, Werteerziehung und religiöse Bildung* wird postuliert, dass „[…] die Medienerlebnisse der Kinder zum Gegenstand der pädagogischen Arbeit werden [müssen]", denn „Kinderwelten sind heute auch immer Medienwelten."[280] Allerdings findet sich das Medium Buch nicht in der Beispielauflistung wieder, die sich auf die neuen Medien konzentriert. Auch in der Analysefrage „Welche Erfahrungen mit Medien (Fernsehen, Video, Computer, Internet, …) macht das Kind zu Hause?"[281] wird das Buch übergangen. Als zu erwerbende Sach-Kompetenz wird sogar ausdrücklich das „Interesse am Umgang mit elektronischen Medien"[282] genannt. Darüber hinaus wird mehrfach ausdrücklich auf technische oder elektronische Medien verwiesen. Dass das Medium Buch dennoch eine Rolle spielt, belegt die Forderung, bei der Raumgestaltung und Materialausstattung darauf zu achten, dass dem Kind Bilderbücher zur Verfügung stehen, welche die Kul-

---

[273] SaBP Handreichung 2007, S. 91.
[274] Vgl. SaBP Handreichung 2007, S. 92.
[275] SaBP Handreichung 2007, S. 93.
[276] Ebd.
[277] Ebd.
[278] Ebd.
[279] SaBP Handreichung 2007, S. 94.
[280] SaBP Handreichung 2007, S. 65.
[281] SaBP Handreichung 2007, S. 66.
[282] SaBP Handreichung 2007, S. 72.

tur des Kindes widerspiegeln sowie Bücher, die kindliche Gefühlssituationen im Kindergartenalltag zum Inhalt haben.[283] Das Buch ist dabei unterstützendes Medium bei der Ausbildung sozialer und kultureller Kompetenzen. Auch die Erwartung, dass die Bibliothek als kulturelle Institution Eingang in diesen Bildungsbereich findet, wird im Rahmen des Lebensbereichs *Weltgeschehen erleben, Welt erkunden* unter der Zwischenüberschrift *Orte kulturellen Lebens, kulturelle Ereignisse, kulturelle Veranstaltungen im Umfeld* erfüllt. Dort wird neben der Bibliothek auch explizit auf Kinderbuchläden verwiesen.[284]

Neben den Buchbezügen in den obigen Bildungsbereichen erstreckt sich der Bezug insbesondere für das Buch im Sinne der Informationsquelle über sämtliche Kapitel der Handreichung.[285] Das Interesse am Medium Buch wird im Kapitel 2 *Ziele: Kompetenzen im Bildungsverlauf* als allgemeines, übergreifendes Ziel ausgegeben.[286] Auch Die Bibliothek als Ort des Buches und des Wissens wird immer wieder erwähnt.[287]

Darüber hinaus lassen sich im Saarländischen Bildungsprogramm insbesondere innerhalb des Bildungsbereichs *Sprache und Schrift* einige dem Buch und dem Schlagwort Lesen thematisch angeschlossene Forderungen, Analysefragen, Zielformulierungen und Bildungsaufgaben finden, bei denen es vor allem um die Vorstufen des Schrifterwerbs und der Alphabetisierung geht.[288]

4.11.3. Bewertung des Saarländischen Bildungsprogramms

Das Saarländische Bildungsprogramm erreicht insgesamt 78 Punkte und kann nach der Bewertungsmatrix aus buchwissenschaftlicher Perspektive mit befriedigend bewertet werden.[289] In allen Kategorien liegen die erzielten Ergebnisse über dem Durchschnitt. Das Verhältnis der einzelnen Kategorien untereinander kann als ausgewogen bezeichnet werden. Bis auf zwei Ausnahmen werden alle Unterkategorien genannt, jedoch kann in allen Bereichen die Thematisierung noch vertieft werden.

Innerhalb der Kategorie A – Räumliche Gestaltung / Materialien / Ausstattung wird die Schreibecke von den Autoren leider vergessen, bei der einzurichtenden Bibliothek wird die Medienausleihe nach Hause sowie die Ausstattung mit Ergänzungsmedien und die gemeinschaftliche Gestaltung nicht erwähnt. Die nicht thematisierte Medienausleihe fällt besonders schwer ins Gewicht, da sie die Gelegenheit böte, das familiäre Umfeld zu erreichen. Zwar wird eine Leseecke gefordert, doch auf einen separaten Raum wird dabei verzichtet. Auch der Verweis auf geeignetes Mobiliar fehlt.

In der Kategorie B – Kooperationen / Eltern / Gemeinwesenorientierung bekommt die Unterkategorie *Autor / Schriftsteller* keine Punkte. Der Besuch der Buch-

---

[283] Vgl. SaBP Handreichung 2007, S. 69 und S. 73.

[284] Vgl. SaBP Handreichung 2007, S. 74.

[285] Vgl. exemplarisch SaBP Handreichung 2007, Bildungsbereich *Körper, Bewegung und Gesundheit*, S. 57; Bildungsbereich *Bildnerisches Gestalten*, S. 107.

[286] Vgl. SaBP Handreichung 2007, S. 26.

[287] Vgl. exemplarisch SaBP Handreichung 2007, Ziele: Kompetenzen im Bildungsverlauf, S. 27; Bildungsbereich *Mathematische Grunderfahrungen*, S. 141.

[288] Vgl. exemplarisch SaBP Handreichung 2007, S. 95.

[289] Zur Gesamtübersicht siehe Anhang Tabellen 12a, 12b.

handlung und Bibliothek wird zwar im Kontext der Familie genannt, aber nicht als Veranstaltungsoption der Einrichtung in den Bildungsplan aufgenommen. Auch nicht vorhanden ist der Vorschlag, durch lokale Buchhandlungen Bilderbuchausstellungen in der Einrichtung zu organisieren. Der Bereich der Kooperation mit externen Einrichtungen und Personen kommt in der saarländischen Publikation daher etwas zu kurz. Lediglich Lesepatenschaften der Eltern gehen als Vorschlag in den Plan ein, die Ausweitung auf Schulkinder und die Möglichkeit mehrsprachiger Vorlesesituationen bleibt ungenannt.

Erfreulich ist der Hinweis innerhalb der Unterkategorie *Bilderbuchbetrachtung / Erzählen und Vorlesen* auf die Vorbildfunktion der Erzieherinnen sowie die Empfehlung, dass Kleingruppen beim Vorlesen zu bevorzugen sind. Leider werden dazu keine Anregungen gegeben, die über die Standardempfehlungen hinausgehen. Im Gegenteil: der Hinweis, die Anschlusskommunikation betreffend, wird sogar übergangen.

Auch innerhalb der übrigen Unterkategorien der Kategorie B finden sich lediglich die üblichen Anregungen. Zwar kann so die sinngemäße Forderung der Autoren erfüllt werden, bei den Kindern ein generelles Interesse am Buch und an der Lesefähigkeit zu wecken, doch ob über dieses generelle Wissen hinaus ein bleibender Bezug zum Medium Buch und eine dem Medium und der Kulturtechnik Lesen entsprechende Wertschätzung entwickelt werden, kann in Frage gestellt werden.

4.12 Sachsen – Der Sächsische Bildungsplan – ein Leitfaden für pädagogische Fachkräfte in Krippen, Kindergärten und Horten sowie für Kindertagespflege

4.12.1. Allgemeines

Das Bundesland Sachsen schreibt die Verwendung des Bildungsplans als pädagogische Arbeitsgrundlage gesetzlich vor. Konzipiert wurde der Plan am Institut für Sozialpädagogik an der TU Dresden von einer Projektgruppe unter der Leitung von Prof. Dr. Sting und Dr. Susanne Kleber. Darüber hinaus war ein Projektbeirat aus verschiedenen Fachbereichen beteiligt. Nach der Erprobung und der Diskussion in der Fachöffentlichkeit wurde im Januar 2006 die endgültige Fassung durch das Sächsische Staatsministerium für Soziales veröffentlicht. Seit November 2007 gibt es eine korrigierte Version, die sowohl im Internet als Lesefassung frei zugänglich ist als auch im Buchhandel erworben werden kann und insgesamt 196 Seiten umfasst.[290] Der Geltungsbereich erstreckt sich von der Geburt bis zum 14. Lebensjahr und integriert damit sowohl die Kindertagespflege als auch den Hort.[291] Er richtet sich vor allem an die Fachkräfte, die mittels eines Curriculums zur Umsetzung des Plans fortgebildet wurden.[292]

4.12.2. Die Bildungsbereiche

Im Sächsischen Bildungsplan gibt es sechs Bildungsbereiche, die sich im Wesentlichen an die Vorschläge des gemeinsamen Rahmenplans der Länder anlehnen, die jedoch anders betitelt werden und zum Teil die inhaltlichen Zuordnungen verschieben. Der Bereich *Sprache, Schrift, Kommunikation* des Rahmenplans wird hier zum Bildungsbereich *Kommunikative Bildung* zusammengefasst und ist als einziger für die Analyse relevant. Einen Bildungsbereich, der sich explizit mit Medien beschäftigt, kennt der Sächsische Bildungsplan ebenso wenig wie einen Bildungsbereich *Natur und kulturelle Umwelten.*

Die Bildungsbereiche sind wie folgt strukturiert: Nach einer fachlichen Einführung in den Bereich wird ein Leitbegriff bestimmt, welcher der folgenden Beschreibung des Inhalts den Rahmen gibt. Darin eingebettet sind Beobachtungs- und Analysefragen, die neben dem pädagogischen Handeln die Rahmenbedingungen und die Kinder sowie deren Eltern fokussieren. Abschließend gibt es eine kurze Literaturliste, die zum Weiterdenken anregen soll. Ergänzt wird jeweils ein Unterpunkt, der sich speziell der Bildungsarbeit in der Kindertagespflege bzw. im Hort widmet.[293]

Der Bildungsbereich *Kommunikative Bildung*

In der Einführung zum Bildungsbereich *Kommunikative Bildung* wird im Sächsischen Bildungsprogramm eine Beobachtung von Rosebrock aufgegriffen, die feststellt, dass

---

[290] Die Printversion besteht aus einem Ringordner bei dem jedes Kapitel mit einer eigenständigen Seitenzählung versehen ist.
[291] Vgl. Diskowski 2007.
[292] Vgl. SachsBP 2007, Vorwort, S. 4.
[293] Vgl. SachsBP 2007, Bildungsbereiche, S. 1.

„[…] Kindertageseinrichtungen häufig als eine ‚schriftfreie Zone [erscheinen], in der kaum Anreize für Erfahrungen mit Schrift geboten werden und in der die wenigen vorhandenen Bücher unbeachtet bleiben.“[294]. Ein Umstand also, den die Bildungspläne mit konkreten Vorschlägen zum Umgang mit dem Buch beheben könnten.

Der Begriff „Dialog" ist der Leitbegriff dieses Bildungsbereichs und stellt den inhaltlichen Rahmen dar, indem der Dialog als „[…] ein unverzichtbares Fundament aller anderen Bildungsprozesse […]"[295] in den Mittelpunkt gestellt wird. Es wird betont, dass es dabei „[…] auch um die nonverbale Kommunikation und die Kommunikation mit Hilfe von Schrift und Medien"[296] geht. Unter der Zwischenüberschrift *Schrift und Medien* heißt es weiter:

> „Literale und mediale Sozialisation findet primär in der Familie statt, doch sind viele Familien durch die Anforderungen überfordert, die an literale und mediale Kompetenz gestellt werden. Insbesondere für sozial schwache und bildungsbenachteiligte Familien stellt deshalb die Unterstützung einer bildungswirksamen Lese- und Mediensozialisation durch Kindertageseinrichtungen ein wichtiges Instrument dar […]. Die deutsche Elementarpädagogik zeichnet sich bisher durch eine Geringschätzung der Lesekompetenz in der Zeit vor dem Schuleintritt aus.“[297]

Deutlich skizzieren die Autoren des Sächsischen Bildungsplans anschließend die Bedeutung des Vorlesens und des Buches:

> „Ein zentrales Element sind hierbei [bei der Literalitätsförderung] Vorlesesituationen. Das Vorlesen von Geschichten, das gemeinsame Anschauen von Bilderbüchern und die daran anknüpfenden Vorlese-Dialoge […] tragen zur Leseförderung bei. […] Lese- und Bücherecken, der freie Zugang zu Schreibmaterialien und Lektüre, auch der gemeinsame Gang in die Bibliothek zur Beschaffung von Büchern für die Gruppe sind weitere Elemente der Einführung der Schriftlichkeit.“[298]

Thematisiert wird sowohl das Vorlesen an sich als auch der Aspekt der Anschlusskommunikation, die Ausstattung mit Büchern und einer Leseecke ebenso gefordert, wie der gemeinsame Besuch einer Bibliothek.

In den Beobachtungs- und Analysefragen wird entsprechend erfragt, wie die Erzieherinnen die Lese- und Bücherecke gestaltet haben[299]. Von Bedeutung und im Sächsischen Bildungsplan erstmals so deutlich formuliert ist auch die Frage: „Welche lese- und medienpädagogischen Vorstellungen äußern Mütter und Väter?"[300]. Allge-

---

[294] SachsBP 2007, Kommunikative Bildung, S. 2. Vgl. auch: Rosebrock 2003.
[295] SachsBP 2007, Kommunikative Bildung, S. 4.
[296] SachsBP 2007, Kommunikative Bildung, S. 5.
[297] SachsBP 2007, Kommunikative Bildung, S. 8.
[298] SachsBP 2007, Kommunikative Bildung, S. 8f.
[299] Vgl. SachsBP 2007, Kommunikative Bildung, S. 9.
[300] SachsBP 2007, Kommunikative Bildung, S. 10. Die Vorbildfunktion der Eltern als Mediennutzer sowie der Einfluss des familiären Leseklimas ist mehrfach ausführlich untersucht und bestätigt worden. Vgl. exemplarisch: Graf 2007, S. 42.

meiner gehalten sind die Fragen nach der Medienausstattung und Medienarbeit in der Einrichtung sowie dem Stellenwert von Medien im Kindergartenalltag.

Auch innerhalb der ergänzenden Inhalte für die Kindertagespflege wird das Buch thematisiert. Im Vordergrund steht dabei die Vorlesesituation als „zentrales Element" zur Sprach- und Literalitätsförderung.[301]

Der Vorschlag in einer Druckwerkstatt beispielsweise ein eigenes Buch herzustellen sowie der Appell, den Kindern verschiedene Medien, darunter auch das Buch, zur Verfügung zu stellen, findet sich unter den ergänzenden Inhalten für den Hortalltag.

Neben den Buchbezügen im Bildungsbereich *Kommunikative Bildung* wird das Buch insbesondere als Informationsquelle auch in allen anderen Bildungsbereichen thematisiert. So wird im Bildungsbereich *Ästhetische Bildung* gefordert, dass eine „[…] Kinderbibliothek mit themenbezogenen Büchern […]"[302] zur Standardausstattung jeder Einrichtung gehören sollte. Auch der Besuch einer Bibliothek wird an gleicher Stelle angesprochen. Selbst zur mathematischen Bildung können Bilderbücher Anlass geben.[303]

4.12.3. Bewertung des Sächsischen Bildungsplans

Der Bildungsplan des Bundeslandes Sachsen erreicht 48 von 141 Punkten und schließt mit ausreichend ab.[304] Besondere Schwächen zeigen sich in der Kategorie B – Kooperationen / Eltern / Gemeinwesenorientierung, hier liegt der Plan mit acht Punkten unter dem Durchschnitt (11). Es fehlen Anregungen rund um die Unterkategorien *Buchhandlungen*, *Autor / Schriftsteller* und *Vorlesepatenschaften*. Leider vergeben die Autoren des Sächsischen Bildungsplans damit eine gute Gelegenheit, Aspekte der Lese- und Sprachförderung nicht nur in der pädagogischen Arbeit innerhalb der Einrichtung zu verorten, sondern auch extern und insbesondere, die Eltern mit einzubeziehen.

Besonders herausragend in der Kategorie D – Aktivitäten rund ums Buch / mit dem Buch ist der Besuch einer Druckerei, der zwar im Bildungsplan im Kontext der Weiterführung in der Grundschule steht, jedoch auch als Veranstaltung für Vorschulkinder eine innovative Möglichkeit bietet, ihnen einen Einblick in die Buchherstellung und den Schriftgebrauch zu geben. Darüber hinaus beschränkt sich auch der Sächsische Bildungsplan in allen Kategorien auf Standardforderungen und vergisst dabei leider wichtige Parameter wie die Empfehlung, das Vorlesen als tägliches Ritual in den Kindergartenalltag zu integrieren.

Die Autoren des Sächsischen Bildungsplans betonen zwar, dass die Unterstützung der Einrichtungen bei der Lese- und Mediensozialisation von großer Wichtigkeit ist und fordern damit implizit eine stärkere Verankerung der Bereiche Literacy-Erziehung sowie Lese- und Medienkompetenz in der Elementarpädagogik, diese Forderung spiegelt sich in der Ausarbeitung des Bildungsplans aber nur sehr bedingt wieder und bedarf aus buchwissenschaftlicher Perspektive einer Überarbeitung.

---

[301] Vgl. SachsBP 2007, Kommunikative Bildung, S. 12.
[302] SachsBP 2007, Ästhetische Bildung, S. 9.
[303] Vgl. SachsBP 2007, Mathematische Bildung, S. 14.
[304] Zur Gesamtübersicht Sachsen siehe Anhang Tabellen 13a, 13b.

4.13 Sachsen-Anhalt – Bildungsprogramm für Kindertageseinrichtungen in Sachsen-Anhalt. Bildung: elementar – Bildung von Anfang an

4.13.1. Allgemeines

Das Ministerium für Gesundheit und Soziales des Landes Sachsen-Anhalt hat im September 2004 das Bildungsprogramm für Kindertageseinrichtungen veröffentlicht. Seitdem gilt die Bildungsvereinbarung zwischen Sozialministerium, Kultusministerium, kommunalen Spitzenverbänden, den kirchlichen Trägern und der LIGA der Freien Wohlfahrtspflege, die eine verbindliche Umsetzung gewährleisten soll. An der Erarbeitung des Bildungsprogramms waren neben der Universität Halle Fachkräfte verschiedener Bereiche der pädagogischen Arbeit, eine Expertinnen-Gruppe und Bildungswerkstätten beteiligt. Darüber hinaus gab es eine Erprobung in vier Modelleinrichtungen sowie zahlreiche Diskussionen in der Fachöffentlichkeit. Das 99 Seiten umfassende Werk richtet sich in erster Linie an das Fachpersonal in den Einrichtungen, ist aber im Internet als PDF-Dokument jedem frei zugänglich. Der Geltungsbereich reicht von der Geburt bis zum 14. Lebensjahr.[305]

4.13.2. Die Bildungsbereiche

Das Bildungsprogramm Sachsen-Anhalts führt sechs Bildungsbereiche auf, die an die im gemeinsamen Rahmenplan der Länder vorgeschlagenen Bereiche angelehnt sind. Der im Analysefokus stehende Bereich *Kommunikation, Sprache(n) und Schriftkultur* wird bis auf eine andere Reihenfolge der Schlagwörter eins zu eins übernommen. Einen Bereich, der sich explizit mit Medien befasst, gibt es hingegen nicht. Der zweite zu analysierende Bereich des Rahmenplans *Natur und kulturelle Umwelten* spiegelt sich am ehesten in den beiden Bereichen *Welterkundung und naturwissenschaftliche Grunderfahrungen* sowie *(Inter)kulturelle und soziale Grunderfahrungen* wider.

Der Aufbau der Bildungsbereiche folgt einer Gliederung in vier Gesichtspunkten: Eine fachliche Einführung in den Bildungsbereich klärt den inhaltlichen Fokus auf den jeweils gewählten „Ausschnitt des Weltwissens."[306] Es folgt eine Definition der vom Kind zu machenden Erfahrungen innerhalb des jeweiligen Bildungsbereichs. Die anschließenden Leitfragen dienen der Überprüfung der gesetzten Ziele und der Beobachtung des Bildungsprozesses der Kinder. Abschließend werden grundlegende Anforderungen an das pädagogische Handeln der Erzieherinnen sowie zentrale Aufgaben formuliert, die das Fachpersonal bei der Umsetzung unterstützen sollen.

Der Bildungsbereich *Kommunikation, Sprache(n) und Schriftkultur*

Bereits in der thematischen Einführung zum Bildungsbereich *Kommunikation, Sprache(n) und Schriftkultur* wird darauf hingewiesen, dass das Heranführen an Schriftkultur als ein Aspekt der Sprachförderung von Bedeutung ist und insbesondere durch Erzähl- und Vorlesesituationen gelingen kann. Zudem gehört es zu den Aufgaben der

---

[305] Vgl. SachsAnBP 2004, S. 4f.
[306] SachsAnBP 2004, S. 41.

Erzieherinnen, Raum und Situationen zu schaffen, in denen sich die Kinder eigenständig mit Erzählen, „Lesen" und Schreiben beschäftigen können.[307]

Die Erfahrungen, die von den Kindern in diesem Bildungsbereich gemacht werden sollen, spiegeln die in der Einführung angesprochenen Aspekte allerdings nicht wider. Das Medium Buch und die mit ihm verknüpfte Kulturtechnik Lesen ermöglichen weitaus mehr Erfahrungen, als die Erkenntnis, dass man das Buch und andere Medien als Informationsquelle nutzen kann und das Erleben einer Mediendiversität.[308] Auch innerhalb der Analysefragen zur Beobachtung des kindlichen Bildungsprozesses bezieht sich lediglich eine Frage auf das Medium Buch: „Welches Interesse zeigt es an Büchern und Medien?"[309] Zu den pädagogischen Aufgabenstellungen für die Erzieherinnen zählt das Bildungsprogramm Sachsen-Anhalts entsprechend der Bedeutungsgebung des Lesens in der theoretischen Einführung in den Bildungsbereich das häufige Vorlesen ebenso wie die das Bereitstellen eines interessanten und umfangreichen Buchangebots, das auch mehrsprachige Bücher beinhalten soll.[310]

Weitere Buchbezüge gibt es innerhalb dieses Bildungsbereichs nicht. Entgegen den Erwartungen wird das Medium Buch bzw. der Besuch der Bibliothek oder Bücherei weder im Bereich *Welterkundung und naturwissenschaftliche Grunderfahrungen* noch im Bereich *(Inter)kulturelle und soziale Grunderfahrungen* thematisiert. Lediglich im Bereich *Ästhetik und Kreativität* wird das Buch als Informationsquelle angeführt.

4.13.3. Bewertung des Bildungsprogramms Sachsen-Anhalts

Der Buchbezug des Bildungsprogramms Sachsen-Anhalts kann nach der Auswertung mittels der Bewertungsmatix nur mit der Note 5 (mangelhaft) benotet werden.[311] Die Einrichtung einer Bibliothek mit mehrsprachigen Medien, tägliches Vorlesen und die Thematisierung des Buches als Informationsquelle sind nicht ausreichend, um einen bewussteren Umgang mit dem Medium Buch zu erzielen und den Stellenwert des Buches und der Kulturtechnik Lesen in der Medienerziehung zu stärken.

---

[307] Vgl. SachsAnBP 2004, S. 51.
[308] Vgl. SachsAnBP 2004, S. 52f.
[309] SachsAnBP 2004, S. 55.
[310] Vgl., SachsAnBP 2004, S. 56.
[311] Zur Gesamtübersicht Sachsen-Anhalt siehe Anhang Tabellen 14a, 14b.

4.14 Schleswig-Holstein – Erfolgreich starten. Leitlinien zum Bildungsauftrag von Kindertageseinrichtungen

4.14.1. Allgemeines

Das Ministerium für Bildung, Wissenschaft, Forschung und Kultur des Landes Schleswig-Holstein hat im September 2004 die Leitlinien zum Bildungsauftrag von Kindertageseinrichtungen veröffentlicht und zur einjährigen Erprobung an alle Einrichtungen verteilt. Es folgte eine schriftliche Befragung der Einrichtungsleiterinnen und eine Überarbeitung auf der Grundlage der Rückmeldungen. In der ersten Jahreshälfte 2007 sollte die endgültige Fassung vorliegen. Die im Internet frei zugängliche Version ist jedoch auf 2004 datiert. Auf Anfragen bezüglich eines neueren Standes wurde nicht reagiert. Die Umsetzung der Bildungsleitlinien ist seit August 2006 verbindlich.

Neben den 31 Seiten umfassenden Leitlinien zum Bildungsauftrag, die „[…] die theoretischen Grundlage der pädagogischen Arbeit in den KiTa´s"[312] beinhalten, wurden und werden Handreichungen zu den Bildungsbereichen erarbeitet, deren Funktion es ist, „[…] für die verschiedenen Bildungsbereiche praktische Hilfen zu geben."[313]. Die Handreichung „Erfolgreich starten. Handreichung für Sprache(n), Zeichen / Schrift und Kommunikation in Kindertageseinrichtungen" im Umfang von 28 Seiten liegt seit August 2007 vor und wird in der Analyse berücksichtigt. Die für 2007 / 2008 angekündigte Handreichung zum Bildungsbereich *Musisch-ästhetische Bildung und Medien* ist hingegen noch nicht erschienen.

Sowohl die Leitlinien als auch die Handreichungen gelten für Kinder von der Geburt bis zum 14. Lebensjahr. Beide Publikationen richten sich vornehmlich an das Fachpersonal in den Kindertageseinrichtungen.

4.14.2. Die Bildungsbereiche

In den Leitlinien zum Bildungsauftrag werden sechs Bildungsbereiche genannt, die sich weitestgehend an den im gemeinsamen Rahmenplan der Länder vorgeschlagenen Bereichen orientieren. Drei der Bereiche sind für die folgende Analyse relevant: *Sprache(n), Zeichen / Schrift und Kommunikation, Musisch-ästhetische Bildung und Medien* sowie *Kultur, Gesellschaft und Politik*. Eine Handreichung ist bisher nur zu dem erstgenannten Bildungsbereich erschienen.

Die Leitlinien zum Bildungsauftrag bieten mit einer allgemeinen Einführung in den jeweiligen Bildungsbereich und mit einer knappen Darstellung von, für den Bildungsbereich relevanten Themenfeldern, lediglich eine grobe Skizzierung.[314] Eine ausführlichere Auseinandersetzung soll durch die jeweiligen Handreichungen geboten werden, die neben einer ausführlicheren Einleitung jeweils ein Kapitel zum methodischen Ansatz und ein Kapitel zum Bildungsbereich selbst beinhalten, in dem dieser im Fall der *Handreichung für Sprache(n), Zeichen / Schrift und Kommunikation* in e-

---

[312] Ministerium für Bildung und Frauen Schleswig-Holstein 2006, S. 2. URL: http://www.schleswig-holstein.de/Bildung/DE/Downloads/KiTas/BerichtBildungsauftrag,templateId=raw,property=publicationFile.pdf [22.09.2008].

[313] Ebd.

[314] Vgl. SHL 2004, S. 17.

ben diese drei Teilaspekte aufgeschlüsselt wird. Zu jedem Teilaspekt gibt es wiederum eine kurze Einleitung, ein Unterkapitel mit Themenvorschlägen, eines mit Praxisbeispielen sowie eines zur Gestaltung und Einrichtung einer fördernden Umgebung.[315]

Der Bildungsbereich *Sprache(n), Schrift / Zeichen und Kommunikation*

Bereits in den Leitlinien, in denen die Bildungsbereiche nur als Kurzfassung dargestellt sind, wird auf „[…] die frühe Begegnung mit Schriftsprache (Literacy-Konzept)"[316] Wert gelegt. Dazu gehört auch das „[…] Vorlesen aus Büchern und Medien […]."[317]. Zu den Themenvorschlägen zählt in den Leitlinien unter anderem auch, dass sich die Kinder mit zunehmender Literacy-Erfahrung selbst als Vorleser erleben können.[318]

Einen wesentlich umfangreicheren Buchbezug weist die zum Bildungsbereich gehörende Handreichung auf. Eindeutig wird dort die Bedeutung des Buches im Kindergartenalltag formuliert: „Die Buchkultur in der Kindertageseinrichtung fördert die Lesefreude und Lesekompetenz und erweitert das Weltwissen. Eine lesefreundliche Umwelt kann auf vielfältige Weise gestaltet sein (z.B. Leseecke, Bücher für Kinder zugänglich aufstellen, Bücherausleihe)."[319]. In viele Alltagssituationen und Praxisbeispielen findet das Medium Buch in der Handreichung Eingang. So entsteht zum Beispiel im Rahmen eines Projekts, welches Kochen thematisiert und insbesondere die Sprach- und Sozialkompetenz der Kinder fördern soll, ein Kochbuch.[320] In einem anderen Praxisbeispiel, in dem mitunter die Sozialkompetenz der Kinder gestärkt werden soll, suchen die Kinder sich Lieblingsbücher aus, um diese den Neuankömmlingen im Kindergarten zu präsentieren.[321] Zur Gestaltung und Einrichtung der Umgebung stellen die Autoren der Handreichung fest: „Zur Grundausstattung einer Kindertageseinrichtung gehören „Orte für Worte"[322]: eine gut ausgestattete Bibliothek mit Bilder- und Sachbüchern, eine ‚ruhige' Lese- und Hörecke mit Aufnahmemöglichkeiten […]."[323]. Die Forderung nach einer Ausstattung mit Bilder- und Sachbüchern findet sich unter dem Teilgebiet *Kommunikation* wieder. Dort wird auch vorgeschlagen, Lesepaten einzuladen und so die Erwachsenen zu integrieren. Idealerweise sollen dabei mögliche Migrationshintergründe und Fremdsprachenkompetenzen für „mehrsprachige Vorlesesituationen"[324] genutzt werden.

Auch das Praxisbeispiel „Geschichten vorlesen und erzählen"[325] aus dem Teilgebiet *Sprache* legt den Schwerpunkt auf verschiedene Vorlesesituationen. Im Rahmen des dargestellten Projekts haben die Kinder beschlossen, dass am Vorlesetag ein Kind sein

---

[315] Vgl. SH Handreichung Sprache 2007, S. 3.
[316] SHL 2004, S. 19.
[317] Ebd.
[318] Vgl. SHL 2004, S. 20.
[319] SH Handreichung Sprache 2007, S. 18.
[320] Vgl. SH Handreichung Sprache 2007, S. 10.
[321] Vgl. SH Handreichung Sprache 2007, S. 11.
[322] SH Handreichung Sprache 2007, S. 13.
[323] Ebd.
[324] Vgl. ebd.
[325] SH Handreichung Sprache 2007, S. 17.

Lieblingsbuch von zu Hause mitbringen darf. Während des Projekts ergaben sich verschiedene, vom jeweiligen Kind herbeigeführte und von der Fachkraft unterstützte Vorlesesituationen: Vorlesen der Erzieherin, gemeinsame Lektüre von Erzieherin und Kind, „Vorlesen" des Kindes, gemeinsames „Vorlesen" in der Gruppe.[326]

Die „[v]orbereitete Umgebung"[327] zum Teilgebiet Sprache fördert die Literalität und ist eine Umgebung, „[...] die Lust auf Bücher, Geschichten, Verse, Schrift und Medien macht."[328]. Explizit zur Bilderbuchbetrachtung wird in der Handreichung formuliert: „**Bilderbuchbetrachtungen** [sic] sind zum Aufbau von Wortschatz, Satzbau, Grammatik und zur Übung des aktiven Zuhörens und des Sinnverstehens ein wichtiges didaktisches Mittel."[329] Um eine bestmögliche Förderung von Literalität zu erzielen, fordern die Autoren der Handreichung in jeder Einrichtung eine stets für alle zugängliche Bücherei und einen Raum, der neben einer guten Beleuchtung das Lesen am Tisch und die Lektüre in bequemen Sesseln, auf gemütlichen Sitzkissen oder dergleichen ermöglicht.[330]

Im Teilgebiet *Zeichen / Schrift* wird auf vielfältige, dem Medium Buch und der Kulturtechnik Lesen nahe stehende Themen eingegangen. Neben Kinderbüchern in verschiedenen Sprachen und Schriften[331] soll die Einrichtung über Buchstaben zum Drucken und eine Schreibecke mit verschiedenen Schreibutensilien verfügen.[332]

Die Bildungsbereiche *Musisch-ästhetische Bildung und Medien* sowie *Kultur, Gesellschaft und Politik* thematisieren das Medium Buch in den Leitlinien nicht. Die dazugehörigen Handreichungen sind leider noch nicht erschienen. Daher beschränkt sich der Buchbezug zurzeit noch auf den oben dargestellten Bildungsbereich.

4.14.3. Bewertung der Bildungsleitlinien Schleswig-Holsteins

Die Publikation Schleswig-Holsteins schneidet mit 67 von 141 Punkten befriedigend ab.[333] Eine besondere Stärke liegt in der Kategorie A – Räumliche Gestaltung / Materialien / Ausstattung; bis auf zwei finden sich alle Parameter in den Bildungsleitlinien wieder. Mit der ausführlichen Thematisierung rund um Kindergartenbibliothek, Leseecke und Schreibecke sorgen die Autoren für eine sehr buch- und lesefreundliche Atmosphäre. Mit 28 Punkten in der Teilwertung für Kategorie A schneidet die Version Schleswig-Holsteins im Vergleich zu den anderen Bildungsplänen in dieser Kategorie am Besten ab.

Ernüchternd und unterdurchschnittlich fällt hingegen das Ergebnis für Kategorie B – Kooperationen / Eltern / Gemeinwesenorientierung aus; lediglich die Eltern als Vorlesepaten werden als Empfehlung aufgegriffen. Leider wird auch hier die Kooperation mit externen Orten des Buches oder Autoren nicht angeregt.

Mit 30 erreichten Punkten schneiden die Bildungsrichtlinien in der Kategorie D gut ab. Etwas überraschend sind die für die Unterkategorie *Bilderbuchbetrachtung /*

---

[326] Vgl. SH Handreichung Sprache 2007, S. 17.
[327] SH Handreichung Sprache 2007, S. 16.
[328] SH Handreichung Sprache 2007, S. 18.
[329] Ebd.
[330] Vgl. SH Handreichung Sprache 2007, S. 19.
[331] Vgl. ebd.
[332] Vgl. SH Handreichung Sprache 2007, S. 22.
[333] Zur Gesamtübersicht Schleswig-Holstein siehe Anhang Tabellen 15a, 15b.

Erzählen und Vorlesen angeführten Parameter: statt die häufig erwähnten Forderungen des regelmäßigen und dialogorientierten Vorlesens zu nennen, empfehlen die Autoren die Veranstaltung eines Vorlesetages, regen zu verschiedenen Vorlesesituationen an und integrieren die Beschäftigung der Kinder mit ihrem Lieblingsbuch in das Vorleseritual. Bei den übrigen Unterkategorien werden lediglich die zu erwartenden Parameter thematisiert.

Insbesondere Kategorie B bedarf aus buchwissenschaftlicher Sicht in den Bildungsrichtlinien Schleswig-Holsteins einer Überarbeitung: Die Möglichkeiten von Kooperationen mit externen Partner und Institutionen sollten berücksichtigt werden. Für Kategorie D – Aktivitäten rund ums Buch / mit dem Buch gilt, dass zur Unterkategorie *Bilderbuchbetrachtung / Erzählen und Vorlesen* auch die Standardparameter Regelmäßigkeit und Anschlusskommunikation erfüllt und als Basis definiert werden sollten, damit die anderen Aktivitäten dieses Bereichs darauf aufbauen können. Für die übrigen Unterkategorien ist wünschenswert, dass auch dort Empfehlungen gemacht werden, die über das Übliche hinausgehen und so eine Vertiefung mit der Thematik bieten können. Die Thematisierung der Kategorie A hingegen ist vorbildlich und kann lediglich noch durch kleine Details verbessert werden. Im Gesamten ist der Buchbezug in den Bildungsrichtlinien Schleswig-Holsteins befriedigend und kann eine Ausgangsbasis für eine sinnvolle Literacy-Erziehung und Leseförderung sein.

4.15   Thüringen – Thüringer Bildungsplan für Kinder bis 10 Jahre

4.15.1.   Allgemeines

Der von einem Wissenschaftskonsortium und einem Fachbeirat erstellte und mit 111 Praxispartnern getestete Thüringer Bildungsplan mit einem Umfang von 172 Seiten ist am 1. August 2008 in Kraft getreten. Der vom Thüringer Kultusministerium herausgegebene Bildungsplan ist für die pädagogische Begleitung für Kinder von der Geburt bis zum 10. Lebensjahr gedacht. In erster Linie richtet er sich an das pädagogische Fachpersonal, steht im Internet als PDF-Dokument aber jedem frei zur Verfügung. Eine Druckfassung kann über den Buchhandel erworben werden.

4.15.2.   Die Bildungsbereiche

Innerhalb des Thüringer Bildungsplans erfahren die im Rahmenplan der Länder vorgeschlagenen Bildungsbereiche eine weitere Ausdifferenzierung; statt fünf werden sieben Bildungsbereiche aufgelistet. Analog zu dem im Rahmenplan vorgeschlagenen Bereich *Sprache, Schrift, Kommunikation* gibt es einen Bildungsbereich *Sprachliche und schriftsprachliche Bildung*. Einen Bildungsbereich, der explizit den *Umgang mit Medien* thematisiert, gibt es hingegen nicht. Der Bereich *Natur und kulturelle Umwelt* des Rahmenplanes findet am ehesten im Bildungsbereich *Soziokulturelle, moralische und religiöse Bildung* seine Zugehörigkeit.

Die Bildungsbereiche werden jeweils mit einer Präambel eingeleitet, in der die Bedeutung des Bereichs kurz umrissen wird. Es folgt eine Beschreibung der Kontexte, in denen die zutreffenden Bildungsprozesse stattfinden. Tabellarisch werden abschließend den verschiedenen Bildungsdimensionen (personal, sozial, sachlich) jeweils Inhalte zu den unterschiedlichen Kontexten zugeordnet bzw. Antworten auf die Fragen „Welche Bildungsangebote stehen dem Kind zu?"[334], „In welchem pädagogischem Settings erfolgen diese Angebote"[335] und „Welche Konkreten Angebote sollen gemacht werden?"[336] gegeben.

Der Bildungsbereich *Sprachliche und schriftsprachliche Bildung*

Das Medium Buch wird innerhalb des Bildungsbereichs *Sprachliche und schriftsprachliche Bildung* erstmals im Kontext der basalen sprachlichen und schriftsprachlichen Bildungsprozesse genannt; als ein Ausgangspunkt für den Dialog zwischen Kind und Erwachsenem als soziale Bildungsdimension bietet die ritualisierte Vorlese- und Erzählsituation einen frühen Zugang zur Schriftkultur.[337] Die Vorbildfunktion der Eltern als Lesende und Schreibende wird als sachliche Bildungsdimension innerhalb der basalen Bildung bezeichnet.[338] „Die Beschäftigung mit Bilderbüchern, die sich Kinder gern vorlesen lassen, die das Interesse an der Wiederholung unterstützen und dazu

---

[334] ThBP 2006, S. 50.
[335] Ebd.
[336] Ebd.
[337] Vgl. ThBP 2006, S. 48.
[338] Vgl. ThBP 2006, S. 50.

anregen, über das Gehörte zu sprechen"[339], gehört zu den Angeboten, die dem Kind unter dem Aspekt der personalen Bildungsdimension gemacht werden sollen. Zur sachlichen Bildungsdimension gehört die Kompetenz der Kinder, mit Bilderbüchern umgehen zu können ebenso, wie das Sammeln von Medienerfahrungen.[340]

Mit dem Fortschreiten des kindlichen Bildungsprozesses vom banalen zum elementaren Bildungsprozess spielt das Medium Buch für das wachsende Interesse des Kindes an Zeichen und Schrift eine Rolle, denn „Schrift begegnet ihnen auch beim Betrachten und Vorlesen von Bilderbüchern und Kinderzeitschriften."[341]. Zudem erkunden sie im Spiel als Lesende und Schreibende, in dem sie das Vorbild der Erwachsenen nachahmen, die Funktion von Schrift.[342] Den gemeinsamen Besuch von Eltern und Kind in einer Bibliothek oder Buchhandlung ordnet der Thüringer Bildungsplan als sachliche Bildungsdimension elementarer sprachlicher und schriftsprachlicher Bildung ein. Ebenso dazu gehören „[…] Erfahrungen mit materieller Schrift (Holzbuchstaben, Moosgummibuchstaben, Buchstabenstempel)."[343] und das Erforschen von Druck- und Handschriften.[344] Das Buch als Informationsmedium zählen die Autoren des Thüringer Bildungsplans zu jenen Angeboten, die den Kindern zur Verfügung stehen sollen.[345] Folgende Forderung mit Buchbezug wird der sozialen Bildungsdimension unter der Fragestellung der zu machenden Angebote zugeordnet: „sie [die Kinder] haben ältere Kinder oder Erwachsene, mit denen sie sich regelmäßig treffen, um in Büchern zu stöbern, Geschichten in Fortsetzungen zu hören, Briefe vorgelesen zu bekommen, Briefe zu diktieren usw."[346]

Mit dem Beginn des eigenen Lesen- und Schreiben-Lernens bzw. -Könnens der Kinder rückt der Austausch über Geschriebenes und damit auch über (Bilder-)Bücher in den Fokus der sozialen Bildungsdimension primärer sprachlicher und schriftsprachlicher Bildung.[347] Unter dem Aspekt der sachlichen Bildungsdimension gilt die Forderung nach einem für das ruhige und konzentrierte Lesen und Schreiben geeignetem Raum sowie die Möglichkeit, auf ein möglichst umfangreiches Medienangebot zurückgreifen zu können.[348]

4.15.3. Bewertung des Bildungsplans Thüringens

Die Version Thüringens schneidet mit 63 Punkten von 141 möglichen befriedigend (3-) ab.[349] Im Verhältnis zu den anderen Kategorien verliert er in Kategorie A – Räumliche Gestaltung / Materialien / Ausstattung die meisten Punkte, in der er mit 10 Punkten lediglich ein Drittel der Maximalpunktzahl erreicht und damit unter dem Durchschnitt liegt (12). Das Defizit resultiert aus der fehlenden Thematisierung

---

[339] ThBP 2006, S. 52.
[340] Vgl. ebd.
[341] ThBP 2006, S. 48.
[342] Vgl. ThBP 2006, S. 53.
[343] Ebd.
[344] Ebd.
[345] Vgl. ThBP 2006, S. 54.
[346] ThBP 2006, S. 55.
[347] Vgl. ThBP 2006, S. 56.
[348] Vgl. ThBP 2006, S. 57.
[349] Zur Gesamtübersicht Thüringen siehe Anhang Tabellen 16a, 16b.

einer einrichtungseigenen Bibliothek, obgleich die Kindertagesstätte möglichst mit einem separaten Lese- und Schreib-Raum ausgestattet sein soll.

Der Parameter *Autor* findet in Kategorie B – Kooperationen / Eltern / Gemeinwesenorientierung leider keine Beachtung. Alle weiteren Unterkategorien werden zwar thematisiert, jedoch ist die Thematisierungstiefe gering. Der Bibliotheks- und Buchhandlungsbesuch scheint Aufgabe der Eltern zu sein, von Ausflügen zu den Orten des Buches mit der Gruppe ist keine die Rede. Die Empfehlungen rund um das Thema Lesepatenschaften beschränken sich auf die Eltern als Paten.

Neben den üblichen Forderungen nach regelmäßigem und dialogorientiertem Vorlesen nennen die Autoren des Bildungsplans sinngemäß zusätzliche wichtige Parameter wie die Vorbildfunktion der Erzieherinnen, die Wiederholungslektüre und den zu erlernenden Umgang mit dem Buch. Nicht thematisiert wird leider die Unterkategorie *Buch als Objekt*. Damit gelingt es der Publikation nicht in die Spitzengruppe zu gelangen, Das Fazit aus buchwissenschaftlicher Perspektive lautet: Im Thüringer Bildungsplan wird das Buch vernachlässigt, aber auch nicht so ausführlich thematisiert, dass von einer reichhaltigen Verankerung im pädagogischen Alltag die Rede sein kann.

5 Gesamtbewertung

5.1 Gesamtauswertung der Bewertungsmatrix

Um eine detaillierte Gesamtauswertung der Einzelergebnisse aus der Untersuchung mittels Bewertungsmatrix durchführen zu können, wurden Tabellen erstellt, anhand derer eine Tiefenanalyse der Ergebnisse nachvollzogen werden kann. Nach dem Prinzip des Zoomens wird der Fokus von der Oberfläche aus immer detailreicher: Tabelle II – Länder-Ranking nach erreichter Note[350] zeigt zunächst das absolute Abschneiden und den daraus resultierenden Rang des Bildungsplanes für jedes Bundesland. Einen Gesamtüberblick über die erreichten Punkte pro Kategorie gibt die Tabelle III - Gesamtüberblick Punktevergabe pro Kategorie.[351] Einen noch genaueren Einblick erlauben die Tabellen IVa bis IVc[352], welche die erreichten Punkte pro Unterkategorie abbilden. Die Tabellen Va und Vb schließlich zeigen auf, in wie vielen Bildungsplänen jeder Einzelparameter berücksichtigt wurde und liefern damit die kleinteiligste Analyseebene.[353] Für diese Ebene wurde eine Klassifizierung der Nennhäufigkeit erstellt, welche die Einzelparameter nach ihrer Üblichkeit innerhalb der Bildungspläne staffelt:

1 bis 2 Nennungen: zu vernachlässigen,
3 bis 4 Nennungen: unüblich,
5 bis 7 Nennungen: üblich,
8 bis 12 Nennungen: Standard,
13 bis 16 Nennungen: verpflichtend.

Mit den Tabellen als Analysewerkzeug lassen sich nachstehende Aussagen treffen: Mit durchschnittlich 47 von 141 möglichen Punkten erreichen alle Bildungspläne lediglich ein Drittel der Maximalpunktzahl und einen Notendurchschnitt von 4 (ausreichend). Mit *sehr gut* (1) kann kein Bildungsplan bewertet werden. Einzig der Bayerische Bildungsplan erreicht die Note *gut* (2) und führt das Länder-Ranking mit 14 Punkten Vorsprung vor der saarländischen Version an, die 81 Punkte erzielt und mit *befriedigend* (3) benotet wird. Die Note *befriedigend* (3) kann insgesamt sechsmal vergeben werden, ein Drittel der 16 Bildungspläne hat also noch einen hinreichenden Bezug zum Buch und der Kulturtechnik Lesen. Die Note *ausreichend* (4) erreichen vier Bildungspläne. Zwei können nur mit der Note *mangelhaft* (5), drei sogar nur mit der Note *ungenügend* (6) bewertet werden.

Eine Abhängigkeit der Note vom Umfang der Publikation besteht dabei nicht: Die Hessische Version kann trotz ihrer 150 Seiten nur mit ungenügend bewertet werden, die Publikation Brandenburgs erzielt trotz ihrer wesentlich geringeren Seitenzahl (25) immerhin die Note ausreichend (4).[354]

---

[350] Siehe Anhang Tabelle II.
[351] Siehe Anhang Tabelle III.
[352] Siehe Anhang Tabelle IVa–IVc.
[353] Siehe Anhang Tabelle Va, Vb.
[354] Vgl dazu Tabelle II – Gesamtüberblick Punktevergabe pro Kategorie.

5.1.1. Kategorie A – Räumliche Gestaltung / Materialien / Ausstattung

In der Kategorie A – Räumliche Gestaltung / Materialien / Ausstattung werden durchschnittlich 11 und damit etwa ein Drittel der 30 erreichbaren Punkte erzielt. Schleswig-Holstein schenkt dieser Kategorie umfassend Beachtung und schneidet mit 28 Punkten am Besten ab, gefolgt vom Bayerischen Bildungsplan mit 22 und der Version Berlins mit 17 Punkten.[355]

Die Publikationen der Länder Baden-Württemberg, Brandenburg, Hamburg, Niedersachsen und Sachsen liegen noch über dem Durchschnitt, der Bremer Bildungsplan erreicht diesen mit 11 Punkten genau. Sachsen-Anhalts Plan erzielt 8 Punkte. Die Publikationen der Bundesländer Hessen, Mecklenburg-Vorpommern, Nordrhein-Westfalen und Rheinland-Pfalz können in dieser Kategorie gar nicht punkten. Damit verpassen sie die Gelegenheit, das Fachpersonal dazu anzuregen, eine buch- und lesefreundliche, sowohl den Sprach- als auch den Schriftspracherwerb fördernde Atmosphäre zu schaffen und auf ein reichhaltiges, für die Kinder jederzeit zugängliches Medienangebot zu verweisen, das sie in einer gemütlichen Leseecke oder einem adäquat eingerichteten Raum in Ruhe allein oder gemeinsam mit den Erzieherinnen und anderen Kindern nutzen können. Nicht zuletzt kann eine gut ausgestattete Bibliothek in der Einrichtung eine Basis für eine lebhafte, abwechslungsreiche und spannende Vorlesepraxis darstellen.

Betrachtet man die erzielten Ergebnisse der Kategorie A – Räumliche Gestaltung / Materialien / Ausstattung anhand der Punktevergabe für die Unterkategorien, ergibt sich folgendes Bild:[356] Neben den vier Bundesländern, die gar keine Punkte erzielen, verzeichnen sowohl Baden-Württemberg (12 Punkte) als auch Bremen (11 Punkte) und Sachsen-Anhalt (8 Punkte) nur in einer Unterkategorie gewertete Parameter.

In immerhin zwei der drei Unterkategorien können folgende Bundesländer punkten: Brandenburg (8, 6), Hamburg (8, 5), Niedersachsen (11, 5), Saarland (11, 5), Sachsen (8, 5) und Thüringen (6, 4). Bayern, Berlin und Schleswig-Holstein können in allen drei Unterkategorien Punkte erzielen.

Kein Bundesland erreicht in der Unterkategorie *Bibliothek in der Einrichtung* die volle Punktzahl (16). Die Bildungspläne von fünf Bundesländern thematisieren diese Unterkategorie gar nicht. Dies wiegt umso schwerer, als dass diese Unterkategorie mit 11 Nennungen als Standardthema der Bildungspläne gewertet werden muss.[357]

Thüringen führt die Rangfolge mit 14 Punkten an, gefolgt von Bayern (13), Baden-Württemberg (12) und Bremen, Niedersachsen und Saarland (jeweils 11 Punkte). Knapp über dem Durchschnitt von 7 Punkten liegen die Publikationen der Länder Berlin, Brandenburg, Hamburg, Sachsen und Sachsen-Anhalt mit jeweils 8 Punkten.

Mit neun Nennungen am häufigsten wird in der Kategorie A – Räumliche Gestaltung / Materialien / Ausstattung der Parameter *Mehrsprachige Medien* genannt, der damit einen weiteren *Standard* bei der Einrichtung einer Bibliothek in der Kindertagesstätte setzt. Mehrsprachige Medien kommen insbesondere Kindern mit Migrati-

---

[355] Vgl dazu Tabelle II – Gesamtüberblick Punktevergabe pro Kategorie.
[356] Vgl. dazu Anhang Tabelle IVa – Punktevergabe im Detail Kategorie A.
[357] Vgl. dazu Anhang Tabellen Va, Vb Häufigkeit der Nennung der Unterkategorien und Einzelparameter.

onshintergrund zugute und fördern darüber hinaus die Sensibilität für fremde Sprachen und Kulturen.[358]

In sieben Bildungsplänen wird eine für die Kinder jederzeit mögliche Zugänglichkeit der Bibliothek gefordert. Zwar erscheint diese Forderung damit *üblich*, es gibt jedoch auch Gründe für eine Reglementierung des Zugangs der Bibliothek oder zur sonstigen Erreichbarkeit der Medien für die Kinder: Zum einen kann eine zu große Auswahl an Medien dazu führen, dass die Kinder sich auf Grund des Überangebots nicht entscheiden können, welches Buch sie anschauen wollen, zum anderen sind die Platzverhältnisse in manchen Einrichtungen beengt.[359]

In lediglich drei Bildungsplänen wird empfohlen, den Kindern die Medienausleihe nach Hause zu ermöglichen; dabei könnte gerade dieses Angebot eine Brücke zwischen der Sozialisationsinstanz Familie und der Sozialisationsinstanz Kindertagesstätte schlagen und zu einer besseren Zusammenarbeit zwischen Eltern und Erzieherinnen insbesondere im Bereich der Medienerziehung beitragen. Leider ist diese Praxis eher *unüblich*, was nicht zuletzt mit dem Mehraufwand bei der Ausleihe und dem häufigen Verlust der Medien zu tun hat.[360] Die Parameter *Ergänzungsmedien* und *gemeinschaftliche Gestaltung* werden jeweils nur einmal thematisiert, ihr Stellenwert innerhalb der Bildungspläne ist somit eher gering (*zu vernachlässigen*).

In der Unterkategorie *Leseecke* erreicht lediglich Thüringen die Maximalpunkzahl von sieben Punkten. Neun Bildungspläne und damit mehr als die Hälfte der Publikationen thematisieren die Leseecke gar nicht, obgleich sie mit sieben Nennungen (*üblich*) fast schon zur Standardeinrichtung gehört. Einen separaten Raum für Lese- und Schreibaktivitäten empfehlen nur drei Bildungspläne: die Versionen von Berlin, Schleswig-Holstein und Thüringen. Vor allem aufgrund des geringen Platzangebots wäre diese Forderung in vielen Einrichtungen nicht umzusetzen und ist daher *unüblich*. Der Hinweis auf geeignetes Mobiliar in einer Lese-Schreib-Ecke oder -Raum wird nur einmal gegeben – vermutlich, weil eine solche Ausstattung selbstverständlich ist.

Mit sechs Nennungen ist auch die Einrichtung einer Schreibecke eine *übliche* Anregung. Dass eine solche mit verschiedenen Schreibutensilien ausgestattet sein sollte, versteht sich von selbst – einen entsprechenden Hinweis gibt es nur in zwei Bildungsplänen (*zu vernachlässigen*). Mit dreimaliger Nennung (*unüblich*) überraschend selten wird die Empfehlung gegeben, die Schreibecke mit Drucklettern zu bestücken, gilt es doch, bei den Kindern ein reges Interesse für Buchstaben, Schrift, Zeichen und Symbole zu wecken, wozu der spielerische Umgang mit Lettern, z.B. aus Holz oder Moosgummi, einen guten Beitrag leisten könnte.

Zusammengefasst lassen sich für die Kategorie A folgende Aussagen treffen: Die Einrichtung einer Kindertagesstätten-Bibliothek mit mehrsprachigem Medienangebot ist ein *Standardkriterium*, das in jedem Bildungsplan erwähnt und von jeder Einrichtung berücksichtigt werden sollte.

Darüber hinaus ist die Forderung nach einer Ausstattung mit einer Lese- und einer Schreibecke *üblich*. Die Medienausleihe nach Hause, das Einrichten eines separaten Lese-Schreib-Raumes und die Bestückung desselben mit Drucklettern sind in-

---

[358] Vgl. BBP 2006, S. 143.
[359] Vgl. EG Barth, *Kindergarten Sankt Nikolaus.*
[360] Vgl. EG Kroninger, *Kindergarten Am Röthelheim*, EG Höfig-Restaino, *Kindergarten Perle.*

nerhalb der Bildungspläne *unübliche* Empfehlungen, deren Umsetzungen in den Einrichtungen als Sonderservices betrachtet werden können, die aber nicht weniger wünschenswert sind. Die Parameter *Ergänzungsmedien, gemeinschaftliche Gestaltung, geeignetes Mobiliar* und *Schreibutensilien* sind vermutlich so selbstverständlich, dass die Autoren der Bildungspläne sie in den allermeisten Fällen *vernachlässigen*.

Dass in der Kategorie A lediglich rund ein Drittel der zu erreichenden Punkte erzielt werden, zeigt den Ausbaubedarf der Thematik *Räumliche Gestaltung / Materialien / Ausstattung* im Hinblick auf das Medium Buch. Dies gilt mit Ausnahme Thüringens für alle Länder, insbesondere aber für jene, deren Bildungspläne nicht einmal die *üblichen* Anregungen, Empfehlungen und Forderungen dieser Kategorie aufgreifen. Aus buchwissenschaftlicher Sicht sollte hier eine Überarbeitung stattfinden, wenigstens solche Kriterien erfüllt werden, die im Bildungsplan und damit hoffentlich auch in der Einrichtung als obligatorisch zu bezeichnen sind.

Wünschenswert ist darüber hinaus, dass die Möglichkeit zur Medienausleihe nach Hause in allen Bildungsplänen stärker als bisher berücksichtigt und angeregt wird, um die Integration des Elternhauses und des familiären Umfeldes in die Lese- und Sprachförderung sowie Medienerziehung der Kindertagesstätte zu forcieren.

5.1.2.   Kategorie B – Kooperationen / Eltern / Gemeinwesenorientierung

In der Kategorie B werden mit durchschnittlich 11 Punkten lediglich etwa 25% von 40 zu erreichenden Punkten erzielt. Im Vergleich mit den anderen Kategorien, ausschließlich der Kategorie C, wird die Kategorie B damit in den Bildungsplänen am wenigsten thematisiert – die Hälfte der Publikationen erzielt gar keine Punkte. Weil die Anregung fehlt, Eltern für Lesepatenschaften zu gewinnen, wird auch hier – wie schon bei der Medienausleihe nach Hause – keine Brücke von der Kindertagesstätte ins Elternhaus geschlagen.

Mit 37 Punkten führt der Bildungsplan Bayerns die Kategorie B an, gefolgt von den Versionen der Länder Baden-Württemberg (31 Punkte), Hamburg (27 Punkte), Saarland (24 Punkte), Thüringen (24 Punkte) und Berlin (18 Punkte). Sachsen und Schleswig-Holstein erzielen immerhin noch 8 Punkte.

Für die Unterkategorien ergibt sich folgende Punkteverteilung: Am wenigsten Beachtung erhält die Unterkategorie *Autor / Schriftsteller*. Lediglich in den Bildungsplänen Baden-Württembergs und Bayerns wird eine den Autor betreffende Anregung gegeben. Die Thematisierung des Autors und der Parameter *Lesungen in der Einrichtung und Bilderbuchausstellungen zeitgenössischer Autoren* muss folglich als *zu vernachlässigen* klassifiziert werden.

Doch auch die Unterkategorien *Buchhandlungen* und *Vorlesepatenschaften* finden kaum Berücksichtigung. Sie werden in nur 6 der 16 Publikationen thematisiert und können damit immerhin noch als *übliche* Themengebiete gewertet werden. Bei der erstgenannten Unterkategorie kann kein Bildungsplan die volle Punktzahl von 9 Punkten erzielen. 8 Punkte erreichen die Pläne Baden-Württembergs, des Saarlands und Thüringens. Die Veröffentlichungen Bayerns, Berlins und Hamburgs halten mit jeweils 6 Punkten den Anschluss.

In der Unterkategorie *Vorlesepatenschaften* führen der Bayerische Bildungsplan und der Plan Hamburgs das Feld mit 11 von maximal 12 Punkten an. Ihnen folgen die Publikation des Saarlands mit 9 Punkten und die Veröffentlichungen der Länder Baden-Württemberg, Schleswig-Holstein und Thüringen mit jeweils 8 Punkten. Die Unterkategorie *Bibliotheken / Bücherei* wird in sieben Versionen genannt und ist damit eine *übliche* Forderung. Nur der Bildungsplan Bayerns kann hier die vollen 14 Punkte erzielen, gefolgt von Berlin und Hamburg mit jeweils 12 Punkten und Baden-Württemberg mit 11 Punkten. Die Publikationen der Länder Saarland, Sachsen und Thüringen erreichen immerhin noch 8 Punkte.

Die detaillierte Aufschlüsselung der Einzelparameter innerhalb der Kategorie B – Kooperationen / Eltern / Gemeinwesenorientierung ergibt folgendes Gesamtbild: Der Bibliotheksbesuch mit den Eltern und / oder mit der Gruppe ist mit jeweils fünf Nennungen noch eine *übliche* Empfehlung. Der Hinweis, dort Bücher auszuleihen, ist hingegen bereits *unüblich*. Möglicherweise wird dies als selbstverständlich erachtet. Die Anregungen, die Beratung und Serviceleistungen der Bibliotheken in Anspruch zu nehmen ist innerhalb der Bildungspläne als *zu vernachlässigen* einzustufen.

Auch die zumeist an die Eltern gerichtet Forderung eine Buchhandlung zu besuchen, eine Forderung, ist mit sechs Nennungen als üblich, die Forderung nach Buchausstellungen durch den örtlichen Buchhandel in der Kindertagesstätte jedoch mit lediglich einer Nennung offensichtlich als *zu vernachlässigen* einzustufen. Wünschenswert ist an dieser Stelle, dass sowohl der Besuch der Orte des Buches durch die Eltern und die Einrichtung als auch umgekehrt ein Engagement des Buchhandels in den Kindertagesstätten in alle Bildungspläne Eingang findet und verpflichtend wird. Denn zum einen müssen die Kinder auch an jene Institutionen herangeführt werden, die ihnen außerhalb der Einrichtung und des familiären Umfeldes einen Zugang zum Medium Buch ermöglichen und ein wichtiger Teil ihres (Lese-)Sozialisationsprozesses sein können, denn „[…] der Besuch von Buchhandlungen und Bibliotheken zusammen mit den Eltern fördert nachweislich Lesefreude, -dauer und -häufigkeit der Kinder."[361] Zum anderen bieten Kooperationen mit dem lokalen Buchhandel sowohl allen Erzieherinnen als auch den Kindern und Eltern einen Einblick in neue Publikationen, die für sie von Interesse sein können.

Die Integration der Eltern als Paten, die sechsmal empfohlen wird, kann als *üblich* klassifiziert werden. Die Forderungen nach der Einbindung von Schulkindern als Vorlesepaten sowie mehrsprachige Vorlesesituationen hingegen werden in den Bildungsplänen *vernachlässigt* – bedauerlich, denn insbesondere vom Modell der Schülerpatenschaft könnten beide Seiten profitieren, also sowohl (ältere) Schüler als auch Kindergartenkinder: Die einen üben sich im Vorlesen, bei den anderen wird das Interesse am Lesen und an Büchern durch die Vorbildfunktion der älteren Kinder gestärkt und der Ehrgeiz geweckt, selbst lesen lernen zu wollen.

Ein Grund, den Autor als weitere externe Instanz rund um die Thematik Buch, Lesen und Schreiben in den Bildungsplänen nur sehr selten zu erwähnen, ist sicher in der Finanzierung einer 1- bis 1½-stündigen Veranstaltung zu sehen: Die Verpflichtung eines zeitgenössischen Kinderbuchautors ist mit etwa 350,00 Euro zu veranschlagen und damit eine finanzielle Hürde, die von den meisten Kindergärten alleine nicht übersprungen werden kann. Bemühungen um Sponsoren für derartige Veranstaltungen könnten diesen Mangel ausgleichen.

---

[361] Hurrelmann 2006, S. 139.

Das Gesamtergebnis für die Kategorie B zeigt: Die Bildungspläne regen nur zurückhaltend zu Veranstaltungen und Kooperationen rund um das Medium Buch mit Außenstehenden an – ob nun mit den Eltern, einem Autor oder mit dem Buchhandel und der Bibliothek. Dabei bietet sich eine Vielzahl an Möglichkeiten, die Sprach- und Leseförderung der Einrichtung auch nach außen zu transportieren und nicht auf die pädagogische Arbeit in Kindertagesstätte zu beschränken. Die Chancen, Angebote externer Institutionen und Personen in den Alltag der Einrichtungen zu integrieren, sollten genutzt und diese Nutzung in allen Bildungsplänen verstärkt angeregt werden. Ein generelles Ziel muss sein, die Einrichtungen noch mehr zu öffnen, um eine stärkere Verflechtung interner und externer Fördermaßnahmen und -möglichkeiten nicht nur rund um das Medium Buch und die Kulturtechnik Lesen zu ermöglichen.

5.1.3. Kategorie C – Zentrale Forderungen / Zielstellungen und Fragestellungen

Zehn Bildungspläne können in der Kategorie C Bonuspunkte erzielen. Mit vier Nennungen wird am häufigsten darauf hingewiesen, dass das Kind ein generelles Interesse an Büchern und am Lesen entwickeln soll. Man kann erwarten, dass sich diese Forderung von selbst versteht und aufgrund dessen nicht öfter angesprochen wird.

Nur drei Bildungspläne fordern, die Literacy-Entwicklung / Lesekompetenz / Literaturkompetenz / Literalität / Medienkompetenz im Elementarbereich stärker zu berücksichtigen – doch dieser Forderung sollten sich die Autoren aller Bildungspläne anschließen und in der Ausformulierung der Konzepte dafür Sorge tragen, dass diese auch erfüllt werden kann.

Die in drei Publikationen formulierte Feststellung, das Buch und die Lesefähigkeit ermöglichen den Zugang zum Weltwissen, korrespondiert mit der Unterkategorie *Buch als Informationsquelle / Projektbasis* der Kategorie D, die 13-mal und damit sehr häufig genannt wird und als *Standard* gewertet werden kann – vielleicht ist das der Grund, warum in den meisten Bildungsplänen diese Feststellung nicht explizit eingeschrieben ist. Zwar proklamiert nur in der Version Brandenburgs ausdrücklich, dass sie das Vorhandensein von Büchern, Zeitungen und Zeitschriften sowohl Zuhause als auch im Kindergarten voraussetzt, doch findet sich in den meisten Bildungsplänen zumindest für die Kindertagesstätten eine ähnliche Empfehlung: die Einrichtung einer Kindergartenbibliothek gehört in der Kategorie A zum *Standard*.

Die Feststellung *Die Bibliothek ist ein Ort des kulturellen und öffentlichen Lebens* lässt sich mit der Kategorie B koppeln: Der Besuch einer Bibliothek ist nur als *üblich* klassifiziert und wird als kulturelle Bildungsinstitution zu wenig berücksichtigt. In drei Bildungsplänen werden die Erzieherinnen dazu angeregt, auch das familiäre Umfeld im Hinblick auf die Medienausstattung und die Mediennutzung mittels Fragen an die Eltern zu erkunden. Das Wissen der Erzieherinnen um die Mediensituation zu Hause ist für die pädagogische Arbeit mit den Kindern nützlich. Es erlaubt ihnen, das (Medien-)Verhalten der Kinder im Kindergarten zu verstehen und darauf einzugehen. Diese Anregung sollte in alle Bildungspläne aufgenommen und für die Erzieherinnen gezielt zu einem Instrument der Medienerziehung werden.

Die Forderungen, Feststellungen und Hinweise innerhalb der Kategorie C haben jedoch nur wenig Wirkung, wenn passende Praxisbeispiele fehlen; sind sie jedoch vorhanden, bekräftigen sie diese in ihrer Wichtigkeit sehr wohl. Ein ausgewogenes

Verhältnis zwischen Forderungen und Feststellungen auf der einen Seite und Vorschläge zu deren Umsetzung auf der anderen Seite, bleibt zu wünschen.

5.1.4. Kategorie D – Aktionen rund ums Buch / mit dem Buch

Durchschnittlich 23 Punkte von maximal 61 werden in der Kategorie D erzielt. Der Berliner Bildungsplan und die Version des Saarlandes führen das Feld mit 35 Punkten an. Mit nur einem Punkt Abstand (34 Punkten) folgen die Publikation Bayerns und der Plan Hamburgs. Noch knapp die Hälfte der zu erreichenden Punkte kann mit 30 Punkten der Bildungsplan Schleswig-Holsteins erzielen. Klares Schlusslicht in dieser Kategorie sind die Versionen aus Hessen (6 Punkte), Rheinland-Pfalz (6 Punkte) und Nordrhein-Westfalen (5 Punkte).

Die in der Unterkategorie *Bilderbuchbetrachtung / Erzählen und Vorlesen* erzielbaren 31 Punkte erreicht kein Bildungsplan. Mit 16 Punkten schneidet die Version Thüringens hier am besten ab. Es folgen die Publikationen aus Hamburg (15 Punkte), Berlin und dem Saarland (jeweils 14 Punkte), Mecklenburg-Vorpommern (13 Punkte), Bayern (12 Punkte) und Schleswig-Holstein (12 Punkte). Über dem Durchschnitt von 9 Punkten liegen mit 11 Punkten noch die Bildungspläne aus Baden-Württemberg und Bremen; die Publikation Brandenburgs erzielt 9 Punkte. Alle anderen Versionen liegen unter dem Durchschnitt – Hessen und Niedersachsen erzielen in dieser Unterkategorie gar keine (0) Punkte.

10 von 10 möglichen Punkten in der Unterkategorie *Informationsquelle / Projektbasis* erzielt lediglich der Bayerische Bildungsplan. Die Versionen der Bundesländer Berlin, Mecklenburg-Vorpommern und Sachsen folgen mit 9 Punkten. Die Publikationen dreier Länder können keinen Punkt (0) erzielen: Baden-Württemberg, Nordrhein-Westfalen und Rheinland-Pfalz. Alle anderen Länderversionen liegen mit 6 Punkten im Durchschnitt oder mit 8 Punkten knapp darüber.

In der Unterkategorie *Buch als Objekt* erreicht kein Bildungsplan die Höchstpunktzahl von 12 Punkten, vielmehr liegt die Punktevergabe in einer Spanne zwischen 6 bis 8 Punkten. Fünf Länderversionen erzielen 8 Punkte: Baden-Württemberg, Berlin, Hamburg, Saarland und Schleswig-Holstein. Der Bayerische Bildungsplan erreicht 7 Punkte, 6 Punkte können in dieser Unterkategorie jeweils für die Publikationen aus Brandenburg und Sachsen vergeben werden. In den übrigen Ländern – und damit in der Hälfte aller 16 Bundesländer – findet diese Unterkategorie gar keine Berücksichtigung.

Die Detailauswertung der Einzelparameter zeigt, dass die Unterkategorie *Bilderbuchbetrachtung / Erzählen und Vorlesen* mit 14 Nennungen innerhalb der Bildungspläne als *verpflichtende* Forderung gewertet werden kann. Ein aus buchwissenschaftlicher Sicht schwerwiegender Mangel ist somit den Publikationen aus Hessen und Niedersachsen vorzuwerfen, in denen diese Unterkategorie innerhalb der analysierten Bildungsbereiche nicht erwähnt wird. Die Empfehlung, täglich vorzulesen, gehört mit einer Nennhäufigkeit von 9 zum Standardkatalog (*Standard)* der Forderungen, Empfehlungen und Anregungen. *Üblich* ist mit 6 Nennungen die Forderung, die Vorlesesituation als gemeinsamen Dialog zu gestalten oder eine Anschlusskommunikation vorzusehen. Bildungspläne, in denen diese wichtigen Forderungen nicht aufgenommen wurden, versäumen es, die Bedeutung des Vorlesens als Instrument der Sprach und Leseförderung zu stärken.[362]

Auch der Erwerb des richtigen Buchumgangs gehört mit 5 Nennungen noch zu den *üblichen* Forderungen. Alle weiteren Parameter, darunter auch der Hinweis, dass sowohl die Erzieherinnen als auch die Eltern den Kindern als Vorbilder dienen, die Lese- und Mediensozialisation sowie Sprachentwicklung des Kindes mitbeeinflussen,[363] sind lediglich als *unüblich* oder sogar als *zu vernachlässigen* einzustufen. Deshalb sollte in allen Bildungsplänen auf diese Vorbildfunktion hingewiesen und die Erzieherinnen dazu angeregt werden, ihr eigenes (Lese- und Medien-)Verhalten aufmerksam zu beobachten und vorbildlich zu gestalten. Anregungen rund um verschieden Vorlesemodelle und Leseevents, zum Beispiel das Vorstellen der Lieblingsbücher oder die Veranstaltung eines Lesefestes oder einer Lesenacht, werden in den Bildungsplänen kaum gegeben. Doch kann man in solchen Impulsen die Chance sehen, die übliche Vorlesesituation aufzubrechen und diese spannender und kreativer zu gestalten und so die Freude der Kinder am Vorleseritual, am Selberlesen und am selbstverständlichen Umgang mit dem Medium Buch zu stärken. Die Aufnahme solcher Empfehlungen ist somit mehr als wünschenswert.

Die Unterkategorie *Buch als Informationsquelle / Projektbasis* wird 13-mal genannt und ist ebenso wie die Bilderbuchbetrachtung als *verpflichtend* zu klassifizieren. Die Funktion des Buches als Informationsquelle ist eine Grundfunktion des Mediums, insofern ist die häufige Nennung keine Überraschung, sondern war zu erwarten. Dass innerhalb dreier Bildungspläne dennoch nicht darauf hingewiesen wird, mag daran liegen, dass diese Funktion des Buches als Selbstverständlichkeit aufgefasst wurde.

Als Basis für Projekte, die nicht unmittelbar im Zusammenhang mit dem Medium Buch oder der Lese- und Sprachförderung stehen, wird das Buch oder dessen Inhalt in fünf Bildungsplänen herangezogen, zur thematischen Begleitung nur in zweien. Auch für diese Parameter, insbesondere für den letztgenannten, steht vermutlich außer Frage, Bücher für diese Zwecke zu nutzen, so dass sich ein eigener Hinweis erübrigt.

Die Thematisierung des Buches als Objekt ist mit 8 Nennungen zwar *Standard*, meistens beschränken sich die Anregungen dabei aber auf den Parameter *Buch basteln* – eine als *üblich* einzustufende Beschäftigung. Vernachlässigt werden jene Parameter, die auf eine intensive Arbeit mit dem Medium abzielen. Dass darin eine Möglichkeit liegt, bei den Kindern den richtigen Umgang mit dem Medium Buch zu schulen und die Wertschätzung für dieses Medium zu stärken, bleibt leider unberücksichtigt. Darüber hinaus sind über die Geschichte des Buches Brückenschläge in andere Zeiten und andere Kulturen möglich, deren Darstellung bei den Kindern zum Aufbau eines breit gefächerten kulturhistorischen Wissenshorizonts beiträgt.[364]

Zehn Bildungspläne greifen verwandte Themen auf und machen diese damit zu einem Standardthema (*Standard*). In der Regel wird darauf hingewiesen, dass bei den Kindern neben dem Interesse am Buch und an der Kulturtechnik Lesen auch Interesse für Schrift, Buchstaben, Zeichen und Symbole geweckt werden soll. *Unüblich* sind die Erwähnung der Sprache als Literatur und Kunstform sowie der Aspekt der

---

[362] Vgl. exemplarisch: Garbe 2005b, S. 8; Hurrelmann 2006b, S. 176f.
[363] Vgl. Hurrelmann 2006, S. 139.
[364] Siehe dazu Kapitel II.5.5 Exkurs *Abenteuer Buch* – Ein Aktivitätenkatalog.

Sprachschatzerweiterung und Sensibilisierung für Grammatik und Syntax. Die Empfehlung, auch die traditionelle Sprache zu vermitteln und zu pflegen, wird in den Bildungsplänen bis auf eine Ausnahme (Hamburg) vernachlässigt, obgleich sich in jedem Bundesland Sprachtraditionen finden lassen und deren Niedergang oftmals beklagt wird.[365]

Mit durchschnittlich 23 erreichten von 61 möglichen Punkten wird in der Kategorie D – Aktivitäten rund ums Buch / mit dem Buch lediglich rund ein Drittel der Maximalpunktzahl erzielt. Dieses Resultat zeigt, dass die Anregungen, Empfehlungen, Forderungen und Hinweise zu den Aktivitäten rund ums Buch / mit dem Buch in den Bildungsplänen noch ausbaufähig sind. Insbesondere die Thematik *Bilderbuchbetrachtung / Erzählen und Vorlesen* muss stärker berücksichtigt werden, weil es sich um einen wichtigen Baustein im Prozess der Lesesozialisation handelt. Vorschläge und Handlungsbeispiele, die über die Standardempfehlungen hinausgehen und zu einer kreativeren Umsetzung führen, sind für diese Unterkategorie erstrebenswert. Wesentlich stärker und über einen bloßen Hinweis hinaus zu integrieren ist die Vorbildfunktion der Erwachsenen.[366] Wünschenswert ist zudem, die Möglichkeiten aufzuzeigen und idealiter auch als Handlungsbeispiele zu dokumentieren, die eine Befassung mit dem Buch als Objekt bieten.

Fasst man die Resultate der einzelnen Kategorien zusammen, erscheint eine ausführlichere Thematisierung des Mediums Buch und der Kulturtechnik Lesen mit all ihren Facetten und verwandten Themengebieten wünschenswert. Der Katalog der Forderungen und Empfehlungen, Hinweise und Zielstellungen wird bei weitem nicht ausgenutzt. Die Analyse der Bewertungsmatrix kann dazu beitragen, jene Parameter, die als *üblich* klassifiziert oder zum *Standard* erklärt wurden, auch in den Bildungsplänen einzuarbeiten, die sie noch nicht berücksichtigen. Zudem bleibt zu wünschen, dass manche bisher nur vereinzelt genannte Empfehlungen in ihrer Bedeutung und ihrem Nutzen gestärkt und vermehrt in die Bildungspläne integriert werden. Darüber hinaus könnte der bestehende Katalog durch weitere Empfehlungen und Praxisbeispiele ergänzt werden, die zu einem kreativen und spannenden Buch-, Lese- und Medienerlebnis beitragen. Vorerst jedoch sollte das bestehende Defizit behoben werden, damit wenigstens alle Länderversionen eine Benotung erzielen, die zeigt, dass in ihnen die Thematik wenigstens befriedigend behandelt wird, denn momentan unterscheiden sich die einzelnen Bildungspläne in ihrer Qualität dahingehend noch sehr.

5.2 Begriffsproblematik *Medien* und *Literacy*

Während mit Hilfe der Bewertungsmatrix eine möglichst objektive Beurteilung der Bildungspläne im Hinblick auf ihren Buchbezug und der Thematisierung des Lesens erstell werden konnte, werden nachfolgend zentrale Probleme erörtert und Fragen gestellt, die insbesondere durch Begriffsauffassungen und Begriffsverwendungen innerhalb der Bildungsbereiche entstehen und in der Bildungsmatrix nicht erfasst wurden.

---

[365] Vgl. exemplarisch: Beiträge in: Munske 2007. URL: http://www.dialektforschung.phil.uni-erlangen.de/sterbendialekte/Abstracts.html [21.09.2008].

[366] Siehe oben.

So sehr sich die Bildungspläne auch nach Umfang, Aufbau und das ihnen einge-
schriebene Bildungsverständnis unterscheiden, in allen werden das Medium Buch
und die Kulturtechnik Lesen thematisiert – eine aus buchwissenschaftlicher Sicht zunächst beruhigende Feststellung.

Und doch: Untersucht man den Kontext, in dem diese Thematisierung zumeist
steht, zeigt sich eine beunruhigende Auffälligkeit: Das Buch wird in den allermeisten
Publikationen nicht im Kontext des Begriffs *Medien* erwähnt. Selbst Bildungspläne,
die innerhalb eines Bildungsbereichs die Medien explizit zum Thema machen, sper-
ren dort das Medium Buch aus. Stattdessen steht es in allen Bildungsplänen im Bezug zur Sprach- oder Literacy-Förderung. Dieser Bezug soll und kann dem Buch hier
auch gar nicht abgesprochen werden, doch muss dem Buch aus buchwissenschaftlicher Sicht auch der Bezug zum Medienbegriff zugesprochen werden. Demgegenüber
formulieren verschiedene Bildungspläne Gegenteiliges: Nicht nur die Version Bayerns rückt das Buch von den übrigen Medien ab, wie bereits in der Analyse aufgezeigt
wurde, vielmehr ist auch in den Fassungen Berlins und Hamburgs in der Verwendung des Medienbegriffs eindeutig eine Tendenz (nur) zu den neuen Medien zu
konstatieren.[367] In der Publikation Bremens wird das Buch sogar ganz aus dem Medienbegriff ausgeschlossen: „Auch Bücher und Medien […]."[368] *Sind Bücher keine
Medien?* Diese Frage lässt sich provokant an die Autoren aller Bildungspläne stellen.
Dass das Buch unzweifelhaft dazu gehört, steht dabei natürlich außer Frage und ist in
zahlreichen Begriffsdefinitionen sowohl zum Begriff *Buch* als auch zum Begriff *Medium* nachzulesen.[369] Darüber hinaus nimmt es sogar eine „kulturelle Sonderstellung"[370]
ein – auch das kann bei den Autoren als bekannt vorausgesetzt werden. Wenn die
„Sonderstellung" in einigen Formulierungen auf diese „kulturelle Sonderstellung"
zurückzuführen ist, sollten die Autoren diese auch explizit hervorheben. Ein solcher
Hinweis findet sich jedoch in keinem der Bildungspläne – ein bedauerliches Versäumnis, ist doch gerade darin die allgemeine Wertschätzung des Buches zu erkennen. Es entsteht der Eindruck, dass das Buch *als Medium* nicht mehr im Bewusstsein
der Allgemeinheit verankert ist. Dies legen auch Erfahrungen nahe, die bei der Vorbereitung der Expertengespräche zum Thema *Das Medium Buch im Kindergarten*
gemacht wurden.[371] Als bei der Terminabsprache das Thema stattdessen mit *Medien
im Kindergarten* angekündigt wurde, antworteten viele Ansprechpartnerinnen, der
Kindergarten habe keine oder kaum Medien. Die Nachfrage, ob denn Bücher vorhanden seien, wurde das mit „natürlich" bejaht. KERLEN macht die gleiche Feststellung für die medienpädagogische Fachliteratur, in der sich „vorrangig auf die neuen
Medien konzentriert wird."[372] Diesem Fehlverständnis sollten die Autoren der Bildungspläne durch eine eindeutige Verwendung des Medienbegriffs auch für das Buch
wenigstens entgegenwirken, wenn sie es vielleicht auch nicht beheben können. Dann
allerdings müsste das Buch auch in jenen Bildungsbereichen thematisiert werden, die

---

[367] Vgl. Kapitel des jeweiligen Bildungsplans.
[368] BrBP 2004, S. 21.
[369] Vlg. exemplarisch Rautenberg 2003, S. 352.
[370] Rautenberg 2003, S. 85.
[371] Siehe Kapitel III.
[372] Kerlen 2005, S. 18.

sich mit Medien befassen – und da gehört es auch hin, neben dem Kontext zur Sprachförderung und Literacy-Erziehung.

Mit dem Wort *Literacy* ergibt sich gleich ein weiteres Begriffsproblem. Die Autoren des Bayerischen Bildungsplanes verweisen darauf, dass es für den englischen Begriff keine adäquate deutsche Übersetzung gibt und es unter Experten hin und wieder mit *Literalität* übersetzt wird[373]. Die Autoren des Hessischen Bildungsplans verstehen unter dem Begriff *Literacy* „vor allem frühe kindliche Erfahrungen und Kompetenzen rund um Buch-, Erzähl- und Schriftkultur".[374] Welche Erfahrungen damit konkret gemeint sind, wird nicht weiter erörtert. Auch in der Publikation Niedersachsens steht *Literacy* ganz allgemein für „die Begegnung mit dem geschriebenen Wort, mit Buchstaben und Zeichen und für den Gebrauch von Sprache im fiktionalen Sinne [...]."[375] Ganz ähnlich lautet die Definition in den Bildungsplänen der Länder Thüringen Schleswig-Holstein und Bremen. Alle weiteren Länderversionen kommen ohne diesen Begriff aus. Schon allein das zeigt, dass die Verwendung des Begriffs nicht notwendig ist, zumal es für ihn in der Tat keine entsprechende deutsche Übersetzung gibt. Auch in den Expertengesprächen[376] zeichnete sich ab, dass vielen Erzieherinnen der Begriff unklar ist und eine ausführliche und klare Definition gewünscht wird. So machte Gehrsitz nicht einmal den Versuch, den Begriff zu definieren sondern antwortete: „Den kann man nicht definieren, so wirklich, oder? Man kann ihn ja auch nicht übersetzen. Dann könnte man es ja auch dabei belassen, nicht? Man weiß, es geht nicht nur ums Lesen und Schreiben, man weiß, es geht hier noch um Vieles mehr."[377] Sepe ist mir ihr einer Meinung, denn

> „[...] es gibt auch keine klare Definition einfach mal davon und wenn es eine Art Definition gibt, dann ist die wieder so geschrieben, dass man's wieder nicht blickt. [...] letztendlich kann einem keiner den möglichen Sinn oder Zweck oder den genaueren Inhalt davon geben, nicht einmal die Fachberatung. Wir hatten sie ja bei uns und da ging's genau auch um diesen Begriff, weil wir damit eben mit am Wenigsten anfangen konnten."[378]

Sucht man in der Fachliteratur außerhalb der Bildungspläne nach einer Begriffsklärung, kann man von NÄGER auf die Frage „Was ist Literacy?" folgende Antwort erhalten: „Der englische Begriff ‚Literacy' bezeichnet im engeren Sinn die Kompetenz, lesen und schreiben zu können. Im weiteren Sinne gebraucht, bezieht er alle Erfahrungen und Grundfertigkeiten rund um Erzähl-, Sprach-, und Schriftkultur mit ein."[379] Zu den *Erfahrungen* gehören für NÄGER alle erdenklichen Gelegenheiten, bei denen Kinder bereits ab ihrer Geburt mit Sprache, Schrift und Bildern in Berührung kommen bzw. die sie in ihrer Umgebung beobachten – und sei es in einem noch so indirekten Sinn: Die verbale Zuwendung ihrer Bezugspersonen im Kleinkindalter, später dann das (Vor-)lesen, der Fernsehkonsum, die Beobachtung eines regen Brief-

---

[373] Vgl. BP Bayern, S. 208.
[374] HeBP 2005, S. 67.
[375] NiBP 2005, S. 21.
[376] Näheres zu den Expertengesprächen in Kapitel III.
[377] EG Gehrsitz, Waldorfkindergarten.
[378] EG Sepe, Kindergarten Sankt Matthäus.
[379] Näger 2005, S. 11.

verkehrs, die Alltagskommunikation innerhalb der Familie: Alle diese Faktoren prägen die Literacy-Erfahrungen des Kindes und tragen zur Ausbildung der Grundfertigkeiten bei.[380] NÄGER stützt sich bei ihrer Antwort auf ULICH, die in ihrer Definition die Grundfertigkeiten näher erläutert: „Text- und Sinnverständnis, sprachliche Abstraktionsfähigkeit, Lesefreude, Vertrautheit mit Büchern, die Fähigkeit, sich schriftlich auszudrücken, die Vertrautheit mit Schriftsprache oder mit ‚literarischer' Sprache oder sogar Medienkompetenz."[381] Mit dem Schlagwort der *Medienkompetenz* als Grundfertigkeit erweitert ULICH den Literacy-Begriff allerdings um einen wesentlichen Bereich, denn Medienkompetenz bezieht sich auf den vertrauten Umgang über die Printmedien und Schrift hinaus mit allen (neuen) Medien. Statt den Begriff *Literacy* sinnvoll einzugrenzen, wird seine Bedeutung damit noch ausgeweitet. Im Gegensatz dazu tritt der Begriff in zahlreichen Publikationen mit Komposita in Erscheinung, die ihn in seiner Bedeutung sehr einschränken: Von Reading Literacy über Media Literacy, Computer Literacy, Information Literacy, Critical Literacy reicht der Begriff bis hin zur Technical Literacy und Health Literacy.[382] Diese ausufernde Verwendung des Begriffs verführt dazu, *Literacy* als Synonym und Mode-Wort für den Begriff *Kompetenz* zu verstehen. Damit wiederum wird man ihm nicht (ganz) gerecht, schließlich verbirgt sich hinter seiner ursprünglichen Bedeutung schon mehr als eine Kompetenz, eben die beiden Kompetenzen des Lesens und des Schreibens. Vielmehr sollte man unter dem Begriff *Literacy* jeweils eine Summe verschiedener, jedoch miteinander zusammenhängender Fähigkeiten oder Teilkompetenzen subsumieren, die eine übergeordnete Kompetenz ergeben. In diesem zusammenführenden Sinn ist er in seiner Verwendung mit den verschiedenen Komposita jedenfalls weitgehend identisch. So fasst die Bezeichnung *Information Literacy* zum Beispiel diejenigen Teilkompetenzen zusammen, die für eine brauchbare Informationsgewinnung und -verarbeitung notwenig sind: Auffinden geeigneter Quellen, Bewertung und Auswahl derselben, Aufbereitung und Präsentation der Ergebnisse[383].

Statt ausschließlich von *Literacy* zu sprechen, wie es in den Bildungsplänen der Länder der Fall ist, sollte man den Begriff jeweils thematisch spezifizieren, wie es sinnvoller weise zum Teil schon praktiziert wird. Nur auf diesem Weg kann es gelingen, dem in seinem Verständnis erweiterten Begriff *Literacy* einen eindeutigen und treffenden Inhalt zuzuweisen. Von der anderen Möglichkeit, schlicht auf die Verwendung dieses unscharfen Begriffs zu verzichten, macht ein Großteil der Bildungspläne Gebrauch.

5.3   Besonderheiten und Auffälligkeiten

Neben der dargestellten Begriffsproblematik aller Bildungspläne gibt es Besonderheiten und Auffälligkeiten, die zwar nur einzelne oder wenige Bildungspläne betreffen und nicht direkt mit dem Thema der Analyse in Verbindung stehen, hier aber dennoch kurz erwähnt werden sollen.

---

[380] Vgl. Näger 2005, S. 11.
[381] Ulich 2003, S. 15.
[382] Insbesondere gilt dies für den englischen Sprachgebrauch des Begriffs, im deutschen Sprachraum sind bisher vor allem die Komposita Information Literacy, Computer Literacy, Media Literacy und Teaching Literacy gebräuchlich.
[383] Vgl. Sühl-Strohmenger 2007, S. 198.

Wendet man sich zum Beispiel der Autorenschaft der Bildungspläne zu, lassen sich zwei Autorengruppen unterscheiden: Die eine Gruppe setzt sich aus Experten verschiedener Fachbereiche zusammen, die in der Regel im Auftrag des für (frühkindliche) Bildung zuständigen Ministeriums arbeiten, die andere Gruppe lässt sich Forschungseinrichtungen zuordnen, unter ihnen

- das Institut für Frühpädagogik (IFP) in München, das für den Bayerischen Bildungsplan Verantwortung zeichnet,
- die Internationale Akademie, gemeinnützige Gesellschaft für innovative Pädagogik, Psychologie und Ökonomie mbH (INA) an der FU Berlin, die maßgeblich an der Erarbeitung der Bildungspläne der Länder Berlin, Hamburg und Saarland beteiligt ist,
- die Universität Rostock, die mit einer Arbeitsgruppe Frühpädagogik die Version Mecklenburg-Vorpommerns erarbeitet hat,
- das Institut für Sozialpädagogik der TU Dresden, an dem die Publikation Sachsens konzipiert wurde, sowie
- die Universität Halle, an der die Fassung Sachsen-Anhalts entstanden ist.

Obgleich diesen Forschungseinrichtungen ein besonderes Maß an Kompetenz zuzusprechen ist – ohne jene der Expertengruppen in Zweifel ziehen zu wollen – macht sich diese bei der Bewertung der Bildungspläne nicht bemerkbar.

Eine weitere Besonderheit besteht in der Konzeption der Bildungspläne Bremens, des Saarlands und Schleswig-Holsteins. Alle drei Versionen bestehen aus zwei Publikationen: dem Bildungsplan und zusätzlichen Handreichungen. Im Bildungsplan selbst werden in diesen Fällen das Bildungsverständnis, das pädagogische Konzept und die Zielstellungen für die einzelnen Bildungsbereiche kurz skizziert. In den Handreichungen werden insbesondere die Bildungsbereiche ausführlicher dargestellt. In der saarländischen Version ist der Umfang der Handreichung mit 186 Seiten fast 10-mal so groß, wie das eigentliche Bildungsprogramm. Die für die Publikation Schleswig-Holsteins verantwortlichen Autoren nutzen dieses Konzept in einer ausgedehnten Form: neben den Leitlinien, die auf 31 Seiten den Bildungsauftrag umreißen, haben sie sich dazu entschlossen, zu jedem Bildungsbereich eine eigenständige Handreichung zu verfassen, die den jeweiligen Bereich auf etwa 30 Seiten ausführlich beschreibt. Dieses Konzept erleichtert nicht nur die Handhabung, indem die Erzieherinnen bei Interesse an oder Fragen zu einem bestimmten Bereich mit dem Griff zur entsprechenden Handreichung gleich die gewünschten Informationen zur Hand haben, sondern senkt aufgrund des geringeren Seitenumfangs auch die Hemmschwelle, die Publikation überhaupt zur Hand zu nehmen und zu lesen, während sich für den Bayerischen Bildungsplan in den Expertengesprächen abzeichnet, dass diese Publikation mit 485 Seiten offenbar als zu umfangreich empfunden wird.[384]

Die Autoren der bayerischen Version erlauben sich jedoch, ausführlicher – und eben damit umfänglicher – auf die einzelnen Bildungsbereiche einzugehen. Mit allein 44 Seiten wird der Bildungsbereich *Sprach- und medienkompetente Kinder* im Vergleich mit entsprechenden Bereichen der anderen Länderversionen in der bayerischen

---

[384] Vgl. Expertengespräche Kapitel III.

Publikation am ausführlichsten behandelt. In dieser Ausführlichkeit liegt – neben der Schwachstelle des Gesamtumfangs – zugleich die besondere Stärke des Plans; die Autoren beschreiben ausführlich, geben Tipps, stellen zahlreiche Leitfragen, zeigen Verbindungen zu anderen Bildungsbereichen auf, fügen Literaturangaben an und dokumentieren detailliert Beispiele aus der Praxis[385] - innerhalb der Bildungspläne leider keine Selbstverständlichkeit – und eben deshalb besonders hervorzuheben. Lediglich in den Fassungen Brandenburgs, Hamburgs und Schleswig-Holsteins gibt es ansatzweise Bemühungen, veranschaulichende Praxisbeispiele zu integrieren, in der Version Schleswig-Holsteins fallen diese sogar vergleichsweise umfangreich aus, bleiben aber hinter der insoweit vorbildlichen bayerischen Fassung zurück.[386]

5.4   Forderungen

Aus der Gesamtauswertung der Bewertungsmatrix, der Begriffsproblematik mit den Begriffen *Medien* und *Literacy* sowie den aufgezeigten Besonderheiten lassen sich – und nicht nur aus buchwissenschaftlicher Sicht – Forderungen ableiten, die hier abschließend zusammenfassend formuliert werden sollen.

Gefordert werden muss generell eine stärkere Berücksichtigung des Buches und der Kulturtechnik Lesen mit all ihren Facetten in den zutreffenden Bildungsbereichen der Bildungspläne. Dabei sollte Klarheit geschaffen werden über den Medienbegriff und die Einbettung des Buches in diesen sowie über die Verwendung des Begriffs *Literacy*. Idealerweise sollte für jeden Bildungsbereich eine Art Handreichung in überschaubarem Umfang konzipiert werden, die neben der Definition des Bildungsbereichs und den Zielstellungen auch Leitfragen zur Anregung und Reflexion, Literaturhinweise sowie gut dokumentierte Beispiele aus der Praxis enthält.

Die Erlanger Buchwissenschaft könnte dazu Erfahrungen aus der Initiative „Abenteuer Buch" beisteuern, die einen weiter reichenden Ansatz der Leseförderung im Kindergarten verfolgt, der hier kurz skizziert werden soll.

5.5   Exkurs „*Abenteuer Buch*" – Ein Aktivitäten-Katalog.

Wie bereits in der thematischen Vorbemerkung angedeutet, stellt das Leseförderungskonzept der Initiative *Abenteuer Buch* neben den inhaltlichen und sprachfördernden Aspekten des Mediums Buch dessen Charakter als Kulturgut in den Mittelpunkt. Leseförderung soll hier im weitesten Sinne durch „Buchnutzung" erfolgen,

Der Begriff *Buchnutzung* ist dabei eben nicht beschränkt auf den eigentlichen Leseprozess, sondern meint die Beschäftigung mit dem Buch als Kulturgut und impliziert damit dessen weitreichende geschichtliche Entwicklung, welche unter anderem die Entstehung der Schrift ebenso berührt wie die Materialität verschiedener Beschreib- und Bedruckstoffe sowie die damit verbundenen Herstellungs- und Erscheinungsformen.

Durch das spielerische Nachempfinden des Kulturgut-Charakters lässt sich die gesamte „Welt des Buches" erleben: „Höhlenmalerei" auf Packpapierbahnen und die Erfindung eines eigenen Zeichenalphabets lassen die Kinder zum Beispiel die Entstehung der Schrift erleben. Das Schöpfen von eigenem Papier und die Beschriftung

---

[385] Vgl. exemplarisch, BBP 2006, S. 223.
[386] Vgl. exemplarisch: SH Handreichung Sprache 2007, S. 17.

einer Papyrusrolle mit „Hieroglyphen" gewähren den Kindern Einblicke in die unterschiedliche Beschaffenheit dieser Materialien und den verschiedenen Erscheinungsformen des Buches. Der Besuch der Bibliothek eröffnet den Kindern auch außerhalb des Kindergartens oder der Familie den Zugang zum Medium.

Unter diesem Blickwinkel lassen sich eine Vielzahl von Aktivitäten entwickeln, die zum Ziel haben, die Kinder sowie zum Teil auch deren Eltern für das Medium Buch zu sensibilisieren, darauf neugierig zu machen, dieses wertzuschätzen sowie zu erleben – also eine Begeisterung für das Medium Buch herzustellen, denn wer sich für das Medium Buch begeistert, wird sich auch für das Lesen begeistern, denn Buch und Lesen gehören zusammen.[387]

Nachstehender Auszug aus dem Aktivitäten-Katalog soll das Konzept von *„Abenteuer Buch"* an dieser Stelle verdeutlichen.

Aktivitäten	Ziele
Fragen rund ums Buch an die Kinder, Erzieherinnen und Eltern; Antworten werden auf Plakaten festgehalten und ausgehängt (z. B. Warum sind mir Bücher wichtig? Warum muss man Lesen können?)	Bewusstmachen des persönlichen Stellenwerts für das Medium Buch und die Kulturtechnik Lesen; Anregung zum Nachdenken über das Medium; generelle Sensibilisierung für das Medium Buch und die Kulturtechnik Lesen;
Bücherkiste basteln (z. B. werden Schuhkartons mit Ausschnitten aus Verlagsprospekten von Kinderbuchverlagen beklebt); Kiste nehmen die Kinder mit nach Hause und bringen sie von Zeit zu Zeit (mit neuen Büchern) wieder mit in den Kindergarten	Kisten dienen der Aufbewahrung von (kleinen) Büchern; richtiger Umgang mit dem Medium wird geschult; ein eigener „Buchort" wird geschaffen; Anreiz zum Befüllen; Steigerung der Wertschätzung
Regelmäßiger „Bücher-mitbring-Tag" (kann mit der Bücherkiste verknüpft werden)	Kinder entwickeln Stolz auf ihren Buchbesitz, präsentieren diesen, sprechen über die Bücher, tauschen diese aus, werden auf andere Bücher aufmerksam
„Höhlenmalerei" auf an die Wände befestigte Packpapierbahnen; Schreiben von Hieroglyphen auf eine Papyrusrolle; Papier schöpfen (aus Zellulose, Altpapier, Eierkartons, etc.), Wer hat Papier erfunden?	Die Geschichte der Beschreib- und Bedruckstoffe behandelt deren Materialität im Laufe der Jahrtausende, was zum einen den kulturellen Horizont der Kinder erweitert (u.a. Papyrus aus Ägypten, Erfindung des Papiers in China) und sie zum anderen für die Beschaffenheit verschiedener Materialien sensibilisiert.

---

[387] Weitere Ausführungen zum Konzept siehe: Salamonsberger / Stricker / Titel 2008 sowie unter URL: http://www.abenteuerbuch.com [22.09.2008].

Besuch einer Druckerei; selber drucken (Holzlettern, Moosgummi, Stempeldruck, etc.)	Buchherstellung erleben; erfahren, wie die Buchstaben und Bilder in die Bücher kommen.
Besuch einer Buchhandlung, Kauf eines eigenen Buches	Heranführen an die Orte des Buches; Kinder kaufen selbst ein Buch und lernen, dass ein Buch einen Wert hat; Kinder entdecken die Vielfalt der Bücher
Besuch einer Bibliothek, Ausleihe von Büchern	Heranführen an die Orte des Buches; Kinder lernen, was eine Bibliothek ist und wie sie funktioniert, aufgebaut und strukturiert ist.
Besuch eines Antiquariats	Heranführen an die Orte des Buches; historische Dimension des Mediums, Kinder lernen, dass es sehr alte und wertvolle Bücher gibt, dass Bücher und Schrift damals anders aussahen
Kinderbuchautor und / oder -illustrator besucht die Einrichtung; liest bzw. zeichnet mit den Kindern	Erfahren, wer und wie man sich Geschichten und Bilder ausdenkt.

III Expertengespräche – Der Bayerische Bildungs- und Erziehungsplan für Kinder in Tageseinrichtungen bis zur Einschulung in der Umsetzung

Nachdem im vorangegangenen Kapitel die Stärken und Schwächen der Bildungspläne für den Elementarbereich im Hinblick auf die Thematisierung des Mediums Buch und die Kulturtechnik Lesen analysiert wurden, schließt sich in diesem Kapitel, der Annahme folgend, dass die Bildungspläne Einfluss auf die pädagogische Arbeit haben, eine Untersuchung zur konkreten Umsetzung in den Kindertagesstätten an. Berücksichtigt wird dabei der Bayerische Bildungs- und Erziehungsplan für Kinder in Tageseinrichtungen bis zur Einschulung und dessen Bildungsbereich *Sprach- und medienkompetente Kinder – Sprache und Literacy*. In Expertengesprächen mit acht Kindergartenleiterinnen werden die praktische Umsetzung im Kindergartenalltag, die Medienausstattung und der Mediengebrauch der Einrichtungen sowie Aspekte der Medienerziehung beleuchtet. Einigen Aussagen werden darüber hinaus Ergebnisse der Studie *Medienerziehung im Alter von 3–6 Jahren – Medien im Elternhaus und Kindergarten* zur Seite gestellt, die aufschlussreiche Zusammenhänge zwischen dem Blickwinkel der Erzieherinnen und der Perspektive der Eltern präsentieren und interessante Schlussfolgerungen erlauben. Die Studie wurde zwar im Zuge der Vorbereitung für diese Arbeit durchgeführt, wird aber nur in Auszügen herangezogen, da eine umfassende Analyse den Rahmen der Arbeit sprengen würde und der Fokus hier zudem auf der Sozialisationsinstanz Kindergarten liegt. Im Folgenden wird zunächst die Methodik erläutert, anschließend werden die Einrichtungen kurz vorgestellt. Kernstück dieses Kapitels ist die Auswertung der Expertengespräche, der abschließend ein Fazit folgt.

1 Methodik – Die Leitfragen für die Expertengespräche

Für die Expertengespräche mit den Erzieherinnen wurden Leitfragen entwickelt, die sich zum einen direkt aus dem Bayerischen Bildungsplan ableiten lassen und sich zum anderen als sinnvolle Ergänzung ergeben haben. Sie lassen sich in drei Bereiche unterteilen: *Fragen zur Medienausstattung und Mediennutzung, Fragen zum Bayerischen Bildungsplan, Bildungsbereich Sprache und Literacy,* sowie *Fragen zur Medienerziehung*. Neben der allgemeinen Medienausstattung der Einrichtungen werden im ersten Bereich Daten bezüglich der Zugänglichkeit der Medien für die Kinder erhoben. Weitere Parameter sind: Das Vorhandensein einer Kindergartenbibliothek mit Ausleihmöglichkeit, die Aktualität der Bücher, die Ausstattung mit mehrsprachigen Büchern sowie die Größe des Buchbestandes. Diese Parameter decken sich weitestgehend mit den Forderungen und Empfehlungen des Bayerischen Bildungsplans, auf den im zweiten Bereich *Fragen zum Bayerischen Bildungsplan, Bildungsbereich Sprache und Literacy* genauer eingegangen wird. Die Interviewpartnerinnen geben hier zunächst eine allgemeine Beurteilung zu dieser Publikation ab und beantworten anschließend Fragen zur Durchführung einiger konkreter Vorschläge, die innerhalb des Kapitels *Sprache und Literacy* rund um das Medium Buch und die Kulturtechnik Lesen gemacht werden: finden regelmäßig Bibliotheksbesuche statt? Gibt es Buchausstellungen in der Einrichtung? Besuchen Sie mit den Kindern Buchhandlungen? Gibt es eine Leseecke? Stellen Sie gemeinsam mit den Kindern ein Buch her? Gibt es Lesepatenschaften? Der dritte Bereich *Fragen zur Medienerziehung* beinhaltet neben einer Einschätzung der Fachkraft zur Medienkompetenz der Kindergartenkinder ergänzende Fragestellungen: Wessen Aufgabe ist Medienerziehung vorrangig? Gibt es Beratung bzw. Beratungsbedarf der Eltern zum Thema *Kinder und Medien?* Abschließend sollten die Gefragten beantworten, was das Medium Buch für Kinder leisten kann.

Bei der Auswahl der Kindergärten wurden zunächst jene Einrichtungen berücksichtigt, die im Stadtgebiet Erlangens liegen, die Stadtteile Erlangen Bruck und Erlangen Sieglitzhof eingeschlossen. Die räumliche Begrenzung auf das Stadtgebiet ist damit zu begründen, dass somit sichergestellt ist, dass wichtige Institutionen, zum Beispiel die Bibliothek und Buchhandlungen, in erreichbarer Nähe liegen und von den Kindertagesstätten ohne großen Aufwand und Kostenfaktor zu Fuß oder mit öffentlichen Verkehrsmitteln erreichbar sind. Innerhalb des gesetzten Zeitrahmens für die Durchführung der Expertengespräche, der eine weitere Begrenzung darstellt, ließen sich elf Gesprächstermin vereinbaren, von denen nach drei nachträglichen Absagen acht tatsächlich geführt wurden, die gewünschte Mindestanzahl von fünf Interviews konnte damit erreicht und überschritten werden.

2 Die Einrichtungen

Die acht beteiligten Einrichtungen lassen sich zu einer nahezu homogenen Gruppe zusammenführen: sieben der Kindergärten haben einen kirchlichen Träger, darunter vier evangelische und drei katholische. Dieses Faktum wurde zwar nicht beabsichtigt, ermöglicht aber zugunsten der Untersuchung eine bessere Vergleichbarkeit der Ergebnisse innerhalb dieser Einrichtungen. Ein Kindergarten wird vom paritätischen Wohlfahrtsverband getragen und sticht zudem wegen seiner pädagogischen Ausrichtung nach der Waldorfpädagogik Rudolf Steiners aus der Gruppe heraus.

In fünf der acht Kindergärten gibt es drei Gruppen, zwei Einrichtungen sind viergruppig und eine hat lediglich zwei Gruppen. Die Gruppenstärke beträgt im Durchschnitt 23 Kinder. In der Regel werden Kinder im Alter von drei bis sechs Jahren betreut, in den Kindergärten *Perle, Im Heuschlag 10, Waldorfkindergarten* und *Herz Jesu* werden jedoch auch Kinder unter drei Jahren aufgenommen.[388] Eine Betreuung über das Kindergartenalter hinaus bietet nur die letztgenannte Einrichtung, in der es eine Schulkindergruppe für die Hausaufgabenbetreuung gibt. Der soziale und kulturelle Background der betreuten Kinder variiert, abhängig vom Einzugsgebiet der Kindergärten, sehr stark. Während der Kindergarten *Perle* einen 40- bis 50-prozentigen Anteil an Kindern mit Migrationshintergrund aufweist, ist dieser in der Einrichtung *Herz Jesu* gleich null, auch im Waldorfkindergarten, den zur Zeit des Gesprächs zwei Kinder mit Migrationshintergrund besuchten, ist dies „eher ungewöhnlich"[389]. Da Kinder mit Migrationshintergrund oft einer besonders intensiven Sprachförderung bedürfen, ist dieser Parameter im Hinblick auf die Fragen zum Bildungsbereich *Sprach- und medienkompetente Kinder – Sprache und Literacy* zu beachten.

---

[388] Für Kinder unter drei Jahren werden zwei Plätze angerechnet, eine Gruppe darf nicht mehr als 25 Plätze haben, da sonst eine weitere Betreuungskraft notwendig wäre.

[389] Vgl. EG Gehrsitz, *Waldorfkindergarten.*

3   Fragen zur Medienausstattung

Die Antworten auf die Frage nach der Medienausstattung im Kindergarten zeigen, dass alle Einrichtungen zumindest mit Büchern ausgestattet sind – eine Grundvoraussetzung des Bayerischen Bildungsplans wird somit erfüllt. In einigen Antworten wird das Medium Buch sogar hervorgehoben: „Da ist der absolute Schwerpunkt drauf, bei uns."[390], „[d]er Großteil ist Bücher."[391] Die Ausstattung mit anderen, überwiegend elektronischen Medien ist hingegen different. Während die Waldorfpädagogik nach Rudolf Steiner in der Einrichtung gar keine elektronischen Medien vorsieht und der *Waldorfkindergarten* dem folgt, gehören die Medien Kassette und CD samt deren Abspielgeräte in den anderen Kindergärten zur Standardausrüstung. Nicht so der Fernseher: Obgleich die Autoren des Bayerischen Bildungsplans diesen in eine geeignete Lernumgebung integrieren[392] und sogar Projekte zur Entstehung und Funktionsweise dieses Mediums vorstellen[393], sieht die Realität in den Einrichtungen anders aus: die Kindergärten *Sankt Theresia* und *Sankt Nikolaus*, die beide von der katholischen Kirchenstiftung Sankt Theresia getragen werden, besitzen keinen Fernseher. Im *Kindergarten am Röthelheim* ist das Medium zwar vorhanden, wird aber nicht genutzt. Einen Fernseher mit DVD- und Videogerät haben die Einrichtungen *Kindergarten im Heuschlag 10, Kindergarten Herz Jesu, Kindergarten Sankt Matthäus* und *Kindergarten Perle*. Jedoch geben alle Interviewpartnerinnen an, dass diese Geräte nur sehr selten bzw. sehr gezielt genutzt werden. Frau Kroninger, Leiterin der Einrichtung *Kindergarten am Röthelheim*, stellt auf die Frage nach der Medienkompetenz der Kinder zum Medium Fernseher selbst überrascht fest: „Also was das Fernsehen anbelangt, sind sie alle fit – obwohl: Die Kompetenz dafür ist ja eigentlich schwach!"[394] In diesem Zusammenhang sind die Ergebnisse der oben genannten Studie *Medienerziehung im Alter von 3–6 Jahren – Medien im Elternhaus und Kindergarten* interessant: 78% der Eltern sind der Meinung, dass der Umgang mit dem Medium Buch im Kindergarten besonders gefördert werden sollte. Das Medium Fernsehen liegt mit 35% an zweiter Stelle. „Egal" ist es 5,4%, das Internet und der Computer befinden sich mit 2,7% weit abgeschlagen am unteren Ende der Skala.[395] Während die von den Eltern gewünschte besondere Förderung des Mediums Buch durchaus erfüllt werden könnte, da alle Einrichtungen über Bücher verfügen[396], kann der Umgang mit dem Fernseher nur sehr eingeschränkt geschult werden, da dieser zum Teil gar nicht vorhanden ist oder nicht bis sehr selten genutzt wird. Dabei sprechen auch die Ergebnisse des DJI-Kinderpanels *Chancen und Risiken beim Aufwachsen von Kindern in Deutschland* für eine intensivere Auseinandersetzung mit diesem Medium: 95% der Kinder schauen in ihrer Freizeit fern, 24% der Vorschulkinder

---

[390] EG Höfig-Restaino, *Kindergarten Perle*.
[391] EG Haselmann, *Kindergarten Herz Jesu*.
[392] Vgl. BBP 2006, S. 239.
[393] Vgl. BBP 2006, S. 244f.
[394] EG Kroninger, *Kindergarten Am Röthelheim*.
[395] Befragt wurden 111 Eltern aus drei Erlanger Kindergärten mittels Fragebogen. Zur Beantwortung der Frage standen die Optionen Buch, Computer, Internet, Fernsehen und egal zur Auswahl, Mehrfachnennung war möglich.
[396] Die Ausstattung mit Büchern allein macht noch keine Aussage über die Förderung dieses Mediums.

sitzen dabei oft alleine vor dem Fernseher.[397] Die Ergebnisse der KIM Studie 2006 zeigen, dass die Beliebtheit des Fernsehens als Freizeitbeschäftigung auch bei den 6- bis 13-Jährigen ungebrochen ist: Für 97% der Kinder ist Fernsehen die beliebteste Freizeitbeschäftigung mit Medien.[398] Die Leitung der Einrichtung *Kindergarten Perle* bemerkt zum Fernsehkonsum der Kinder: „Wir sind hier sozialer Brennpunkt und die Kinder haben einen Medienkonsum, der widerspricht allen Vorstellungen eigentlich […] die kommen schon in den Kindergarten und haben vorher Fernsehen geschaut."[399] Eine Abhängigkeit des Fernsehkonsums bei Kindern von der sozialen Schicht bestätigt die *World Vision-Kinderstudie: Kinder in Deutschland 2007*: während lediglich 10% der Kinder aus gehobenen Schichten regelmäßig mehr als zwei Stunden fernsehen, liegt der Prozentsatz bei Kindern aus Familien, die der niedrigsten Schicht zuzuordnen sind, bei 41%.[400] Zwar nutzt der allergrößte Teil der Kinder regelmäßig den Fernseher zur Freizeitbeschäftigung, aber man sollte „dasitzen und schauen" nicht mit einem medienkompetenten Umgang verwechseln, der unter anderem die bewusste Entscheidung und vor allem die Fähigkeit zur Reflexion beinhalten würde. Der Wunsch der Eltern, den Umgang mit dem Fernseher im Kindergarten besonders zu fördern, ist unter diesen Umständen nicht verwunderlich und sollte von den Kindergärten aufgegriffen werden, denn „[m]it der Stärkung der Medienkompetenz ist bereits im frühen Alter zu beginnen."[401].

Dass der Computer im Kindergarten für die wenigstens Eltern von Bedeutung ist (2,7%)[402], entspricht der Realität in den Einrichtungen: Zwar gibt es in allen einen Computer – aber fast ausschließlich für das Personal. Lediglich der Kindergarten *Sankt Nikolaus* verfügt über einen Computer für die Kinder. In Ausnahmefällen, zum Beispiel zum Betrachten von digitalen Fotos, die auf einem Gruppenausflug gemacht wurden, dürfen die Kinder in den Einrichtungen *Kindergarten im Heuschlag 10* und *Sankt Matthäus* an den Computer im Personalraum.[403] Der Bayerische Bildungsplan hingegen stellt fest: „Dem notwendigen Erwerb von Medienkompetenz wird am besten gedient in einer Atmosphäre, die allen Medien gegenüber offen ist und in der die Kinder unterschiedliche Medien ausprobieren und mit ihnen etwas gestalten können."[404] Der Computer gehört selbstverständlich dazu, da „[d]ie Arbeit mit dem PC […] für die Kinder vielfältige und reichhaltige Lernchancen [bedeutet]."[405]. Die an der Befragung teilnehmenden Einrichtungen werden dem mit einer Ausnahme nicht gerecht.

Die Frage nach der Zugänglichkeit der Medien für die Kinder schließt sich thematisch an die Medienausstattung im Kindergarten an. Hier zeigt sich eine unterschiedliche Handhabung bei den einzelnen Medien. Elektronische Medien sind in allen Einrichtungen für die Kinder nicht frei zugänglich, sondern werden auf Anfrage oder

---

[397] Vgl. DJI-Kinderpanel 2002. URL: http://www.dji.de/kinderpanel/highlights/Familie_Freizeit.pdf [22.09.2008].
[398] Vgl. KIM 2006, S. 10.
[399] EG Höfig-Restaino, *Kindergarten Perle*.
[400] Vgl. World Vision-Kinderstudie 2007. Zusammenfassung, S. 6.
[401] BBP 2006, S. 232.
[402] Vgl. Anhang Abb. 1.
[403] Vgl. EG Sauerbeck, *Kindergarten im Heuschlag 10* und EG Sepe, Kindergarten *Sankt Matthäus*.
[404] BBP 2006, S. 239.
[405] BBP 2006, S. 246.

zu bestimmten Zwecken freigegeben und die Verwendung findet in der Regel unter Aufsicht statt, dabei dürfen die Kinder das Gerät meist selbst bedienen. In besonderem Maße gilt dies für den Computer in der Einrichtung *Kindergarten Sankt Nikolaus*: Maximal zwei Kinder dürfen unter Anleitung einer Erzieherin gleichzeitig an das Gerät. Das Medium Buch ist in den meisten Einrichtungen zumindest in den Gruppenräumen ganz im Sinne des Bayerischen Bildungsplans für alle Kinder frei zugänglich. Die Bücher werden den Themen entsprechend zum Teil ausgetauscht. Nur die Kindergartenleitung der Einrichtung *Kindergarten am Röthelheim* antwortet: „Das findet kontrolliert statt. Das heißt, wir haben eine große Bücherei im Personalraum, das heißt, wir selektieren. Auf Wunsch geben wir dann die Bücher raus."[406] Es ist aber zu vermuten, dass auch in diesem Kindergarten in den Gruppenräumen Bücher ausliegen und sich die selektierte Herausgabe auf die Medien in der Bibliothek bezieht. Ein anderes Verhältnis zum Medium Buch legt der *Waldorfkindergarten* offen. Gehrsitz:

> „Das ist unterschiedlich. Also bei mir nutzen wir sie nicht. Ich setzte es ein, ich setzte es auch für das Kind ein mit Migrationshintergrund, also wenn ich Geschichten ruhig auch mal nacherzählen lasse oder die Bilder beschreiben lasse, aber ich hab's nicht zur Verfügung, sodass die Kinder selber dran kommen. Aber das wird unterschiedlich gehandhabt, eine Kollegin bietet sie in bestimmten Situationen an, also wenn sie merkt, ein Kind braucht das jetzt mal oder wünscht sich das oder zu gewissen Zeiten."[407]

Hier zeigt sich, anders als im Bayerischen Bildungsplan gefordert und von den obigen Einrichtungen umgesetzt, eine starke Reglementierung des Zugangs zum Buch, beruhend auf dem Konzept der Waldorfpädagogik, die in den Bildern zum Text eine Einschränkung der freien Phantasieentfaltung der Kinder sieht und deren propagiertes Ideal daher das freie Erzählen von Geschichten ist.[408]

Da das Medium Buch im Alltag des *Waldorfkindergartens* nur eine sehr geringe Rolle spielt, ist es nicht verwunderlich, dass die Einrichtung nicht über eine Kinderbibliothek verfügt. Stattdessen bietet sie den Erwachsenen einen umfangreichen Bestand an Fachliteratur unter anderem zur Waldorfpädagogik. In allen anderen Einrichtungen ist eine „Bibliothek" vorhanden – in den meisten Kindergärten ist diese allerdings in den Personalraum oder das Büro integriert. Nur in den Einrichtungen *Kindergarten Am Röthelheim* und *Kindergarten Herz Jesu* wird ein separater Raum genutzt. In diesen Kindergärten ist auch der Buchbestand am Größten und liegt nach eigener Einschätzung der Befragten zwischen 700 und 1000 Titeln. In den meisten Fällen konnten jedoch dazu nur vage Aussagen wie „sehr viele" oder „groß" getroffen werden. Nach eigener Einschätzung basierend auf einer Begehung vor Ort lässt sich der Bestand in diesen „Kindergartenbibliotheken" mit 200 bis 400 Bücher beziffern, die nur in Ausnahmefällen entliehen werden können. Denn zum einen wurden mit einer Ausleihe der Bücher schlechte Erfahrungen gemacht, wie folgende Aussagen belegen: „[…] Ansonsten haben wir einfach die Sorge, dass die Sachen nicht mehr

---

[406] EG Kroninger, *Kindergarten Am Röthelheim.*
[407] EG Gehrsitz, *Waldorfkindergarten.*
[408] Vgl. ebd.

kommen oder halt nicht mehr im entsprechenden Zustand zurückkommen."[409] „Ja, das gibt's durchaus, wir schreiben das dann auch auf, aber selten, weil uns sind schon einige Bücher abhanden gekommen."[410] Ein anderer Grund ist, dass von Seiten der Eltern gar kein Bedarf an einer Ausleihe besteht, wie die Kindergartenleitungen Zimmermann und Sepe zu Protokoll geben.[411] Im Widerspruch dazu steht die Forderung des Bayerischen Bildungsplans: „die Kinder können täglich Bilderbücher ausleihen – diese Ausleihe wird mit Aktivitäten in der Einrichtung verknüpft;"[412] Die „Bibliotheken" in den Einrichtungen erfüllen also weniger die tatsächliche Funktion einer Bibliothek, als viel mehr die eines Bücherlagers, dessen Bestand vorrangig dem Austausch der in den Gruppenräumen ausliegenden Büchern dient – weder ist eine Ausleihe vorgesehen, noch findet eine Katalogisierung statt, für die Kinder zugänglich sind sie nur in Ausnahmefällen.

Die Erwartungen, die der Bayerische Bildungsplan in eine einrichtungsinterne Bibliothek setzt, werden folglich nicht erfüllt: allgemeine und stete Zugänglichkeit für die Kinder sowie die Möglichkeit der Ausleihe nach Hause ebenso wenig, wie die Ausstattung mit mehrsprachigen Medien. Dies belegen die Antworten auf die Frage nach mehrsprachigen Büchern: in vier der acht Einrichtungen gibt es gar keine, in den übrigen nur wenige, die selten genutzt werden. Insbesondere für die Kindergärten *Sankt Matthäus* und *Perle* ist das Ergebnis enttäuschend und fällt entgegen der Erwartung aus: Trotz eines ca. 30-prozentigen Anteils an Kindern mit Migrationshintergrund besitzt die erstgenannte Einrichtung keine mehrsprachigen Bücher und selbst in der Einrichtung *Kindergarten Perle*, in der der Anteil sogar 40–50 Prozent beträgt, sind nur wenige mehrsprachige Bücher vorhanden.[413] Positiv überrascht hingegen Sauerbeck mit folgender Aussage: „Wir haben eins aus der Türkei, ja, und aus Italien. Und da haben wir den Kindern auch schon mal so Wörter vorgelesen und ihnen einfach gesagt, wie das ist und das handelt auch von dem Thema Verständigung und solche Sachen."[414] Zwar sind auch hier nur zwei Bücher vorhanden, diese aber werden wenigstens hin und wieder auch genutzt und das, obgleich zur Zeit der Befragung lediglich sechs Kinder mit Migrationshintergrund die Einrichtung besuchten. Allen Einrichtungen ist vorzuwerfen, dass sie die Möglichkeiten mehrsprachiger Medien zur interkulturellen Erziehung und Sprachförderung vernachlässigen bzw. gar nicht nutzen. Dabei ist die Formulierung im Bayerischen Bildungsplan eindeutig: „Kindertageseinrichtungen benötigen ein Sprachförderungskonzept, das mehrsprachiges Aufwachsen nicht als Risiko und Ausnahmefall, sondern als Chance und Normalfall betrachtet. Erst dann können auch Kinder eine positive Haltung zur Mehrsprachigkeit entwickeln."[415] Die Erzieherinnen sollten die im Bildungsplan formulierten Leitfragen zu diesem Thema noch einmal für sich beantworten und den Einsatz mehrsprachiger Medien in ihren Einrichtungen überdenken, denn die Antworten auf folgende Fragen lauten bedauerlicherweise in den meisten Fällen „Nein":

---

[409] EG Höfig-Restaino, *Kindergarten Perle*.
[410] EG Kroninger, *Kindergarten Am Röthelheim*.
[411] Vgl. EG Zimmermann, *Kindergarten Sankt Theresia* und EG Sepe, *Kindergarten Sankt Matthäus*.
[412] BBP 2006, S. 217.
[413] Vgl. EG Sepe, *Kindergarten Sankt Matthäus* und EG Höfig-Restaino, *Kindergarten Perle*.
[414] EG Sauerbeck, *Kindergarten im Heuschlag 10*.
[415] BBP 2006, S. 219.

„Gibt es originalsprachige Materialien in den Familiensprachen der Kinder bzw. mehrsprachige Materialien? Gibt es z. B. entsprechende Tonkassetten [...], Videokassetten, Bilderbücher, Computerspiele?"[416]

Aus den Antworten zum Fragenbereich Medienausstattung und Mediennutzung kann folgendes Zwischenresümee gezogen werden: Bücher sind – außer im *Waldorfkindergarten* – in allen Kindergärten vorhanden und den Kindern zumindest in den Gruppenräumen frei zugänglich. In diesem Punkt entsprechen die an der Befragung teilnehmenden Einrichtungen den Vorstellungen der Autoren des Bayerischen Bildungsplans. Bei der Ausstattung mit den Medien Fernseher und Computer sowie bei der Einrichtung einer Kindergartenbibliothek mit der Möglichkeit, Bücher nach Hause auszuleihen sowie dem Vorhandensein mehrsprachiger Medien gehen die Vorstellungen, Forderungen und Empfehlungen des Planes jedoch an der Realität vorbei: Die Medien fehlen oder werden kaum genutzt, die „Kindergartenbibliotheken" entsprechen eher Bücherlagern, aus denen nur in Ausnahmefällen entliehen wird, weil ein Verlust oder eine Beschädigung der Bücher befürchtet wird und / oder es kaum Bedarf seitens der Eltern gibt und der Einsatz mehrsprachiger Medien ist eine Seltenheit statt Alltag. Bereits nach diesem Abschnitt der Interviews stellt sich die Frage nach den Gründen für diese eindeutige Diskrepanz zwischen den Anforderungen des Bayerischen Bildungsplans auf der einen und der Realität in den Kindergärten auf der anderen Seite. Einige Antworten darauf geben Aussagen der Gesprächspartnerinnen zum zweiten Fragenbereich.

4 Fragen zum Bayerischen Bildungsplan, Bildungsbereich *Sprache und Literacy*

Um eine allgemeine Einschätzung zum Bayerischen Bildungsplan gebeten, machte Barth folgende Aussage:

> „Sehr gut. Weil er sehr detailliert und sehr umfassend ist, also da ist sehr viel drin. Fast, na ja, er ist etwas schwer zu handhaben, weil, nun ja, er ist etwas allgemein, oder eben so umfassend ist. [...] Wir überarbeiten zurzeit unsere Konzeption [...] wenn jetzt noch mehr Kinder, vor allem jüngere dazukommen, dann wird's schwierig mit der Umsetzung."[417]

Zwar stellt der Bayerische Bildungsplan für Barth ein gutes, weil umfassendes und detailreiches, Werk dar, jedoch ist das gleichzeitig der Grund für Kritik: aufgrund seines Umfangs ist der Umgang mit dem Werk schwierig. Zudem erkennt sie in der wachsenden Belastung durch eine erhöhte Zahl an Kindern unter drei Jahren ein Problem, das zu Umsetzungsschwierigkeiten führt. Auch die Einrichtungsleitung des Kindergartens *Perle* sieht Schwierigkeiten in der Handhabung, wenn gleich sie den Plan als ein gutes Werk betrachtet:

> „Endlich gibt's ein gutes Werk in der Richtung, ein allgemein verbindliches auf sehr sehr hohem Niveau. Das ist zum Teil auch ein Kritikpunkt, weil ich so den Eindruck hab, also da braucht

---

[416] BBP 2006, S. 220.
[417] EG Barth, *Kindergarten Sankt Nikolaus.*

man mindestens ein Hochschulstudium, um ihn verstehen zu
können. [...] Manche Sachen finde ich dann zum Teil auch wieder zu vereinfacht, wo wir uns als Fachpersonal manchmal die
Frage stellen: Also für wie blöd wird man eigentlich gehalten?
Weil es gibt da so ganz konkrete Beispiele, wo ich denk, das ist so
der Stand von Vorpraktikanten. [...] da schwankt er sehr stark,
von sehr hohem theoretischen Niveau bis hin zu also wirklich Allerweltsaussagen."[418]

Ähnlich klingt die Kritik der Interviewpartnerin des *Waldorfkindergartens*, die in ihm
zwar eine grundsätzlich gute Arbeitsgrundlage sieht, die aufgrund ihres Umfangs aber
eine „Katastrophe"[419] und „ein bisschen zu kopflastig bis hin zu sehr abgehoben"[420] ist
– für sie gibt es deshalb „bessere [Bildungspläne], definitiv."[421]

Obwohl „der BEP [Bayerische Bildungs- und Erziehungsplan] wesentlich mehr
fordert [...], sodass [wir] kaum Zeit haben, alles einfach umzusetzen"[422] hat sich für
Sauerbeck durch den Bayerischen Bildungsplan nicht viel geändert, denn in ihrer
Einrichtung arbeitet man schon „[...] seit vielen vielen Jahren [...] wie es der BEP
will [...]."[423], und auch für Zimmermann beinhaltet die Publikation „Vieles, was man
immer schon gemacht hat."[424]

Zu einer differenzierteren Einschätzung kommt die Gesprächspartnerin in der
Einrichtung *Kindergarten Sankt Matthäus*:

> „Also ich trenne da. Und zwar trenne ich die pädagogische Seite
> von der Finanzierungsseite. [...] Von der Pädagogik, oder die Pä-
> dagogik, die dahinter steckt, heiße ich gut, [...], leider ist es aber,
> und da knüpfe ich jetzt an die Finanzierung an, ja, es fehlen die
> Rahmenbedingungen, das ist einfach so. [...] Und um diesen
> ganzen Bildungsplan so umzusetzen, wie er gedacht ist, und um
> das auch gut zu machen, ja, fehlt einfach die Zeit."[425]

In Anbetracht der Fülle an Forderungen, Empfehlungen und Anregungen im Bayerischen Bildungsplan sieht auch Kroninger ein Zeitproblem bei der Umsetzung und
verweist auf die Notwendigkeit eines eigenen Profils, da man sich sonst „verhed-
dert"[426] und sich fragen muss: „Oh Gott, schaff ich denn das alles? Schaffen wir das
alles? Machen wir das alles? [...] Mensch, arbeiten wir bald nach Stundenplan, um
das alles unterzubekommen?"[427] und auch die Einrichtungsleitung des Kindergartens
Herz Jesu findet, dass der Plan „[e]igentlich schon fast zu viel."[428] beinhaltet.

Aus den hier dargestellten Antworten lässt sich folgender Grundtenor herauslesen:
Der Bayerische Bildungs- und Erziehungsplan für Kinder in Tageseinrichtungen bis

---

[418] EG Höfig-Restaino. *Kindergarten Perle.*
[419] EG Gehrsitz, *Waldorfkindergarten.*
[420] Ebd.
[421] Ebd.
[422] EG Sauerbeck, *Kindergarten Im Heuschlag 10.*
[423] EG Sauerbeck, *Kindergarten Im Heuschlag 10.*
[424] EG Zimmermann, *Kindergarten Sankt Theresia.*
[425] EG Sepe, *Kindergarten Sankt Matthäus.*
[426] EG Kroninger, *Kindergarten Am Röthelheim.*
[427] Ebd.
[428] EG Haselmann, *Kindergarten Herz Jesu.*

zur Einschulung ist ein gutes und detailliertes Werk, das aufgrund seines Umfangs und der teils theorielastigen Ausführungen schwierig zu handhaben ist und dessen inhaltliche Fülle an Forderungen, Empfehlungen und Anregungen die Einrichtungen bei der Umsetzung überfordert, da die nötigen Rahmenbedingungen, insbesondere die für die Umsetzung erforderliche Zeit, nicht gegeben sind.

Inwiefern sich diese Charakterisierung des Bildungsplans auch bei der Umsetzung des Bildungsbereichs *Sprache und Literacy* bemerkbar macht, zeigen die Antworten auf die konkreten Fragen zu einigen im Plan formulierten Empfehlungen.

Eine Einrichtung, die mit den Kindern regelmäßig die Bücherei besucht, gibt es unter den befragten nicht. Das Personal der Kindergärten *Im Heuschlag 10* und *Waldorfkindergarten* macht mit den Kindern nie einen Ausflug in die Bücherei.[429] Beim erstgenannten wird dies mit der Entfernung begründet[430], Sauerbeck weist aber darauf hin, dass „[d]ie Kinder wissen, was eine Bibliothek ist und wir haben es ihnen an unserer kleinen hier gezeigt."[431] Im *Waldorfkindergarten* widerspricht ein Besuch in der Bücherei dem pädagogischen Konzept. Eine Frage der Priorität bei den Ausflugszielen ist es laut Zimmermann in der Einrichtung *Kindergarten Sankt Theresia*: „Schon länger nicht mehr. Weil viele Kinder mit ihren Eltern auch gehen. Und ehrlich gesagt man irgendwo auch Prioritäten setzen muss [...] und da war jetzt eben diese Bibliothek nicht aktuell."[432] Indirekt scheint das auch der Grund im *Kindergarten Am Röthelheim* zu sein, dessen Leitung sagt: „Immer wieder mal. Wir machen mit unseren Vorschulkindern Ausflüge, ich muss aber zugeben, in der letzten Zeit war die Bücherei nicht mit dabei. Das letzte Mal, wo wir da waren, ist schon bestimmt fünf Jahre her."[433] Die Beschränkung auf die Vorschulkinder ist auch in den Einrichtungen *Kindergarten Sankt Nikolaus, Sankt Matthäus* und *Herz Jesu* üblich, deren Fachkräfte mit diesen wenigstens einmal im Jahr bzw. „manchmal" die Stadtbücherei besuchen.[434] Im Kindergarten *Perle* gehört der Besuch der Stadtbibliothek laut Höfig-Restaino zu bestimmten Themenschwerpunkten zum Standardprogramm,[435] eine Übereinstimmung mit der Empfehlung im Bayerischen Bildungsplan ist aber auch das nicht, denn dort formulieren die Autoren:

> „Bibliotheken sind wichtige Kooperationspartner bei der sprachlichen Bildung, sie können z. B. die pädagogischen Fachkräfte, die Kinder und auch die Eltern beraten oder der Kindertageseinrichtung Materialien zur Verfügung stellen [...]. Regelmäßige Besuche in der Bibliothek regen Kinder an zu Erkundungen in der Welt der Bücher und anderer Medien."[436]

---

[430] Der Kindergarten *Im Heuschlag 10* liegt in Erlangen Sieglitzhof, die Stadtbücherei ist ca. 4km entfernt. Der Stadtteil verfügt über eine gute Anbindung an die öffentlichen Verkehrsmittel.

[431] EG Sauerbeck, *Kindergarten im Heuschlag 10.* Die einrichtungseigene „Bibliothek" befindet sich im Personalraum, ihr Bestand umfasst ca. 300 Bücher.

[432] EG Zimmermann, *Kindergarten Sankt Theresia.*

[433] EG Kroninger, *Kindergarten Am Röthelheim.*

[434] Vgl. EG Barth, *Kindergarten Sankt Nikolaus,* EG Sepe, *Kindergarten Sankt Matthäus,* EG Haselmann, *Kindergarten Herz Jesu.*

[435] Vgl. EG Höfig-Restaino, *Kindergarten Perle.*

[436] BBP 2006, S. 217.

Der Besuch einer Buchhandlung wird mit einer Ausnahme von keiner Einrichtung in Erwägung gezogen – wird im Bayerischen Bildungsplan aber auch nicht thematisiert. Lediglich Höfig-Restaino führt dazu aus: „Mit Kindern eher in einem thematischen Zusammenhang. Auch weil die Buchläden nicht sehr begeistert sind, wenn wir mit 25 Kinder antraben."[437]

Für die Frage nach (Bilder-)Buchausstellungen in der Einrichtung ergibt sich folgendes Bild: in allen an der Befragung teilnehmenden Kindergärten finden (Bilder-)Buchausstellungen statt – allerdings nicht so, wie es der Bayerische Bildungsplan nahe legt: regelmäßig und vorrangig für die Kinder, bei Bedarf sogar mit Büchern in verschiedenen Sprachen.[438] Stattdessen finden diese eher unregelmäßig statt und richten sich an die Eltern. Mindestens dreimal jährlich wird in der Einrichtung *Kindergarten Im Heuschlag 10* eine Buchausstellung organisiert, an denen sich verschiedenen Buchhandlungen beteiligen. Darüber hinaus gibt es hin und wieder an Elternabenden Buchvorstellungen durch Buchhändler oder Sauerbeck stellt selbst Bücher vor.[439] Sepe, Leiterin des *Kindergartens Am Röthelheim,* führt ca. drei Mal im Jahr Buchausstellungen mit Ansichtsexemplaren durch, die verschiedene Verlage zur Verfügung stellen. Mittels einer Liste haben die Eltern die Möglichkeit, diese zu bestellen. Allerdings bemerkt sie dazu:

> „Also ich bin sehr sehr erschrocken, weil es so massiv vor drei Jahren einen Einbruch gab. Und ich glaube, das hat einfach mit dem Geld zu tun, das sitzt nicht mehr so locker. [...] Wobei, wo ich das so einschätzen kann, Mensch, die Familie, die hat aber nicht so viel – das ist die Wertschätzung. Manche legen sehr viel Wert auf Bücher und sparen dann dafür und manche, die haben oder sehen den Sinn eines Buches gar nicht so oder schätzen das nicht so."[440]

Eine ähnliche Feststellung trifft die Führungskraft der Einrichtung *Kindergarten Sankt Matthäus,* die ihre Bilderbuchausstellungen von zweimal jährlich auf ein Mal im Jahr begrenzt hat, „weil die Eltern, ja, das Geld wird einfach knapp und die Bestellungen sind dann so zurückgegangen, dass sich das einfach nicht rentiert hat."[441] Möglicherweise ist das mit ein Grund, warum das Engagement für derlei Ausstellungen in den anderen Einrichtungen ebenso gering oder noch geringer ist.

Was die „Leseecke" betrifft, ergab die Befragung, dass alle Kindergärten bis auf den Waldorfkindergarten eine solche eingerichtet haben. In der Regel werden die dort vorhandenen Bücher – zum Teil aufbewahrt in einem „Bücherschrank"[442], oder in einem Regal – regelmäßig ausgetauscht. Die Einrichtung der Leseecken ist von Kindergarten zu Kindergarten verschieden; während manche Kinder an Tischen lesen[443], beschreibt Zimmermann, Leiterin des Kindergartens *Sankt Theresia* die Ein-

---

[437] EG Höfig-Restaino, *Kindergarten Perle.*
[438] Vgl. BBP 2006, S. 217.
[439] Vgl. EG Sauerbeck, *Kindergarten im Heuschlag 10.*
[440] EG Kroninger, *Kindergarten Am Röthelheim.*
[441] EG Sepe, *Kindergarten Sankt Matthäus.* Die Kindergärten erhalten in der Regel von der ausrichtenden Buchhandlung eine Gutschrift von ca. 10% des Gesamtverkaufswertes.
[442] Vgl. EG Kroninger, *Kindergarten Am Röthelheim.*
[443] Vgl. ebd. und EG Sauerbeck, *Kindergarten Im Heuschlag 10.*

richtung wie folgt: „Also wir haben sogar bei uns zwei Ecken, wir haben so eine Ebene und in einer Ebene ist da ne Bücherecke, ein Regal mit Bilderbüchern und Sitzgelegenheit und dann haben wir unten noch mal, wir haben so ein Schaukelstuhl, haben wir auch Bücher und dann lesen wir den Kindern dann da die Bücher auch vor."[444] Die Forderung nach einer Leseecke im Bayerischen Bildungsplan wurde in allen Einrichtungen umgesetzt – vermutlich schon lange vor dem Erscheinen des Planes.

Auch die Anregung, gemeinsam mit den Kindern ein Buch herzustellen, wird von den Erzieherinnen der befragten Einrichtungen aufgenommen. Zumindest findet eine solche Aktion in den meisten Kindergärten „manchmal" statt und wird in der Regel an ein Thema gekoppelt. Nur die Interviewpartnerin des *Waldorfkindergartens* gibt zu Protokoll, dass sie zwar ihre Vorschularbeiten machen würden, aber keine Bücher herstellten.[445] In den Einrichtungen *Kindergarten Perle* und *Kindergarten Am Röthelheim* ist das Basteln eines Buches sogar fester Bestandteil des Jahresprogramms.[446] Im zuletzt genannten Kindergarten wird das fertige Buch für einen Brückenschlag ins Elternhaus genutzt: „[…] was das Schöne ist, Eltern können das dann daheim nachlesen und die Kinder können sich das auch vorlesen lassen, weil sie das eben mit Nachhause nehmen."[447] Dieser gute Ansatz hin zu einer Einbeziehung der Eltern wird in derselben Einrichtung in Form von Lesepatenschaften leider nicht weiter verfolgt, obwohl Kroninger vermutet, dass einige Eltern dazu bereit wären.[448] Dabei halten die Autoren des Bayerischen Bildungsplans gerade die Einbeziehung der Eltern in die Sprachförderung des Kindes für besonders wertvoll.[449] Auch in der Einrichtung *Im Heuschlag 10* gibt es keine Lesepaten, „weil wir [die Erzieherinnen] bisher das selber sehr gerne gemacht haben und auch weiterhin machen."[450], so Sauerbeck. Im *Kindergarten Perle* hingegen wird das Engagement des Elternbeirats genutzt, der sich insbesondere „zur schlechten Jahreszeit"[451] einbringt, denn „wenn man dann mehr rausgeht, dann ist das auch nicht mehr so das Thema."[452] Besonders positiv hervorzuheben ist die Kooperation der Einrichtung mit einer nahe gelegenen Grundschule, deren Zweitklässler regelmäßig den Vorschulkindern im Kindergarten vorlesen.[453] Während eine „Vorleseoma" den Kindern im Kindergarten *Sankt Nikolaus* vorliest, wird im *Kindergarten Herz Jesu* zweimal wöchentlich das Angebot des Jugendamtes der Stadt Erlangen genutzt, das den Kindergärten bei Interesse Lesepaten zuteilt.[454] Obgleich auch Zimmermann und Sepe von diesem Angebot wissen, greifen sie nicht darauf zurück – in ihren Einrichtungen gibt es keine Lesepaten.[455]

---

[444] EG Zimmermann, *Kindergarten Sankt Theresia*.
[445] Vgl. EG Gehrsitz, *Waldorfkindergarten*.
[446] Vgl. EG Höfig-Restaino, *Kindergarten Perle* und EG Kroninger, *Kindergarten Am Röthelheim*.
[447] EG Kroninger, *Kindergarten Am Röthelheim*.
[448] Vgl. ebd.
[449] BBP 2006, S. 219.
[450] EG Sauerbeck, *Kindergarten Im Heuschlag 10*.
[451] EG Höfig-Restaino, *Kindergarten Perle*.
[452] Ebd.
[453] Vgl. ebd.
[454] Vgl. EG Haselmann, *Kindergarten Herz Jesu*.
[455] Vgl. EG Zimmermann, *Kindergarten Sankt Theresia* und EG Sepe, *Kindergarten Sankt Matthäus*.

Anhand der dargestellten Antworten auf die Fragestellungen zur Umsetzung ausgewählter Vorschläge und Forderungen aus dem Bildungsbereich *Sprache und Literacy* des Bayerischen Bildungs- und Erziehungsplans für Kinder in Tageseinrichtungen bis zur Einschulung kann für diesen Themenkomplex der Befragung folgendes Zwischenresümee gezogen werden: Insbesondere jene Vorschläge aus dem Bildungsbereich *Sprache und Literacy* des Bayerischen Bildungsplanes, die eine stärkere Öffnung des Kindergartens nach außen hin erfordern, sei es in Form von Kooperationen, zum Beispiel mit Buchhandlungen und Bibliotheken sowie der Besuch derselben, oder in Form der Einbindung von Familienmitgliedern der Kinder oder Ehrenamtlicher als Lesepaten, werden nur in einem sehr eingeschränkten Umfang umgesetzt. Die Gründe dafür sind vielfältig: fehlende Rentabilität im Falle der Buchausstellungen, anders gesetzte Prioritäten, wenn es um einen Besuch in der Bibliothek geht, die Lesepatenschaften betreffend ist es unter anderem die fehlende Notwendigkeit für diese aus Sicht der Erzieherinnen, weil sie selbst schon genug vorlesen. Aber auch wenn diese Empfehlungen im Kindergartenalltag berücksichtigt werden, findet das nicht in dem Umfang statt, in dem es die Autoren des Bildungsplans vorsehen, nämlich regelmäßig. Stattdessen findet der Ausflug in die Bücherei meistens nur einmal im Jahr statt und ist oft auf die Vorschulkinder begrenzt. Auch die Buchausstellungen sind innerhalb eines Kindergartenjahres[456] eher einmalige statt regelmäßige Aktionen und richten sich vornehmlich an die Eltern.

Die Forderungen hingegen, die sich in der Einrichtung umsetzen lassen, werden wesentlich selbstverständlicher erfüllt. So gehört zum Beispiel die Leseecke in den an der Befragung teilnehmenden Kindergärten zur Standardeinrichtung. Was allerdings fehlt, ist die Ausstattung dieser mit mehrsprachigen Medien.[457] Zwar nicht regelmäßig, aber immerhin ab und zu werden mit den Kindern in den Einrichtungen auch Bücher gebastelt.

In Zweifel gezogen werden kann, ob die Umsetzungen, auch wenn oder gerade weil sie zum Teil sehr dürftig ausfallen, überhaupt eine Folge des Bildungsplanes sind. Einige Aussagen weisen jedenfalls darauf hin, dass die Situation in den Einrichtungen auch vor Erscheinen der für die landesweite Anwendung gedachten Fassung des Bildungsplans 2006 eine ähnliche war. Erinnert sei hier zum Beispiel an die Aussage Kroningers, dass der Besuch einer Bibliothek sicher schon fünf Jahre zurück liege[458], also vielleicht 2003 stattgefunden hat – was drei Jahr lang vor dem Erscheinen des Bildungsplans nicht gemacht wurde, fand offensichtlich auch in den zwei Jahren nach der Veröffentlichung nicht statt. Letzteres gilt nicht nur für den Bibliotheksbesuch, sondern auch für die Integration von Lesepaten, die Ausstattung mit mehrsprachigen Medien sowie die Nutzung des Fernsehers und Computers mit den Kindern. Ganz ähnlich stellt sich die Lage in der Einrichtung von Sauerbeck dar, in der man, wie oben bereits belegt, schon seit langem so arbeitet, wie es der Bayerische Bildungsplan vorsieht – verwunderlich nur, dass es in der Einrichtung weder Lesepaten gibt noch regelmäßige Bibliotheksbesuche stattfinden oder mit den Kindern Bücher gebastelt werden. Aber das mag daran liegen, dass es „sehr schwer [ist], ihn [den Bay-

---

[456] Ein Kindergartenjahr beginnt in der Regel im September und endet Ende Juli des Folgejahres.
[457] Denn diese sind in den Kindergärten nicht vorhanden. Siehe auch: Fragen zur Medienausstattung und Mediennutzung.
[458] Vgl. EG Kroninger, *Kindergarten Am Röthelheim*.

erischen Bildungsplan] so umzusetzen, dass man völlig zufrieden ist, weil einfach die Zeit fehlt."[459] – und neben der Zeit fehlen das Geld, die Ausstattung, die Räumlichkeiten, das Personal, die nötigen Aus- und Weiterbildungsmaßnahmen, kurz: die Rahmenbedingungen, die es erlauben würden, den Bayerischen Bildungsplan so umzusetzen, wie es seine Autoren sich – nicht nur für den Bildungsbereich *Sprache und Literacy* – als Ideal vorzustellen scheinen. Zu diesem Ergebnis kam bereits 2004 die OECD-Untersuchungsgruppe der Studie *Starting Strong II – early childhood education and care* in ihrem Länderbericht für Deutschland: „Es besteht eine Kluft, eine fehlende Verbindung, zwischen dem Inhalt von Plänen, Ausbildung und Bewertung auf der einen Seite, und der alltäglichen Praxis auf der anderen."[460]

Dabei wäre eine, wenn schon nicht ideale, so doch um einiges verbesserte Umsetzung nötig, wie die Antworten auf die ergänzenden Fragen rund um das Thema Medienerziehung im folgenden zeigen werden.

5 Fragen zur Medienerziehung

Haselmann, Erzieherin im Kindergarten *Herz Jesu*, ist zum Thema Medienkompetenz der Kindergartenkinder der Meinung, dass sich die Kinder Zuhause viel mit elektronischen Medien beschäftigen und sieht deshalb die Notwendigkeit, das Medium Buch in ihrer Einrichtung besonders zu fördern:

> „Die Kinder sind eigentlich schon kompetent. Grad Bücher und so weiter, das ist der Hauptschwerpunkt, sag ich jetzt mal. Weil wir natürlich das Buch an sich als Medium auch besonders fördern wollen, weil die Kinder ja natürlich Zuhause auch schon genug mit Computer, Playstation, Fernseher usw. in Kontakt kommen, und da wollen wir natürlich das Buch. […] Die meisten, ja, die können das mit dem Computer schon, also die Älteren, und mit dem Fernseher eh, das ist ja klar. Aber das ist dann oft einfach zu viel. Aber Bücher – viele interessiert das nicht. Da muss man was tun. Also deshalb machen wir da den Schwerpunkt."[461]

Auch Sauerbeck findet, dass der Umgang mit Medien in den meisten Elternhäusern zu wünschen übrig lässt und stellt für das Medium Buch fest: „Und Bücher lernen die Kinder durch uns […] mit Büchern haben sie durch uns auch Umgang und auch Zugang zu den Büchern und das tragen sie auch nach Hause. Also das ist immer noch sehr stark."[462] Fragt man die Eltern, mit welchem Medium die Kinder am ehesten alleine richtig umzugehen lernen, fällt die Entscheidung in 43% der Fälle für das Medium Buch. 30% der Befragten antworteten „weiß ich nicht" und für 13,5 Prozent lernt das Kind den richtigen Umgang mit dem Fernseher am ehesten von selbst.[463] Für viele Eltern ist eine spezielle Förderung des Mediums Buch nicht not-

---

[459] Vgl. EG Sauerbeck, *Kindergarten Im Heuschlag 10.*
[460] OECD 2004, S. 52.
[461] EG Haselmann, *Kindergarten Herzu Jesu.*
[462] EG Sauerbeck, *Kindergarten Im Heuschlag 10.*
[463] Vgl. Anhang Abb. 2. *Den richtigen Umgang mit dem Medium … lernt mein Kind am ehesten von selbst.* Zur Auswahl standen die Medien Fernseher, Buch, Internet, Computer und die Antwortoption „Weiß ich nicht".

wendig, während der richtige Umgang mit dem Fernseher geschult werden muss. Offensichtlich findet diese Schulung hin zu einem bewussten Umgang mit dem Medium Fernseher aber dennoch im Elternhaus oft nicht statt, denn gerade der Umgang mit dem Fernseher wird von den meisten Erzieherinnen kritisiert. Sauerbeck: „Ich denke, es gibt Kinder, die viel zu viel Fernsehen schauen, die sehr viel am Computer sitzen, da muss man den Eltern auf die Füße treten, denn das lernen und sehen sie bei den Eltern und es gibt Eltern, die ihr Kind bewusst vor den Fernsehen setzen, damit sie ihre Ruhe haben."[464] Und Barth meint dazu: „Also es gibt einen Teil, die sehr bewusst damit [mit dem Fernseher] umgehen, es gibt aber auch einen Teil, die vor dem Kindergarten schon schauen."[465] Die Leiterin der Einrichtung *Kindergarten Sankt Matthäus* sieht den Fernseher in einigen Elternhäusern sogar als „Babysitter"[466]. Kroninger, Leiterin der Einrichtung *Kindergarten Am Röthelheim*, bringt es, wie schon einmal zitiert, auf den Punkt: „Also was das Fernsehen anbelangt, sind sie alle fit. – Obwohl, die Kompetenz dafür ist ja eigentlich schwach!"[467]

Höfig-Restaino gibt zum Thema Medienkompetenz der Kindergartenkinder zu Protokoll: „[...] also wir haben Kinder, die haben überhaupt keine Bücher zuhause, da ist die Medienkompetenz gleich Null."[468] Six und Gimmler stellten in einer 1997 durchgeführten Befragung unter Kindergarten-Erzieherinnen jedoch fest, dass diese mit den Begriffen *Medienerziehung* und *Medienkompetenz* häufig kaum etwas anfangen konnten oder diese missverstanden.[469] Die Autoren schlüsseln das Konstrukt *Medienkompetenz* wie folgt auf: Zur Medienkompetenz gehören

> „[...] medienbezogenes Orientierungswissen sowie Urteils- und
> Auswahlkompetenzen [...] gleichzeitig aber auch technische
> Handlungskompetenz bei der Nutzung elektronischer Medien
> sowie die Fähigkeit zu einem persönlich und sozial verträglichen
> Medienumgang, der seinerseits wiederum Reflexionsfähigkeit
> voraussetzt."[470]

Darüber hinaus sind „[s]pezielle Kommunikatorkompetenzen" notwendig, welche die Entwicklung eigener Medieninhalte mittels verschiedener Gestaltungs- und Präsentationsformen ebenso beinhalten, wie die „Fähigkeit zur Veröffentlichung bzw. Verbreitung eigener Medieninhalte sowie zur Einflussnahme auf Medienproduktionen und –verbreitung."[471] Letztere Kompetenzen beziehen sich insbesondere auf jene Mediennutzungsaktivitäten, „bei denen der Mediennutzung die Kommunikatorrolle einnimmt (z. B. beim Chatten, Mailen oder Erstellen einer eigenen Homepage) [...]."[472] Was die Erzieherinnen tatsächlich unter Medienkompetenz verstehen, wird unter anderem in den Aussagen von Sepe und Gehrsitz deutlich, für die medienkompetentes Handeln vor allem der bewusste, richtig dosierte und reflektierte Umgang

---

[464] EG Sauerbeck, *Kindergarten Im Heuschlag 10.*
[465] EG Barth, *Kindergarten Sankt Nikolaus.*
[466] Vgl. EG Sepe, *Kindergarten Sankt Matthäus.*
[467] EG Kroninger, *Kindergarten Am Röthelheim.*
[468] EG Höfig-Restaino, *Kindergarten Perle.*
[469] Vgl. Six / Gimmler 2007, S. 22.
[470] Ebd. S. 25.
[471] Six / Gimmler 2007, S. 27.
[472] Six / Gimmler 2007, S. 26.

mit Medien bedeutet.[473] Damit beschränken sie das Konstrukt *Medienkompetenz* auf die *„Reflexions- und Bewertungskompetenzen"*[474] sowie die *„Nutzungs- und Verarbeitungskompetenzen"*[475]. Medienkompetenz in diesem Sinne haben nur wenige Eltern, glaubt die Leitung des Kindergartens *Am Röthelheim* behaupten zu können, denn bei vielen „läuft das einfach so nebenher."[476] Dabei sieht sie die Medienerziehung eigentlich im Elternhaus verankert. Ihre Kollegin im Kindergarten *Perle* ist dergleichen Meinung, allerdings bemerkt sie: „[…] wir müssen hier [im Kindergarten] schon sehr viel leisten, auch wegen des Einzugsgebiets. Und die Eltern wissen auch Vieles nicht."[477] Und Sepe stellt generell fest, dass „die Kinder mit immer weniger Können in den Kindergarten kommen."[478] In den Antworten zeigt sich eine offensichtliche Diskrepanz zwischen der Verantwortung der Eltern gegenüber ihren Kindern, sie in ihrem Heranwachsen in einem mediengeprägten Alltag auf diesen richtig vorzubereiten und der tatsächlich geleisteten Medienerziehung im Elternhaus zum Ausdruck, die Sauerbeck noch drastischer formuliert: „Eigentlich Sache der Eltern, würde ich mal sagen, aber hallo! Ich sage das deswegen, weil es immer weniger wird, weil die Kindertagesstätten sehr sehr stark den Part der Eltern schon übernommen haben. […] Wir müssen sehr stark hier eingreifen."[479], und das, obwohl der Kindergarten eigentlich „familienergänzend" und nicht „familienersetzend" sein sollte, wie wiederum Sepe formuliert.[480] Die Aussagen decken sich mit den Erkenntnissen, die Six und Gimmler in ihrer Studie zu Bedingungen und Handlungsformen der Medienerziehung vorlegen. Sie weisen auf die Antworten der befragten Erzieherinnen hin, die die Leistung der Eltern in der Medienerziehung stark kritisieren. Die Autoren fassen zusammen:

> „Zum einen kontrollieren bzw. steuern Eltern […] heutzutage den Medienkonsum ihrer Kinder (noch) weniger als frühere Generationen, verhalten sich in puncto Medienerziehung entweder völlig passiv oder reichlich permissiv, haben bezüglich Mediennutzung und Medienerziehung weniger denn je ,eigene Position ', stellen ihren Kindern zu früh ein eigenes TV-Gerät und Computerspiele zur Verfügung und / oder wählen für ihre Kinder Medienangebote nicht oder wenn, dann nicht adäquat aus. Zum anderen werden Medien (speziell Fernsehen und Computer) inzwischen von den Eltern (noch) häufiger als ,Babysitter' eingesetzt: ,Der Fernseher ist zum Parkplatz geworden, weil die Eltern gestresst sind.'"[481]

Auch der eigene Medienumgang der Eltern wird von den Befragten bemängelt. Ihnen zufolge haben die Eltern nicht nur eine höhere Mediennutzung, sondern achten

---

[473] Vgl. EG Sepe, *Kindergarten Sankt Matthäus* und EG Gehrsitz, *Waldorfkindergarten*.
[474] Six / Gimmler 2007, S. 27.
[475] Ebd.
[476] EG Kroninger, *Kindergarten Am Röthelheim*.
[477] EG Höfig-Restaino, *Kindergarten Perle*.
[478] EG Sepe, *Kindergarten Sankt Matthäus*.
[479] EG Sauerbeck, *Kindergarten Im Heuschlag 10*.
[480] Vgl. EG Sepe, *Kindergarten Sankt Matthäus*.
[481] Six / Gimmler 2007, S. 93.

zugleich beim Fernsehprogramm auch weniger auf die Qualität, schauen häufig im Beisein der Kinder und sind diesen negatives Vorbild.[482]

Erkundigt man sich jedoch bei den Eltern nach dem für die Medienerziehung vorrangig Verantwortlichen, fällt die Antwort eindeutig aus: 71% der Eltern sehen sich selbst in der Verantwortung, 2,7% schreiben diese allein der Schule zu, niemand sieht allein den Kindergarten in der Pflicht. Jeweils rund 11% sind der Meinung, dass Medienerziehung eine gemeinsame Aufgabe des Elternhauses und des Kindergartens bzw. des Elternhauses, Kindergartens und der Schule ist.[483] Rund 35% der Eltern sind der Ansicht, dass der Kindergarten diese Aufgabe auch ausreichend erfüllt, der Großteil von 62% ist über die Medienerziehung im Kindergarten offenbar nicht im Bilde und antwortet mit „weiß ich nicht".[484] Zimmermann umreißt jenen Part der Medienerziehung, den ihre Einrichtung übernimmt, wie folgt: „Also bei Bilderbüchern würde ich sagen ist es ausgeglichen [...] und bei Computer ist es ausschließlich das Elternhaus in unserem Fall. Und dadurch, dass unsere Eltern [...] fast alle einen Computer besitzen, sehe ich es jetzt nicht als so notwendig an, hier jetzt einen anzuschaffen."[485] Damit spricht Zimmermann ein Problem an, das, wie eingangs dargestellt wurde, für alle Kindergärten zutrifft: Um den Kindern Medienkompetenz zu vermitteln, müssen die Kindergärten mit den entsprechenden Medien ausgestattet sein und diese mit den Kindern zusammen auch genutzt werden – für den Fernseher und den Computer ist das nicht der Fall. Für diese Medien muss folglich das Elternhaus zur Verantwortung gezogen werden. Das oben dargestellte Ergebnis der Umfrage legt im Bezug auf die Einschätzungen der Erzieherinnen, allerdings nahe, dass viele Eltern dieser Verantwortung nicht ausreichend nachkommen. Ein Grund könnte sein, dass vielen Eltern die Problematik rund um das Thema *Kinder und Medien* gar nicht bewusst ist oder sie nicht wissen, wie sie damit umgehen sollen. Aus diesem Grund sieht Sepe ihre Aufgabe auch darin, als „Missionar" zu wirken und die Eltern verstärkt über diese Problematik aufzuklären.[486] Auch die Führungskraft der Einrichtung *Kindergarten Perle* sieht bei den Eltern großen Beratungsbedarf:

> „Da merken wir schon, dass wir da immer mehr verstärkt beraten müssen und auf die Bedeutung vom Buch, grade im Hinblick auf die Gesamtentwicklung, aber auch im Hinblick auf die bevorstehende Einschulung einfach, dass das dringend nötig ist. Also die Eltern meinen halt, es langt auch, wenn Kinder nur vorm Computer gesetzt werden und das ist zu wenig. Also das Buch ist das A und O, um überhaupt so was wie Schulfähigkeit aufzubauen."[487]

Resigniert und lakonisch äußert sich Sauerbeck auf die Frage nach dem Beratungsbedarf: „Die wissen alles und können alles und beraten werden wollen sie nicht." An-

---

[482] Vgl. Six / Gimmler 2007, S. 93.
[483] Vgl. Anhang Abb. 3. *Medienerziehung ist vorrangig die Aufgabe des / der ....* Zur Auswahl standen die Antwortoptionen Kindergarten, Elternhaus und Schule. Mehrfachnennung war möglich.
[484] Vgl. Anhang Abb. 4 *Der Kindergarten bemüht sich um die Medienerziehung meines Kindes* Zur Auswahl standen die Antwortoptionen: ausreichend, zu wenig, zu viel, weiß ich nicht.
[485] EG Zimmermann, *Kindergarten Sankt Theresia.*
[486] Vgl. EG Sepe, *Kindergarten Sankt Matthäus.*
[487] EG Höfig-Restaino, *Kindergarten Perle.*

ders stellt sich die Situation zunächst im Kindergarten *Herz Jesu* dar, in dem sich die Eltern sogar einen Elternabend mit dem Schwerpunkt Medien gewünscht haben – dann allerdings nicht kamen. Stattdessen wird hier der durchaus vorhandene Beratungsbedarf wie auch in der Einrichtung *Kindergarten Am Röthelheim* durch Einzelgespräche abgedeckt.[488] Barth sagt zunächst, dass die Eltern in ihrer Einrichtung gut informiert seien, relativiert dann aber: „Also es gibt vielleicht einige, die man zum Fernseher noch mal aufklären müsste, also wie viel vor allem und welche Sachen oder so. Und ich hab auch den Eindruck, dass viele Kinder so Kassetten hören […]."[489] Die Eltern der Kinder im Kindergarten *Sankt Theresia* fragen die Erzieherinnen von sich aus nach geeigneten Büchern und nutzen auch das ausgelegte Programmheft *Flimmo*, in dem Fernsehsendungen für Kinder empfohlen werden.[490] In der Einrichtung *Kindergarten Sankt Matthäus* hingegen nehmen die Eltern die Beratung der Fachkräfte zum Thema *Kinder und Medien* nicht in Anspruch. Sepe ist daher der Meinung, dass die Eltern nur über die Kinder zu erreichen seien und schlägt daher vor, die Kinder mit attraktiven Aktionen am Nachmittag in den Kindergarten zu „locken", daran aber die Bedingung zu knüpfen, dass die Eltern sie begleiten müssen und sich während der Kinderaktion einen Vortrag anhören.[491] Mitunter durch Vorträge und Referenten, aber auch durch Elterngespräche und Elternabende wird im *Waldorfkindergarten* der Bedarf an Elternbildung abgedeckt, der laut Gehrsitz sehr groß ist: „Also da ist ganz arg viel Aufklärungsarbeit da, muss man sagen, also nötig auch."[492]

Aus den hier wiedergegebenen Antworten der Erzieherinnen, den Ergebnissen von Six und Gimmler, die diese untermauern, sowie den ergänzenden Ergebnissen der Studie *Medienerziehung im Alter von 3–6 Jahren – Medien im Elternhaus und Kindergarten* lässt sich folgende Zusammenfassung formulieren: Über 70% der Eltern sehen sich selbst als Hauptverantwortliche für die Medienerziehung ihrer Kinder. Die Erzieherinnen schließen sich dieser Mehrheit zwar an, betonen aber gleichzeitig, dass der Kindergarten immer stärker intervenieren muss, da die nötige Medienkompetenz durch das Elternhaus nicht vermittelt wird. Es besteht eine Kluft zwischen der von den Eltern für sich proklamierten Verantwortung für die Medienerziehung und der tatsächlich geleisteten – jedenfalls entspricht das dem Bild, das die Erzieherinnen von der Medienkompetenz der Kinder zeichnen. Insbesondere für den Umgang mit dem Fernseher und Computer können zum Teil große Defizite festgestellt werden. Daraus resultiert seitens der Erzieherinnen eine notwendige Aufklärung bei den Eltern, die aber nur schwer umzusetzen ist, da sich die Eltern daran kaum aktiv beteiligen, insbesondere gilt das für jene Eltern, die ihre Kinder lediglich beaufsichtigt wissen wollen und darüber hinaus wenig bis kein Interesse am Kindergarten zeigen.[493]

---

[488] Vgl. EG Haselmann, *Kindergarten Herz Jesu* und EG Kroninger, *Kindergarten Am Röthelheim*.
[489] EG Barth, *Kindergarten Sankt Nikolaus*.
[490] Vgl. EG Zimmermann, *Kindergarten Sankt Theresia*.
[491] Vgl. EG Sepe, *Kindergarten Sankt Matthäus*.
[492] EG Gehrsitz, *Waldorfkindergarten*.
[493] Vgl. Six / Gimmler 2007, S. 92.

6   Gesamtbetrachtung

Die Ergebnisse der einzelnen Interviewabschnitte werden im Folgenden miteinander in Beziehung gesetzt. Daraus ergibt sich ein Bild, das einen Ausschnitt der derzeitigen Situation in den Kindergärten darstellt. Der Rahmen wird gebildet durch die oben erläuterten Abschnitte *Fragen zur Medienausstattung und Mediennutzung, Fragen zum Bayerischen Bildungsplan, Bildungsbereich Sprache und Literacy* und *Fragen zur Medienerziehung.*

Die Antworten innerhalb des ersten Fragenbereichs haben gezeigt, dass die im Bildungsbereich *Sprache und Literacy* des Bayerischen Bildungsplans formulierten Forderungen und Empfehlungen zum einen nur begrenzt umgesetzt werden *können*, weil die erforderlichen materiellen Rahmenbedingungen nicht gegeben sind; Fernseher und Computer sowie mehrsprachige Medien sind in den meisten Einrichtungen gar nicht verfügbar. Zum anderen wird durch die Aussagen innerhalb des zweiten Themenkomplexes deutlich, dass sie nur begrenzt umgesetzt *werden*. Für den Fernseher und / oder Computer bedeutet Letzteres, dass sie, selbst wenn sie verfügbar sind, gar nicht oder nur sehr selten mit den Kindern genutzt werden. Für das Medium Buch zeigt sich, dass zwar alle Kindergärten, der Waldorfkindergarten aus oben geschilderten Gründen ausgenommen, damit ausgestattet sind und es den Kindern in Leseecken zur freien Verfügung stellen, dass aber viele weiterführende Forderungen und Empfehlungen nicht oder nicht im gewünschten Umfang umgesetzt werden. Darunter fällt die Einrichtung einer Kindergartenbibliothek, aus der die Kinder Bücher nach Hause ausleihen können, die regelmäßige Bilderbuchausstellung in der Einrichtung, die Integration der Eltern als Lesepaten oder die Inanspruchnahme bzw. Initiierung ähnlicher Lesepaten-Modelle sowie der regelmäßige Besuch der Stadtbücherei.

Auf Grundlage der allgemeinen Einschätzungen der Erzieherinnen zum Bayerischen Bildungsplan kann in Frage gestellt werden, ob dieser überhaupt einen wesentlichen Einfluss auf die pädagogische Arbeit hat. Von einer Publikation, die zwar als ein gutes und detailliertes, aber zu umfangreiches, oft zu schwer verständliches und daher schwer zu handhabendes Werk empfunden wird, dessen Inhalt zudem Vieles aufgreift, was im Kindergartenalltag als Standard gilt, ist das jedenfalls nicht zu erwarten. Doch selbst wenn die Umsetzung angestrebt ist, scheitert diese of an den fehlenden äußeren und inneren Rahmenbedingungen. Als problematisch erweist sich das insbesondere in Hinsicht auf die wachsenden Anforderungen an den Kindergarten als „Medienerzieher".

Die Eltern sind zwar überwiegend der Ansicht, dass sie selbst die Hauptverantwortung für die Medienerziehung ihrer Kinder tragen, kommen dieser aber, wie oben dargestellt, offensichtlich nicht genügend nach, sind selbst nicht in der Lage, den richtigen Umgang mit Medien zu vermitteln und sind den Kindern im schlimmsten Fall sogar ein negatives Vorbild. Besonders defizitär ist die Medienerziehung und in der folge die Medienkompetenz der Kinder im Hinblick auf die Medien Fernsehen und Computer, die folglich einer besonderen Aufmerksamkeit bedürfen. Da eine Beratung der Eltern nicht stattfinden kann, weil ein Großteil kein Interesse hat, muss der Kindergarten die Aufgabe der Medienerziehung selbst abdecken, auch wenn dieser sich eigentlich nicht als eine Institution begreift, welche die Familie ersetzt. An diesem Punkt schließt sich der Kreis zur Medienausstattung in den Einrichtungen: die Medien, dessen Umgang eigentlich am dringlichsten geschult werden müsste, sind in den Kindergärten nicht vorhanden oder kommen kaum zum Einsatz – Fernseher und Computer.

Zugleich sind dies die Medien, dessen Förderung die Eltern im Kindergarten auch am wenigsten erwarten. Stattdessen spricht sich die Mehrheit für eine besondere Förderung des Mediums Buch aus. Im Vergleich zu den anderen Medien nimmt das Buch zwar auch eine exponierte Stellung im Kindergartenalltag ein, doch im Hinblick auf die im Bayerischen Bildungsplan formulierten Forderungen, Empfehlungen und Anregungen rund um das Medium, die überwiegend nicht oder nur sehr beschränkt erfüllt oder aufgenommen werden, kann von einer besonderen und bewussten Förderung des Mediums nicht die Rede sein. Dies überrascht insofern, als dass die Erzieherinnen den Wert des Buches uneingeschränkt als hoch einschätzen und sich über das reichhaltige Potenzial des Mediums durchaus bewusst sind, wie folgende Zitate belegen: „Es kann Informationen vermitteln, es kann die Sprache fördern, neue Begriffe vermitteln, [...]. Vermittlung von Verhalten, von Natur [...]."[494], meint Zimmermann. Für Haselmann gehört neben der Entwicklung von Sozialverhalten und der Sprachförderung auch der Aspekt der Konzentrationsfähigkeit und Phantasieentwicklung des Kindes dazu.[495] Für Sauerbeck ist es aus ähnlichen Gründen „unersetzlich"[496], Höfig-Restaino hält es „für eines der wichtigsten Medien überhaupt" und glaubt, dass ohne Bücher die Schulfähigkeit nur sehr eingeschränkt transportiert werden könne.[497] Kroninger schließlich meint auf die Frage, was das Medium Buch für Kinder leisten kann, schlicht „Alles!"[498]

---

[494] EG Zimmermann, *Kindergarten Sankt Theresia.*
[495] Vgl. EG Haselmann, *Kindergarten Herz Jesu.*
[496] EG Sauerbeck, *Kindergarten Im Heuschlag 10.*
[497] Vgl. EG Höfig-Restaino, *Kindergarten Perle.*
[498] EG Kroninger, *Kindergarten Am Röthelheim.*

IV Schlussbemerkung

Im Kapitel II wurde aufgezeigt, wie die einzelnen Bildungspläne für den Bereich der Elementarpädagogik der Länder das Medium Buch und die Kulturtechnik Lesen thematisieren. Dabei konnten gravierende Unterschiede festgestellt werden. Auf einer Notenskala von 1 bis 6 reicht die Spanne der erzielten Noten von 2 (gut minus) bis 6 (ungenügend), der Notendurchschnitt liegt bei 4 (ausreichend). Das beste Ergebnis kann der Bayerische Bildungs- und Erziehungsplan für Kinder in Tageseinrichtungen bis zur Einschulung erzielen. In ihm wird das Medium Buch und die Kulturtechnik Lesen am ausführlichsten behandelt, gleichwohl besteht auch für diese Publikation nicht nur aus buchwissenschaftlicher Perspektive Verbesserungsbedarf. Dieser bezieht sich zum einen auf inhaltliche Aspekte das Medium Buch und die Kulturtechnik Lesen betreffend, deren Thematisierung auch im Bayerischen Bildungsplan noch ausbaufähig ist. Der Auszug aus dem Aktivitäten-Katalog „*Abenteuer Buch*" zeigt die Möglichkeiten der Vermittlung auf, die ein bewusster Umgang mit dem Medium Buch, der Kulturtechnik Lesen und deren Facetten leisten kann.

Zum anderen stehen aus Sicht der Fachkräfte vor allem der Umfang des Werkes wie auch die zum Teil auf zu hohem Niveau angesetzten Ausführungen in der Kritik, die die Handhabung erschweren. Ein konkretes Beispiel ist die Verwendung des Begriffs *Literacy*, der die Erzieherinnen vor Probleme stellt. Zu Recht bemängeln sie das Fehlen einer klar umrissenen sowie verständlichen Definition, die auch in der Fachliteratur fehlt. Für die Zukunft ist es erstrebenswert, entweder eine eindeutige Definition festzulegen, den oben skizzierten Lösungsansatz für diese Begriffsproblematik aufzugreifen oder den Begriff in Zukunft zu vermeiden.

Eine weitere Begriffsproblematik in den Bildungsplänen ergibt sich aus der Verwendung des Begriffs *Medien*, bei der sich eine Bedeutungsverschiebung abzeichnet, die auch im Alltag zu beobachten ist: Mit *Medien* sind zunehmend nur noch *neue* Medien gemeint. Das Buch fällt aus diesem eingeschränkten Medienkanon heraus und verliert im Bewusstsein der Gesellschaft sowohl als Medium als auch per se an Bedeutung, die Stellung des Leitmediums hat längst das Fernsehen inne.[499]

Tatsächlich ist es dann auch der übermäßige und unreflektierte Fernsehkonsum sowohl bei den Kindern als auch bei den Erwachsenen, der durch die Erzieherinnen immer wieder angemahnt wird. Häufig bescheinigen sie den Kindern einen Mangel an Medienkompetenz im Umgang mit TV und Computer. Gleichzeitig ist es ihnen aufgrund der fehlenden Rahmenbedingungen meist nicht möglich, im Kindergarten den richtigen Umgang mit diesen Medien zu vermitteln. Doch selbst in den Fällen, in denen die Medienausstattung vorhanden ist, findet eine bewusste Medienerziehung nicht statt. Jedenfalls lassen die Antworten der Erzieherinnen darauf schließen, dass die im Bayerischen Bildungsplan zu den Medien Fernseher und Computer formulierten Forderungen und Empfehlungen nicht umgesetzt werden.[500] Gleiches gilt für das Medium Buch. Die Forderungen und Empfehlungen der Autoren finden sich nur zu einem geringen Bruchteil im Kindergartenalltag wieder. Selbst bei den

---

[499] Vgl. Hurrelmann 2004b, S. 280.

[500] Da dieser Bereich nicht im Fokus dieser Arbeit steht, kann dazu keine endgültige Aussage getroffen werden. Die Studie von Six und Gimmler (Six / Gimmler 2007) zur Medienerziehung im Kindergarten bestätigt dies aber eindeutig.

wenigen Aspekten, die sich mit den Inhalten des Bildungsbereichs *Sprach- und medienkompetente Kinder – Sprache und Literacy* des Bildungsplanes decken, liegt die Vermutung nahe, dass diese nicht aus der direkten Umsetzung bzw. Integration des Bildungsplanes in das pädagogische Konzept des Kindergartens resultieren, sondern zu den schon lange etablierten pädagogischen Standards gehören und lediglich das Mindestmaß der Sprach-, Schrift- und Leseförderung abdecken. Eine besondere Förderung des Mediums Buch und der Kulturtechnik Lesen zeichnet sich in keiner Weise ab.

Ein immer wieder genannter Grund, warum weiterreichende Aktivitäten und Fördermaßnahmen nicht oder nur sehr begrenzt stattfinden, ist der Zeitmangel – ein Vorwurf gegenüber dem Bildungsplan lautet, dass die Fülle an Forderungen und Empfehlungen bei tatsächlicher Umsetzung eine Arbeit nach Stundenplan erforderlich machen würde. Darüber hinaus wird häufig über fehlendes Personal geklagt.[501]

Die wesentlichen Forderungen, die sich aus dieser Arbeit ableiten lassen, lauten wie folgt: Vorrangig sind die Rahmenbedingungen zu erfüllen, die eine Umsetzung des Bayerischen Bildungsplans erst ermöglichen. Dazu zählt die Ausstattung mit den benötigen Medien ebenso, wie die Aufstockung des Personals.[502] Erst dann kann umfassende Medienerziehung im Kindergarten geleistet werden. Umfassend meint, dass sowohl die *neuen* Medien Fernseher und Computer als auch das Buch berücksichtigt werden müssen, wobei auf ein ausgeglichenes Verhältnis zu achten ist. Als Arbeitsgrundlage wäre dann eine Version des Bayerischen Bildungsplans wünschenswert, die den Kritikpunkten Rechnung trägt; statt eines umfassenden Werkes sind eventuell Einzelpublikationen mit einem wesentlich geringeren Umfang zu den einzelnen Bildungsbereichen für einen praktischen Gebrauch im pädagogischen Alltag sinnvoller. Im Hinblick auf die sehr unterschiedlichen Landesfassungen erscheint es erstrebenswert, diese inhaltlich anzugleichen und über den gemeinsamen Rahmenplan der Länder hinaus einheitliche Bildungskriterien aufzustellen.

Diese Forderungen sind sehr weitreichend und können in naher Zukunft kaum umgesetzt werden. Aus buchwissenschaftlicher Sicht und ohne die komplexen Ergebnisse rund um die Medienerziehung zu berücksichtigen, lautet der letzte Appell: Eine intensivere Beschäftigung mit dem Medium Buch in den Kindertagesstätten ist auch zum gegenwärtigen Zeitpunkt möglich. Der Beitrag, der durch den bewussten Umgang mit dem Medium Buch und der Kulturtechnik Lesen geleistet werde kann, trägt im Sinne einer Sprach-, Schrift- und Leseförderunge zu einer soliden Basis für die weitere Entwicklung der Medienkompetenz bei, denn „[…] Lesekompetenz [ist] eine entscheidende funktionale Voraussetzung auch für die kompetente Nutzung der anderen Medien. Lesen ist ein Schlüssel zur Medienkultur.“[503] Diese Chance sollte genutzt werden.

---

[501] Diese Behauptung wird in den Expertengesprächen nicht wiedergegeben, sondern fußt auf zahlreichen eigenen Erfahrungen in der Zusammenarbeit mit Erzieherinnen verschiedener Kindergärten und findet sich darüber hinaus in Beiträgen und Studien zur Situation der Kindergärten in Deutschland wieder. Vgl. exemplarisch Starting Strong II – early childhood education and care 2004.

[502] Six und Gimmler weisen daraufhin, dass auch die Ausbildung der Erzieherinnen im Bereich Medienerziehung verbessert werden muss. Vgl. dazu Six / Gimmler 2007, Kapitel 4, S. 63–88.

[503] Hurrelmann1994, S. 21.

V Literaturangaben

1 Primärquellen

1.1 Bildungspläne und Handreichungen

BADEN-WÜRTTEMBERG. BADEN-WÜRTTEMBERG MINISTERIUM FÜR KULTUS, JUGEND UND SPORT (Hrsg.): Orientierungsplan für Bildung und Erziehung für die baden-württembergischen Kindergärten. Pilotphase. Weinheim / Basel 2006. URL: http://www.kultusportal-bw.de/servlet/PB/-s/m0ukdvk7ru616oat5ren mgwh16k8du9/show/1215793/oplan_bw.pdf [22.09.2008].

BAYERN. BAYERISCHES STAATSMINISTERIUM FÜR ARBEIT UND SOZIALORDNUNG, FAMILIE UND FRAUEN / STAATSINSTITUT FÜR FRÜHPÄDAGOGIK MÜNCHEN (Hrsg.): Der Bayerische Bildungs- und Erziehungsplan für Kinder in Tageseinrichtungen bis zur Einschulung. 2., aktualisierte und erweiterte Auflage, Berlin / Düsseldorf / Mannheim 2006. URL: http://www.ifp.bayern.de/ imperia/md/content/stmas/ifp/bildungsplan_endfassung.pdf [22.09.2008].

BERLIN. SENATSVERWALTUNG FÜR BILDUNG, JUGEND UND SPORT BERLIN (Hrsg.): Berliner Bildungsprogramm für Bildung, Erziehung und Betreuung von Kindern in Tageseinrichtungen bis zu ihrem Schuleintritt. Berlin 2004. URL: http://www.berlin.de/imperia/md/content/sen-bildung/bildungswege/ vorschulische_bildung/berliner_bildungsprogramm_2004.pdf [22.09.2008].

BRANDENBURG. BRANDENBURGISCHES MINISTERIUM FÜR BILDUNG, JUGEND UND SPORT (Hrsg.): Grundsätze elementarer Bildung in Einrichtungen der Kindertagesbetreuung im Land Brandenburg. Potsdam 2004. URL: http://www.lisum.berlin-brandenburg.de/media/lbm1.a.1234.de /bildungsgrundsaetze.pdf [22.09.2008].

BREMEN. FREIE HANSESTADT BREMEN, DER SENATOR FÜR ARBEIT, FRAUEN, GESUNDHEIT, JUGEND UND SOZIALES (Hrsg.): Rahmenplan für Bildung und Erziehung im Elementarbereich. Frühkindliche Bildung in Bremen. Bremen 2004. URL: http://ev.kiki-bremen.de/cms/common/0412_Rahmenplan.pdf [22.09.2008].

BREMEN. FREIE HANSESTADT BREMEN, DER SENATOR FÜR ARBEIT, FRAUEN, GESUNDHEIT, JUGEND UND SOZIALES (Hrsg.): Konkretisierungen zu den Bildungsbereichen. Bremen 2005. URL: http://www.soziales.bremen.de/sixcms/ media.php/13/Konkretisierungen%20Rahmenplan.pdf [22.09.2008].

HAMBURG. FREIE UND HANSESTADT HAMBURG, BEHÖRDE FÜR SOZIALES UND FAMILIE – ABTEILUNG KINDERTAGESBETREUUNG (Hrsg.): Hamburger Bildungsempfehlungen für die Bildung und Erziehung von Kindern in Tageseinrichtungen. Hamburg 2005. URL: http://www.hamburg.de/servlet/contentblob /118066/bildungsempfehlungen-pdf/data.pdf [22.09.2008].

HESSEN. HESSISCHES SOZIALMINISTERIUM / HESSISCHES KULTUSMINISTERIUM (Hrsg.): Bildung von Anfang an. Bildungs- und Erziehungsplan für Kinder von 0 bis 10 Jahren in Hessen. Wiesbaden 2005. URL: http://www.kultusministerium.hessen.de/irj/HKM_Internet?uid =422503e0-cf26-2901-be59-2697ccf4e69f [22.09.2008].

MECKLENBURG-VORPOMMERN. SOZIALMINISTERIUM MECKLENBURG-VORPOMMERN (Hrsg.): Rahmenplan für die zielgerichtete Vorbereitung von Kindern in Kindertageseinrichtungen auf die Schule. Schwerin 2005. URL: http://www.bildung-mv.de/export/sites/lisa/de/kindertagesfoerderung/ Rahmenplan_vorschul.pdf [23.09.2008].

NIEDERSACHSEN. NIEDERSÄCHSISCHES KULTUSMINISTERIUM, PRESSE- UND ÖFFENTLICHKEITSARBEIT (Hrsg.): Orientierungsplan für Bildung und Erziehung im Elementarbereich niedersächsischer Tageseinrichtungen für Kinder. Langenhagen 2005. URL: http://cdl.niedersachsen.de/blob/images/ C3374461_L20.pdf [22.09.2008].

NORDRHEIN-WESTFALEN. MINISTERIUM FÜR SCHULE, JUGEND UND KINDER DES LANDES NORDRHEIN-WESTFALEN (Hrsg.): Bildungsvereinbarung NRW. Fundament stärken und erfolgreich starten. Düsseldorf 2003. URL: http://www. callnrw.de/php/lettershop/download/865/download.pdf [22.09.2008].

RHEINLAND-PFALZ. MINISTERIUM FÜR BILDUNG, FRAUEN UND JUGEND RHEINLAND-PFALZ, REFERAT „KINDERTAGESSTÄTTEN" (Hrsg.): Bildungs- und Erziehungsempfehlungen für Kindertagesstätten in Rheinland-Pfalz. Mainz 2004. URL: http://kita.bildung-rp.de/fileadmin/downloads/bildungs-und-erziehungsempfehlungen.pdf [22.09.2008].

SAARLAND. MINISTERIUM FÜR BILDUNG, KULTUR UND WISSENSCHAFT SAARLAND (Hrsg.): Bildungsprogramm für saarländische Kindergärten. Weimar / Berlin 2006. URL: http://www.saarland.de/dokumente/thema_bildung/Saarland_ Programm.pdf [22.09.2008].

SAARLAND. INTERNATIONALE AKADEMIE, INA GEMEINNÜTZIGE GESELLSCHAFT FÜR INNOVATIVE PÄDAGOGIK, PSYCHOLOGIE UND ÖKONOMIE MBH AN DER FREIEN UNIVERSITÄT BERLIN (Hrsg.): Handreichungen für die Praxis zum Bildungsprogramm für saarländische Kindergärten. Weimar / Berlin 2007. URL: http://www.saarland.de/dokumente/thema_bildung/Saarland_ Handreichung.pdf [22.09.2008].

SACHSEN. SÄCHSISCHES STAATSMINISTERIUM FÜR SOZIALES (Hrsg.): Der Sächsische Bildungsplan – ein Leitfaden für pädagogische Fachkräfte in Krippen, Kindergärten und Horten sowie für Kindertagespflege. Weimar, Berlin 2007. URL: http://www.kita-bildungsserver.de/27.0.html [22.08.2008].

SACHSEN-ANHALT. MINISTERIUM FÜR GESUNDHEIT UND SOZIALES DES LANDES SACHSEN-ANHALT, REFERAT PRESSE UND ÖFFENTLICHKEITSARBEIT (Hrsg.): Bildungsprogramm für Kindertagesstätten in Sachsen-Anhalt. Bildung: elementar – Bildung von Anfang an. Halle 2004. URL: http://www.kitas-im-dialog.de/download/recht_bildungsprogramm.pdf [22.09.2008].

SCHLESWIG-HOLSTEIN. MINISTERIUM FÜR BILDUNG, FORSCHUNG, WISSENSCHAFT UND KULTUR DES LANDES SCHLESWIG-HOLSTEIN (Hrsg.): Erfolgreich starten. Leitlinien zum Bildungsauftrag von Kindertageseinrichtungen. Kiel 2004. URL: http://www.schleswig-holstein.de/Bildung/DE/Downloads/KiTas/ LeitlinienBildungsauftrag,templateId=raw,property=publicationFile.pdf [22.07.2008].

SCHLESWIG-HOLSTEIN. MINISTERIUM FÜR BILDUNG, FORSCHUNG, WISSENSCHAFT UND KULTUR DES LANDES SCHLESWIG-HOLSTEIN (Hrsg.): Erfolgreich starten. Handreichung für Sprache(n), Zeichen/Schrift und Kommunikation in Kinder-tageseinrichtungen. Kiel 2007. URL: http://www.schleswig-holstein.de/ Bildung/DE/Service/Broschueren/Kita/HandreichungSprache,templateId= raw,property=publicationFile.pdf [22.07.2008].

THÜRINGEN. THÜRINGER KULTUSMINISTERIUM (Hrsg.): Thüringer Bildungsplan für Kinder bis 10 Jahre. Erprobungsfassung September 2006. Erfurt 2006. URL: http://www.thueringen.de/imperia/md/content/tkm/kindergarten/ bildungsplan/bildungsplan.pdf [12.07.2008].

1.2   Expertengespräche

BARTH, LUISE. Katholischer Kindergarten Sankt Nikolaus.
Erlangen 18.12.2007.

GEHRSITZ, MARGOT. Waldorfkindergarten e.V.
Erlangen 09.01.2008.

HASELMANN, ERIKA. Katholischer Kindergarten Herz Jesu.
Erlangen 07.12.2007.

HÖFIG-RESTAINO, INGRID. Evangelischer Kindergarten Perle.
Erlangen 11.12.2007.

KRONINGER, CLAUDIA. Evangelischer Kindergarten Am Röthelheim.
Erlangen 05.12.2007.

SAUERBECK, EVELYNE. Evangelischer Kindergarten Im Heuschlag 10.
Erlangen 06.12.2007.

SEPE, ARIANA. Evangelischer Kindergarten Sankt Matthäus.
Erlangen 11.12.2007.

ZIMMERMANN, BRIGITTE. Katholischer Kindergarten Sankt Theresia.
Erlangen 13.12.2007.

1.3   Sonstige Quellen

MINISTER FÜR JUGEND UND KULTUS DER LÄNDER: Beschluss der Jungendminister-konferenz / Kultusministerkonferenz vom 13. / 14.05.2004 bzw. 03. / 04.06.2004 zu einem gemeinsamen Rahmen der Länder für die frühe Bildung in Kindertageseinrichtungen, Berlin 2004. URL: http://www.kmk.org/doc/beschl/ RahmenBildungKita.pdf [22.09.2008].

MINISTERIUM FÜR BILDUNG UND FRAUEN SCHLESWIG-HOLSTEIN, REFERAT III 24: Bericht zur Umsetzung des Bildungsauftrags einschl. der Vorschulischen Sprachförderung („Integrative Sprachförderkonzept SH") – Vor der Veröffentlichung der PISA-Studie und Konsequenzen danach. Kiel 2006. URL: http://www.schleswig-holstein.de/Bildung/DE/Downloads/KiTas/Bericht Bildungsauftrag,templateId=raw,property=publicationFile.pdf [22.09.2008].

NIEDERSÄCHSISCHES KULTUSMINISTERIUM. URL: http://www.mk.niedersachsen.de/master/C30884689_L20_D0_I579_h1.html [12.09.2008].

REGIERUNGSPORTAL MECKLENBURG-VORPOMMERN, MINISTERIUM FÜR BILDUNG, WISSENSCHAFT UND KULTUR. URL: http://www.regierung-mv.de/cms2/Regierungsportal_prod/Regierungsportal/de/bm/Themen /Fruehkindliche_Bildung/index.jsp [Stand: 8.09.2009].

2   Sekundärquellen

2.1   Literatur

ADAMS, ELLEN. Definition und Begriffserklärung der einzelnen Bildungsbereiche zur praktischen Umsetzung der Bildungsvereinbarung für das Bundesland NRW, interner Gebrauch, Düsseldorf 2007, S. 5.

BAMBERGER, RICHARD: Erfolgreiche Leseerziehung. Theorie und Praxis. Neu bearbeitete und gekürzte Ausgabe, München 2006.

BEISBART, ORTWIN u.a. (Hrsg.): Leseförderung und Leseerziehung. Theorie und Praxis des Umgangs mit Büchern für junge Leser. Donauwörth 1993.

BERTSCHI-KAUFMANN, ANDREA / KASSIS, WASSILIS / SIEBER, PETER: Mediennutzung und Schriftlernen. Analysen und Ergebnisse zur literalen und medialen Sozialisation (Lesesozialisation und Medien). Weinheim / München 2004.

BONFADELLI, HEINZ / FRITZ, ANGELA / KÖCHER RENATE (Hrsg.): Leseerfahrungen und Lesekarrieren (Lesesozialisation Bd. 2). 2. Auflage, Gütersloh 1995.

BOS, WERNER u.a. (Hrsg.): IGLU 2006. Lesekompetenzen von Grundschulkindern in Deutschland im internationalen Vergleich. Münster 2007.

BOSTELMANN, ANTJE / METZE THOMAS (Hrsg.): Vom Zeichen zur Schrift. Begegnungen mit Schreiben und Lesen im Kindergarten. Weinheim / Basel 2005.

BÖCK, MARGIT: Leseförderung als Kommunikationspolitik. Zum Mediennutzungs- und Leseverhalten sowie zur Situation der Bibliotheken in Österreich (Neue Aspekte in Kultur- und Kommunikationswissenschaft Bd. 14). Wien 1998.

BUNDESMINISTERIUM FÜR BILDUNG UND FORSCHUNG (BMBF) (Hrsg.): Förderung von Lesekompetenz. Expertise (Bildungsforschung Bd. 17). Bonn / Berlin 2007.

CHARLTON, MICHAEL: Zum Umgang kleiner Kinder mit Medien. In: Rosebrock, Cornelia (Hrsg.): Lesen im Medienzeitalter. Biographische und historische Aspekte literarischer Sozialisation. Weinheim / München 1995, S.65–80.

ELFERT, MAREN / RABKIN, GABRIELE: Gemeinsam in der Sprache baden. Family Literacy. Internationale Konzepte zur familienorientierten Schriftsprachförderung. Stuttgart 2007.

FORSTER, MARIA: Phonologische Bewusstheit als zentrale Voraussetzung für das Lesen: Möglichkeiten der Diagnose und Förderung. In: Gläser, Eva / Franke-Zöllmer, Gitta (Hrsg.): Lesekompetenz fördern von Anfang an. Didaktische und methodische Anregungen zur Leseförderung. Baltmannsweiler 2005, S. 36–49.

GARBE, CHRISTINE. Lesekompetenz als Schlüsselqualifikation in der Mediengesellschaft. PISA und IGLU als Herausforderung für eine systematische Leseförderung. In Gläser, Eva / Franke-Zöllmer, Gitta (Hrsg.). Lesekompetenz fördern von Anfang an. Didaktische und methodische Anregungen zur Leseförderung. Baltmannsweiler 2005a, S. 9–23.

GARBE, CHRISTINE. Warum Leseförderung vor und in der Grundschule ansetzen muss. Erkenntnisse der biographischen Leseforschung. In Gläser, Eva / Franke-Zöllmer, Gitta (Hrsg.). Lesekompetenz fördern von Anfang an. Didaktische und methodische Anregungen zur Leseförderung. Baltmannsweiler 2005b, S. 24–35.

GLÄSER, EVA / FRANKE-ZÖLLMER, GITTA (Hrsg.): Lesekompetenz fördern von Anfang an. Didaktische und methodische Anregungen zur Leseförderung. Baltmannsweiler 2005.

GRAF, WERNER: Lesegenese in Kindheit und Jugend. Einführung in die literarische Sozialisation. In: Ehlers, Swantje (Hrsg.): Deutschunterricht. Grundwissen Literatur, Bd. 2). Hohengehren 2007.

GROEBEN, NORBERT: (Lese-)Sozialisation als Ko-Konstruktion – Methodisch-methodologische Problem-(Lösungs-)Perspektiven. In: Groeben, Norbert / Hurrelmann, Bettina (Hrsg.): Lesesozialisation in der Mediengesellschaft. Ein Forschungsüberblick (Lesesozialisation und Medien). Weinheim / München 2004, S. 145–169.

HURRELMANN, BETTINA: Leseförderung. Basisartikel. In Praxis Deutsch 127 / 1994, S. 17–26.

HURRELMANN, BETTINA: Informelle Sozialisationsinstanz Familie. In: Groeben, Norbert / Hurrelmann Bettina (Hrsg.). Lesesozialisation in der Mediengesellschaft. Ein Forschungsüberblick (Lesesozialisation und Medien). Weinheim / München, 2004a, S. 169–201.

HURRELMANN, BETTINA: Bildungsnormen als Sozialisationsinstanz. In: Groeben, Norbert / Hurrelmann Bettina (Hrsg.). Lesesozialisation in der Mediengesellschaft. Ein Forschungsüberblick (Lesesozialisation und Medien). Weinheim / München, 2004b, S. 280–305.

HURRELMANN, BETTINA: Ko-Konstruktion als Theorierahmen historischer Lesesozialisationsforschung: sozialisationstheoretische Prämissen. In: Hurrelmann, Bettina / Becker, Susanne / Nickel-Bacon, Irmgard (Hrsg.): Lesekindheiten. Familie und Lesesozialisation im historischen Wandel (Lesesozialisation und Medien). Weinheim / München 2006a, S. 15–30.

HURRELMANN, BETTINA: Sozialhistorische Rahmenbedingungen von Lesekompetenz sowie soziale und personale Einflussfaktoren. In: Groeben, Norbert / Hurrelmann Bettina (Hrsg.): Lesekompetenz. Bedingungen, Dimensionen, Funktionen (Lesesozialisation und Medien). 2. Auflage, Weinheim / München 2006b, S. 123–149.

KERLEN, DIETRICH: Jugend und Medien in Deutschland. Eine kulturhistorische Studie. Weinheim / Basel 2005.

KNISEL-SCHEURING, GERLINDE: Wir entdecken die Welt der Bücher. Kleine Projekte für Hort und Kindergarten. Lahr 2001.

MEDIENPÄDAGOGISCHER FORSCHUNGSVERBUND SÜDWEST (Hrsg.): KIM-Studie 2006. Kinder und Medien. Computer und Internet. Basisuntersuchung zum Medienumgang 6- bis 13-Jähriger in Deutschland. Stuttgart 2007.

MEDIENPÄDAGOGISCHER FORSCHUNGSVERBUND SÜDWEST (Hrsg.): JIM-Studie 2007. Jugend, Information, (Multi-) Media. Basisuntersuchung zum Medienumgang 12- bis 19-Jähriger in Deutschland. Stuttgart 2007.

NÄGER, SYLVIA: Literacy – Kinder entdecken Buch-, Erzähl- und Schriftkultur. Freiburg im Breisgau 2005.

NEUMANN, CHRISTINE: Bücherspaß in der Kita. Bildung fängt im Kindergarten an. München 2005.

OECD (Hrsg.): Starting Strong II: Early Childhood Education and Care. Paris 2006.

ÖZDEMIR, CHEM (Hrsg.): Abenteuer Vorlesen. Ein Wegweiser für Initiativen. 3. Auflage, Hamburg 2002.

PROSOZ HERTEN PRO-KIDS INSTITUT (Hrsg.): LBS-Kinderbarometer Deutschland 2007. Stimmungen, Meinungen, Trends von Kindern in sieben Bundesländern. Ergebnisse des Erhebungsjahres 2006 / 07. Berlin 2007.

RAU, MARIE LUISE: Literacy. Vom ersten Bilderbuch zum Erzählen, Lesen und Schreiben. Stuttgart 2007.

ROSEBROCK, CORNELIA: Literarische Sozialisation im Medienzeitalter. Ein Systematisierungsversuch zur Einleitung. In: Rosebrock, Cornelia (Hrsg.): Lesen im Medienzeitalter. Biographische und historische Aspekte literarischer Sozialisation. Weinheim und München 1995, S. 9–29.

SALAMONSBERGER, STEFAN / STRICKER, NORMANN / TITEL, VOLKER: Abenteuer Buch Informationsbroschüre. Erlangen 2008.

Saxer, Ulrich: Lesesozialisation. In: Bonfadelli, Heinz / Fritz, Angela / Köcher, Renate (Hrsg.): Leseerfahrungen und Lesekarrieren (Lesesozialisation Bd. 2). 2. Auflage, Gütersloh 1995, S. 311–374.

SCHIEFELE, ULRICH U.A. (HRSG.): Struktur, Entwicklung und Förderung von Lesekompetenz. Vertiefende Analysen im Rahmen von PISA 2000. Wiesbaden 2004.

SCHNEIDER, WOLFGANG: Frühe Entwicklung von Lesekompetenz: Zur Relevanz vorschulischer Sprachkompetenzen. In: Schiefele, Ulrich u.a. (Hrsg.): Struktur, Entwicklung und Förderung von Lesekompetenz. Vertiefende Analysen im Rahmen von PISA 2000. Wiesbaden 2004, S. 13–36.

SIX, ULRIKE / GIMMLER, ROLAND. Die Förderung von Medienkompetenz im Kindergarten. Eine empirische Studie zu Bedingungen und Handlungsformen der Medienerziehung (Schriftenreihe Medienforschung der Landesanstalt für Medien Nordrhein-Westfalen, Bd. 57). Düsseldorf 2007.

SPINNER, KASPAR H.: Die Entwicklung literarischer Kompetenz beim Kind. In: Rosebrock, Cornelia (Hrsg.): Lesen im Medienzeitalter. Biographische und historische Aspekte literarischer Sozialisation. Weinheim / München 1995, S. 81–95.

STIFTUNG LESEN / SPIEGEL-VERLAG (Hrsg.): Leseverhalten in Deutschland im neuen Jahrtausend. Eine Studie der Stiftung Lesen (Schriftenreihe „Lesewelten" Bd. 3). Hamburg / Mainz 2001.

SÜHL-STROHMENGER, WILFRIED: Vermittlung der Schlüsselqualifikation Informations- und Medienkompetenz in den neuen Studiengängen. Ziele, Anforderungen, Konzepte, Strategien – am Beispiel ausgewählter Hochschulbibliotheken. In: B.I.T online 10 (2007) Nr. 3, S. 197–208.

ULICH, MICHAELA: Literacy – sprachliche Bildung im Elementarbereich. In: Kindergarten heute 2003, H. 3, S. 6–18.

WILKE, JÜRGEN: Grundzüge der Medien- und Kommunikationsgeschichte. Von den Anfängen bis ins 20. Jahrhundert. Köln / Weimar / Wien 2000.

WIELER, PETRA: Vorlesen in der Familie. Fallstudien zur literarisch-kulturellen Sozialisation von Vierjährigen. Weinheim / München 1997.

2.2   Elektronische Quellen

DISKOWSKI, DETLEF: Synopse zu den Bildungsplänen der Länder. Ohne Ort, 2007. URL: http://www.lisum.berlin-brandenburg.de/media/lbm1.a.1234.de /synopse_bildungsplaene.pdf [22.09.2008].

DJI KINDERPANEL. Ergebnisse der ersten Welle, Familie und Freizeit. Ohne Ort 2002, ohne Paginierung. URL: http://dji.de/kinderpanel/highlights/Familie_ Freizeit.pdf [22.09.2009].

MUNSKE, HORST HAIDER (Hrsg.): interdisziplinäres Zentrum für Dialektforschung an der Friedrich-Alexander-Universität Erlangen-Nürnberg, 22.10–10.12.2007. Erlangen 2007. URL: http://www.dialektforschung.phil.uni-erlangen.de/ sterbendialekte/Abstracts.html [22.09.2008].

WORLD VISION DEUTSCHLAND E.V. (Hrsg.): Kinder in Deutschland 2007. 1. World-Vision-Kinderstudie. Frankfurt a. M. 2007. Hier: Zusammenfassung der Ergebnisse. URL: http://www.worldvisionkinderstudie.de/ kinderstudie/zusammenfassung.html [15.09.2008].

VI   Anhang

1   Bewertungsbögen

A	Räumliche Gestaltung/ Materialien/Ausstattung	P
	Bibliothek in der Einrichtung	5
	Stets und allen zugänglich	3
	Medienausleihe nach Hause	3
	Mehrsprachige Medien	3
	Ergänzungsmedien	1
	Gemeinschaftliche Gestaltung	1
	Leseecke	5
	Separater Raum	1
	Geeignetes Mobiliar	1
	Schreibecke	3
	Schreibutensilien	3
	Drucklettern (z.B. aus Holz)	1
		SUMME 30

B	Kooperationen/Eltern/ Gemeinwesenorientierung	P
	Bibliotheken/Büchereien	5
	Besuch mit den Eltern	3
	Besuch mit der Gruppe	3
	Ausleihe	1
	Beratung	1
	Serviceleistungen (Kinderveranstaltungen)	1
	Buchhandlungen	3
	Besuch einer Buchhandlung	1
	Buchausstellungen in der KiTa	3
	Autor/Schriftsteller	3
	Lesungen in der Einrichtung	3
	Bilderbuchausstellungen zeitgenössischer Autoren in der Einrichtung	1
	Vorlesepatenschaften	5
	Eltern	3
	Schulkinder	3
	Mehrsprachigkeit bei Vorlesesituationen	1
		0
		SUMME 40

C	Zentrale Forderungen/Zielstellungen und Fragestellungen	P
	Stärkere Berücksichtigung von Literacy-Entwicklung/Lesekompetenz/Literatur-kompetenz/Literalität/Medienkompetenz Im Elementarbereich	3
	Das Vorhandensein von Büchern, Zeitungen und Zeitschriften Zuhause wie im Kindergarten wird vorausgesetzt	1
	Selbstverständlicher Umgang mit Buch und Schrift	1
	Vorlesesituation als zentrales Element zur Sprach- u. Literalitätsförderung	1
	Das Kind soll ein generelles Interesse an Büchern und am Lesen entwickeln	1
	Das Buch und die Lesefähigkeit ermöglichen den Zugang zum Weltwissen	1
	Die Bibliothek ist ein Ort des kulturellen und öffentlichen Lebens	1
	Fragen zur Buchnutzung, Medienausstattung u. Medienverhalten im Elternhaus	1
		SUMME 10

Tabelle 1a – Überblick Punktewertung pro Parameter

D	Aktivitäten rund ums Buch/mit dem Buch	P
Bilderbuchbetrachtung/ Erzählen und Vorlesen		5
Täglich/ regelmäßig/ ritualisiert		3
In Kleingruppen		1
Wiederholungslektüre		1
Verschiedene (Vor)lesesituationen (z.B Kind alleine/mit Erzieherin)		3
Gemeinsamer Dialog / Anschlusskommunikation		3
Bilderbuchserien		1
Inhalt erfassen und wiedergeben		1
Vorbildfunktion der Erzieherinnen		3
Vorbildfunktion der Eltern		3
„Lesefest" (mit Eltern)		1
Ein Vorlesetag		1
Lieblingsbuch mitbringen/vorstellen/vorlesen		3
Buchumgang lernen		1
Kind als Autor		1
Buch als Informationsquelle/Projektbasis		5
Informationsbeschaffung / Recherche		3
Thematische Begleitung		1
Buch(inhalt) als Projektbasis		1

Buch als Objekt		5
Buch basteln		3
Buch einbinden		1
Buch reparieren		1
Informationen zum Buchaufbau		1
Besuch einer Druckerei		1
Verwandte Themen		3
Sprache als Literatur und Kunstform erleben		1
Sprachliche und literarische Erfahrungen sammeln		1
Interesse für Schrift, Buchstaben, Zeichen, Symbole wecken		1
Sprachschatzerweiterung; Grammatik		1
Vermittlung und Pflege traditioneller Sprache		1
		0
SUMME		**61**

Punkteverteilung	
Teilbereich A	30
Teilbereich B	40
Teilbereich C	10
Teilbereich D	61
GESAMTSUMME	**141**
	NOTE

Punktesystem	Notenspiegel	Note
141-120	0	1
119-90	1	2
89-60	6	3
59-30	4	4
29-15	2	5
14-0	3	6
Ø 45		Ø 4

Tabelle 1b – Überblick Punktewertung pro Parameter

Platz	Bundesland	Punkte	Note
1	Bayern	96	2-
2	Saarland	81	3
3	Hamburg	80	3
4	Berlin	72	3
5	Schleswig-Holstein	67	3-
6	Thüringen	63	3-
7	Baden-Württemberg	62	3-
8	Sachsen	48	4
9	Brandenburg	42	4
10	Bremen	37	4-
11	Mecklenburg-Vorpommern	30	4-
12	Niedersachsen	28	5+
13	Sachsen-Anhalt	24	5
14	Hessen	10	6
15	Rheinland-Pfalz	6	6
16	Nordrhein-Westfahlen	5	6

Tabelle II Länder-Ranking nach erreichter Note

Bundesland	Erreichte Punktzahl pro Kategorie				Summe	Note
	A (Ø 11)	B (Ø 11)	C (Ø 1,5)	D (Ø 23)	(Ø 47)	(Ø 4)
Baden-Württemberg	12	31	0	19	62	3-
Bayern	23	37	4	35	99	2-
Berlin	17	18	2	35	72	3
Brandenburg	14	0	1	27	42	4
Bremen	11	0	0	24	37	4-
Hamburg	13	27	3	34	80	3
Hessen	0	0	4	6	10	6
Mecklenburg-Vorpommern	0	0	2	28	30	4-
Niedersachsen	16	0	0	12	28	5+
Nordrhein-Westfahlen	0	0	0	5	5	6
Rheinland-Pfalz	0	0	0	6	6	6
Saarland	16	24	3	35	81	3+
Sachsen	13	8	4	23	48	4
Sachsen-Anhalt	8	0	0	16	24	5+
Schleswig-Holstein	28	8	1	30	67	3-
Thüringen	10	24	0	29	63	3-

Tabelle III – Gesamtüberblick Punktevergabe pro Kategorie

Bundesland	Erreichte Punktzahl innerhalb Kategorie A		
	Bibliothek in Einrichtung	Leseecke	Schreibecke
Baden-Württemberg	12	0	0
Bayern	13	5	4
Berlin	8	6	3
Brandenburg	8	0	6
Bremen	11	0	0
Hamburg	8	5	0
Hessen	0	0	0
Mecklenburg-Vorpommern	0	0	0
Niedersachsen	11	0	5
Nordrhein-Westfahlen	0	0	0
Rheinland-Pfalz	0	0	0
Saarland	11	5	0
Sachsen	8	5	0
Sachsen-Anhalt	8	0	0
Schleswig-Holstein	14	7	7
Thüringen	0	6	4
Max.	16	7	7
Ø	7	2	1,6

Tabelle IVa – Gesamtüberblick Punktevergabe im Detail Kategorie A

128

Bundesland	Erreichte Punktzahl innerhalb Kategorie B			
	Bibliotheken/Büchereien	Buchhandlungen	Autor/Schriftsteller	Vorlesepaten
Baden-Württemberg	11	6	3	8
Bayern	14	8	7	11
Berlin	12	6	0	0
Brandenburg	0	0	0	0
Bremen	0	0	0	0
Hamburg	12	6	0	11
Hessen	0	0	0	0
Mecklenburg-Vorpommern	0	0	0	0
Niedersachsen	0	0	0	0
Nordrhein-Westfahlen	0	0	0	0
Rheinland-Pfalz	0	0	0	0
Saarland	8	8	0	9
Sachsen	8	0	0	0
Sachsen-Anhalt	0	0	0	0
Schleswig-Holstein	0	0	0	8
Thüringen	8	8	0	8
Max.	14	9	7	12
Ø	4,6	2,6	0,6	3,4

Tabelle IVb – Gesamtüberblick Punktevergabe im Detail Kategorie B

Bundesland	Erreichte Punktzahl innerhalb Kategorie D			
	Bilderbuchbetrachtung/ Erzählen und Vorlesen	Informationsquelle/ Projektbasis	Buch als Objekt	Verwandte Themen
Baden-Württemberg	11	0	8	0
Bayern	13	10	7	5
Berlin	14	9	8	4
Brandenburg	9	6	6	4
Bremen	11	8	0	5
Hamburg	15	8	8	6
Hessen	0	6	0	0
Mecklenburg-Vorpommern	13	9	0	6
Niedersachsen	0	8	0	4
Nordrhein-Westfahlen	5	0	0	0
Rheinland-Pfalz	6	0	0	0
Saarland	14	8	8	5
Sachsen	8	9	6	0
Sachsen-Anhalt	8	8	0	0
Schleswig-Holstein	12	6	8	4
Thüringen	16	8	0	5
Max. Punkte	31	10	12	8
Ø Punkte	9	6	4	3

Tabelle IVc – Gesamtüberblick Punktevergabe im Detail Kategorie D

A Räumliche Gestaltung/ Materialien/Ausstattung	N
Bibliothek in der Einrichtung	11
Stets und allen zugänglich	7
Medienausleihe nach Hause	3
Mehrsprachige Medien	9
Ergänzungsmedien	1
Gemeinschaftliche Gestaltung	1
Leseecke	7
Separater Raum	3
Geeignetes Mobiliar	1
Schreibecke	6
Schreibutensilien	2
Drucklettern (z.B. aus Holz)	3

B Kooperationen/Eltern/ Gemeinwesenorientierung	N
Bibliotheken/Büchereien	7
Besuch mit den Eltern	5
Besuch mit der Gruppe	5
Ausleihe	4
Beratung	2
Serviceleistungen (Kinderveranstaltungen)	2
Buchhandlungen	6
Besuch einer Buchhandlung	5
Buchausstellungen in der KiTa	1
Autor/Schriftsteller	2
Lesungen in der Einrichtung	1
Bilderbuchausstellungen zeitgenössischer Autoren in der Einrichtung	1
Vorlesepatenschaften	6
Eltern	6
Schulkinder	2
Mehrsprachigkeit bei Vorlesesituationen	1

C Zentrale Forderungen/Zielstellungen und Fragestellungen	N
Stärkere Berücksichtigung von Literacy-Entwicklung/Lesekompetenz/Literatur-kompetenz/Literalität/Medienkompetenz Im Elementarbereich	3
Das Vorhandensein von Büchern, Zeitungen und Zeitschriften Zuhause wie im Kindergarten wird vorausgesetzt	1
Selbstverständlicher Umgang mit Buch und Schrift	1
Vorlesesituation als zentrales Element zur Sprach- u. Literalitätsförderung	1
Das Kind soll ein generelles Interesse an Büchern und am Lesen entwickeln	4
Das Buch und die Lesefähigkeit ermöglichen den Zugang zum Weltwissen	3
Die Bibliothek ist ein Ort des kulturellen und öffentlichen Lebens	3
Fragen zur Buchnutzung, Medienausstattung u. Medienverhalten im Elternhaus	3

Tabelle Va - Häufigkeit der Nennung der Unterkategorien und Einzelparameter

Nennhäufigkeit	Attribut
1 – 2	ist zu vernachlässigen
3 – 4	ist unüblich
5 – 7	ist üblich
8 – 12	ist Standard
13 – 16	ist verpflichtend

D	Aktivitäten rund ums Buch / mit dem Buch	N
		14
	Bilderbuchbetrachtung / Erzählen und Vorlesen	
	Täglich / regelmäßig / ritualisiert	8
	In Kleingruppen	2
	Wiederholungslektüre	2
	Verschiedene (Vor)lesesituationen (z.B Kind alleine / mit Erzieherin)	1
	Gemeinsamer Dialog / Anschlusskommunikation	1
	Bilderbuchserien	1
	Inhalt erfassen und wiedergeben	1
	Vorbildfunktion der Erzieherinnen	4
	Vorbildfunktion der Eltern	1
	„Lesefest" (mit Eltern)	3
	Ein Vorlesetag	1
	Lieblingsbuch mitbringen / vorstellen / vorlesen	3
	Buchumgang lernen	5
	Kind als Autor	1
	Buch als Informationsquelle/Projektbasis	13
	Informationsbeschaffung / Recherche	11
	Thematische Begleitung	2
	Buch(inhalt) als Projektbasis	5

Buch als Objekt	
Buch basteln	8
Buch einbinden	5
Buch reparieren	1
Informationen zum Buchaufbau	1
Besuch einer Druckerei	1
Verwandte Themen	10
Sprache als Literatur und Kunstform erleben	3
Sprachliche und literarische Erfahrungen sammeln	2
Interesse für Schrift, Buchstaben, Zeichen, Symbole wecken	8
Sprachschatzerweiterung, Grammatik	3
Vermittlung und Pflege traditioneller Sprache	1

Tabelle Vb - Häufigkeit der Nennung der Unterkategorien und Einzelparameter

A	Räumliche Gestaltung/ Materialien/Ausstattung	P
	Bibliothek in der Einrichtung	5
	Stets und allen zugänglich	3
	Medienausleihe nach Hause	
	Mehrsprachige Medien	3
	Ergänzungsmedien	1
	Gemeinschaftliche Gestaltung	
	Leseecke	
	Separater Raum	
	Geeignetes Mobiliar	
	Schreibecke	
	Schreibutensilien	
	Drucklettern (z.B. aus Holz)	
		SUMME 12

B	Kooperationen/Eltern/ Gemeinwesenorientierung	P
	Bibliotheken/Büchereien	5
	Besuch mit den Eltern	
	Besuch mit der Gruppe	3
	Ausleihe	1
	Beratung	1
	Serviceleistungen (Kinderveranstaltungen)	1
	Buchhandlungen	3
	Besuch einer Buchhandlung	1
	Buchausstellungen in der KiTa	
	Autor/Schriftsteller	3
	Lesungen in der Einrichtung	
	Bilderbuchausstellungen zeitgenössischer Autoren in der Einrichtung	
	Vorlesepatenschaften	5
	Eltern	3
	Schulkinder	3
	Mehrsprachigkeit bei Vorlesesituationen	
		SUMME 29

C	Zentrale Forderungen/Zielstellungen und Fragestellungen	P
	Stärkere Berücksichtigung von Literacy-Entwicklung/Lesekompetenz/Literatur-kompetenz/Literalität/Medienkompetenz Im Elementarbereich	
	Das Vorhandensein von Büchern, Zeitungen und Zeitschriften Zuhause wie im Kindergarten wird vorausgesetzt	
	Selbstverständlicher Umgang mit Buch und Schrift	
	Vorlesesituation als zentrales Element zur Sprach- u. Literalitätsförderung	
	Das Kind soll ein generelles Interesse an Büchern und am Lesen entwickeln	
	Das Buch und die Lesefähigkeit ermöglichen den Zugang zum Weltwissen	
	Die Bibliothek ist ein Ort des kulturellen und öffentlichen Lebens	
	Fragen zur Buchnutzung, Medienausstattung u. Medienverhalten im Elternhaus	
		SUMME /

Tabelle 1a Übersicht Baden-Württemberg

Punkteverteilung

Teilbereich A	12
Teilbereich B	29
Teilbereich C	/
Teilbereich D	19
GESAMTSUMME	60
NOTE	3 (-)

Notensystem	Notenspiegel	Note
140-120	0	1
119-90	1	2
89-60	6	3
59-30	4	4
29-15	2	5
14-0	3	6
Ø 45	Ø 4	

D	Aktivitäen rund ums Buch/mit dem Buch	P
	Bilderbuchbetrachtung/ Erzählen und Vorlesen	5
	Täglich od. regelmäßig/ ritualisiert	3
	In Kleingruppen	
	Wiederholungslektüre	
	Verschiedene Vorlesesituationen (Kind alleine/mit Erzieherin)	
	Gemeinsamer Dialog / Anschlusskommunikation	
	Bilderbuchserien	
	Inhalt erfassen und wiedergeben	
	Vorbildfunktion der Erzieherinnen	
	Vorbildfunktion der Eltern	
	„Lesefest" (mit Eltern)	
	Ein extra Vorlesetag	
	Lieblingsbuch	3
	mitbringen/vorstellen/vorlesen	
	Buchumgang lernen	
	Kind als Autor	
	Buch als Informationsquelle/Projektbasis	
	Informationsbeschaffung / Recherche	
	Thematische Begleitung	
	Buch(inhalt) als Projektbasis	

Buch als Objekt	5
Buch basteln	3
Buch einbinden	
Buch reparieren	
Informationen zum Buchaufbau	
Besuch einer Druckerei	
Verwandte Themen	
Sprache als Literatur und Kunstform erleben	
Sprachliche und literarische Erfahrungen sammeln	
Interesse für Schrift, Buchstaben, Zeichen, Symbole	
Sprachschatzerweiterung, Grammatik	
Vermittlung und Pflege traditioneller Sprache	
SUMME	19

Tabelle 1b Übersicht Baden-Württemberg

A – Räumliche Gestaltung / Materialien/Ausstattung

A – Räumliche Gestaltung/Materialien/Ausstattung	P
Bibliothek in der Einrichtung	5
Stets und allen zugänglich	
Medienausleihe nach Hause	3
Mehrsprachige Medien	3
Ergänzungsmedien	1
Gemeinschaftliche Gestaltung	1
Leseecke	5
Separater Raum	
Geeignetes Mobiliar	
Schreibecke	3
Schreibutensilien	1
Drucklettern (z.B. aus Holz)	1
SUMME	**23**

B – Kooperationen / Eltern / Gemeinwesenorientierung

B – Kooperationen/Eltern/Gemeinwesenorientierung	P
Bibliotheken/Büchereien	5
Besuch mit den Eltern	3
Besuch mit der Gruppe	3
Ausleihe	1
Beratung	1
Serviceleistungen (Kinderveranstaltungen)	1
Buchhandlungen	3
Besuch einer Buchhandlung	1
Buchausstellungen in der KiTa	3
Autor/Schriftsteller	3
Lesungen in der Einrichtung	3
Bilderbuchausstellungen zeitgenössischer Autoren in der Einrichtung	1
Vorlesepatenschaften	5
Eltern	3
Schulkinder	
Mehrsprachigkeit bei Vorlesesituationen	1
SUMME	**37**

C – Zentrale Forderungen/Zielstellungen und Fragestellungen

C – Zentrale Forderungen/Zielstellungen und Fragestellungen	P
Stärkere Berücksichtigung von Literacy-Entwicklung/Lesekompetenz/Literatur-kompetenz/Literalität/Medienkompetenz Im Elementarbereich	3
Das Vorhandensein von Büchern, Zeitungen und Zeitschriften Zuhause wie im Kindergarten wird vorausgesetzt	
Selbstverständlicher Umgang mit Buch und Schrift	
Vorlesesituation als zentrales Element zur Sprach- u. Literalitätsförderung	1
Das Kind soll ein generelles Interesse an Büchern und am Lesen entwickeln	
Das Buch und die Lesefähigkeit ermöglichen den Zugang zum Weltwissen	
Die Bibliothek ist ein Ort des kulturellen und öffentlichen Lebens	
Fragen zur Buchnutzung, Medienausstattung u. Medienverhalten im Elternhaus	
SUMME	**4**

Tabelle 2a Übersicht Bayern

D	Aktivitäten rund ums Buch / mit dem Buch	P
	Bilderbuchbetrachtung/ Erzählen und Vorlesen	5
	Täglich od. regelmäßig/ ritualisiert	1
	In Kleingruppen	
	Wiederholungslektüre	1
	Verschiedene Vorlesesituationen (Kind alleine/mit Erzieherin)	3
	Gemeinsamer Dialog / Anschlusskommunikation	1
	Bilderbuchserien	
	Inhalt erfassen und wiedergeben	
	Vorbildfunktion der Erzieherinnen	
	Vorbildfunktion der Eltern	1
	„Lesefest" (mit Eltern)	
	Ein extra Vorlesetag	
	Lieblingsbuch	
	mitbringen/vorstellen/vorlesen	1
	Buchumgang lernen	5
	Kind als Autor	3
	Buch als Informationsquelle/Projektbasis	
	Informationsbeschaffung / Recherche	1
	Thematische Begleitung	1
	Buch(inhalt) als Projektbasis	

Buch als Objekt	5
Buch basteln	
Buch einbinden	1
Buch reparieren	1
Informationen zum Buchaufbau	
Besuch einer Druckerei	
Verwandte Themen	3
Sprache als Literatur und Kunstform erleben	
Sprachliche und literarische Erfahrungen sammeln	1
Interesse für Schrift, Buchstaben, Zeichen, Symbole	
Sprachschatzerweiterung, Grammatik	1
Vermittlung und Pflege traditioneller Sprache	
SUMME	35

Punkteverteilung	
Teilbereich A	23
Teilbereich B	37
Teilbereich C	4
Teilbereich D	35
GESAMTSUMME	99
NOTE	2(-)

Notensystem	Notenspiegel	Note
140-120	0	1
119-90	1	2
89-60	6	3
59-30	4	4
29-15	2	5
14-0	3	6
Ø 45	Ø 4	

Tabelle 2b Übersicht Bayern

A	Räumliche Gestaltung/ Materialien/Ausstattung	P
	Bibliothek in der Einrichtung	5
	Stets und allen zugänglich	
	Medienausleihe nach Hause	
	Mehrsprachige Medien	3
	Ergänzungsmedien	
	Gemeinschaftliche Gestaltung	
	Leseecke	5
	Separater Raum	1
	Geeignetes Mobiliar	
	Schreibecke	3
	Schreibutensilien	
	Drucklettern (z.B. aus Holz)	
	SUMME	**17**

B	Kooperationen/Eltern/ Gemeinwesenorientierung	P
	Bibliotheken/Büchereien	5
	Besuch mit den Eltern	3
	Besuch mit der Gruppe	3
	Ausleihe	1
	Beratung	
	Serviceleistungen (Kinderveranstaltungen)	
	Buchhandlungen	3
	Besuch einer Buchhandlung	1
	Buchausstellungen in der KiTa	
	Autor/Schriftsteller	3
	Lesungen in der Einrichtung	
	Bilderbuchausstellungen zeitgenössischer Autoren in der Einrichtung	
	Vorlesepatenschaften	
	Eltern	
	Schulkinder	
	Mehrsprachigkeit bei Vorlesesituationen	
	SUMME	**16**

C	Zentrale Forderungen/Zielstellungen und Fragestellungen	P
	Stärkere Berücksichtigung von Literacy-Entwicklung/Lesekompetenz/Literatur-kompetenz/Literalität/Medienkompetenz Im Elementarbereich	
	Das Vorhandensein von Büchern, Zeitungen und Zeitschriften Zuhause wie im Kindergarten wird vorausgesetzt	1
	Selbstverständlicher Umgang mit Buch und Schrift	
	Vorlesesituation als zentrales Element zur Sprach- u. Literalitätsförderung	
	Das Kind soll ein generelles Interesse an Büchern und am Lesen entwickeln	
	Das Buch und die Lesefähigkeit ermöglichen den Zugang zum Weltwissen	1
	Die Bibliothek ist ein Ort des kulturellen und öffentlichen Lebens	
	Fragen zur Buchnutzung, Medienausstattung u. Medienverhalten im Elternhaus	
	SUMME	**2**

Tabelle 3a Übersicht Berlin

D	Aktivitäten rund ums Buch/mit dem Buch	P
	Bilderbuchbetrachtung/ Erzählen und Vorlesen	5
	Täglich od. regelmäßig/ ritualisiert	3
	In Kleingruppen	
	Wiederholungslektüre	
	Verschiedene Vorlesesituationen (Kind alleine/mit Erzieherin)	
	Gemeinsamer Dialog / Anschlusskommunikation	
	Bilderbuchserien	
	Inhalt erfassen und wiedergeben	
	Vorbildfunktion der Erzieherinnen	3
	Vorbildfunktion der Eltern	
	„Lesefest" (mit Eltern)	1
	Ein extra Vorlesetag	
	Lieblingsbuch mitbringen/vorstellen/vorlesen	
	Buchumgang lernen	
	Kind als Autor	1
	Buch als Informationsquelle/Projektbasis	5
	Informationsbeschaffung / Recherche	3
	Thematische Begleitung	1
	Buch(inhalt) als Projektbasis	

Buch als Objekt	
Buch basteln	5
Buch einbinden	3
Buch reparieren	
Informationen zum Buchaufbau	
Besuch einer Druckerei	
Verwandte Themen	3
Sprache als Literatur und Kunstform erleben	
Sprachliche und literarische Erfahrungen sammeln	
Interesse für Schrift, Buchstaben, Zeichen, Symbole	1
Sprachschatzerweiterung, Grammatik	
Vermittlung und Pflege traditioneller Sprache	
SUMME	34

Punkteverteilung	
Teilbereich A	17
Teilbereich B	16
Teilbereich C	2
Teilbereich D	34
GESAMTSUMME	69
NOTE	3 (-)

Notensystem	Notenspiegel	Note
140-120	0	1
119-90	1	2
89-60	6	3
59-30	4	4
29-15	2	5
14-0	3	6
Ø 45	Ø 4	

Tabelle 3b Übersicht Berlin

A	Räumliche Gestaltung/ Materialien/Ausstattung	P
	Bibliothek in der Einrichtung	5
	Stets und allen zugänglich	3
	Medienausleihe nach Hause	
	Mehrsprachige Medien	
	Ergänzungsmedien	
	Gemeinschaftliche Gestaltung	
	Leseecke	
	Separater Raum	
	Geeignetes Mobiliar	
	Schreibecke	3
	Schreibutensilien	3
	Drucklettern (z.B. aus Holz)	
	SUMME	14

B	Kooperationen/Eltern/ Gemeinwesenorientierung	P
	Bibliotheken/Büchereien	
	Besuch mit den Eltern	
	Besuch mit der Gruppe	
	Ausleihe	
	Beratung	
	Serviceleistungen (Kinderveranstaltungen)	
	Buchhandlungen	
	Besuch einer Buchhandlung	
	Buchausstellungen in der KiTa	
	Autor/Schriftsteller	
	Lesungen in der Einrichtung	
	Bilderbuchausstellungen zeitgenössischer	
	Autoren in der Einrichtung	
	Vorlesepatenschaften	
	Eltern	
	Schulkinder	
	Mehrsprachigkeit bei Vorlesesituationen	
	SUMME	/

C	Zentrale Forderungen/Zielstellungen und Fragestellungen	P
	Stärkere Berücksichtigung von Literacy-Entwicklung/Lesekompetenz/Literatur-kompetenz/Literalitäte/Medienkompetenz Im Elementarbereich	1
	Das Vorhandensein von Büchern, Zeitungen und Zeitschriften Zuhause wie im Kindergarten wird vorausgesetzt	
	Selbstverständlicher Umgang mit Buch und Schrift	
	Vorlesesituation als zentrales Element zur Sprach- u. Literalitätsförderung	
	Das Kind soll ein generelles Interesse an Büchern und am Lesen entwickeln	
	Das Buch und die Lesefähigkeit ermöglichen den Zugang zum Weltwissen	
	Die Bibliothek ist ein Ort des kulturellen und öffentlichen Lebens	
	Fragen zur Buchnutzung, Medienausstattung u. Medienverhalten im Elternhaus	
	SUMME	1

Tabelle 4a Übersicht Brandenburg

D	Aktivitäten rund ums Buch/mit dem Buch	P
Bilderbuchbetrachtung/ Erzählen und Vorlesen		5
Täglich od. regelmäßig/ ritualisiert		
In Kleingruppen		
Wiederholungslektüre		
Verschiedene Vorlesesituationen (Kind alleine/mit Erzieherin)		
Gemeinsamer Dialog / Anschlusskommunikation		3
Bilderbuchserien		
Inhalt erfassen und wiedergeben		
Vorbildfunktion der Erzieherinnen		
Vorbildfunktion der Eltern		
„Lesefest" (mit Eltern)		
Ein extra Vorlesetag		
Lieblingsbuch		
mitbringen/vorstellen/vorlesen		
Buchumgang lernen		
Kind als Autor		
Buch als Informationsquelle/Projektbasis		
Informationsbeschaffung / Recherche		
Thematische Begleitung		
Buch(inhalt) als Projektbasis		

Buch als Objekt	5
Buch basteln	
Buch einbinden	
Buch reparieren	
Informationen zum Buchaufbau	1
Besuch einer Druckerei	
Verwandte Themen	
Sprache als Literatur und Kunstform erleben	
Sprachliche und literarische Erfahrungen sammeln	
Interesse für Schrift, Buchstaben, Zeichen, Symbole	
Sprachschatzerweiterung, Grammatik	
Vermittlung und Pflege traditioneller Sprache	
SUMME	**14**

Punkteverteilung	
Teilbereich A	14
Teilbereich B	/
Teilbereich C	1
Teilbereich D	14
GESAMTSUMME	29
NOTE	5 (+)

Notensystem	**Norenspiegel**	**Note**
140-120	0	1
119-90	1	2
89-60	6	3
59-30	4	4
29-15	2	5
14-0	3	6
Ø 45	Ø 4	

Tabelle 4b Übersicht Brandenburg

140

A	Räumliche Gestaltung/ Materialien/Ausstattung	P
	Bibliothek in der Einrichtung	5
	Stets und allen zugänglich	3
	Medienausleihe nach Hause	
	Mehrsprachige Medien	3
	Ergänzungsmedien	
	Gemeinschaftliche Gestaltung	
	Leseecke	
	Separater Raum	
	Geeignetes Mobiliar	
	Schreibecke	
	Schreibutensilien	
	Drucklettern (z.B. aus Holz)	
	SUMME	11

B	Kooperationen/Eltern/ Gemeinwesenorientierung	P
	Bibliotheken/Büchereien	
	Besuch mit den Eltern	
	Besuch mit der Gruppe	
	Ausleihe	
	Beratung	
	Serviceleistungen (Kinderveranstaltungen)	
	Buchhandlungen	
	Besuch einer Buchhandlung	
	Buchausstellungen in der KiTa	
	Autor/Schriftsteller	
	Lesungen in der Einrichtung	
	Bilderbuchausstellungen zeitgenössischer Autoren in der Einrichtung	
	Vorlesepatenschaften	
	Eltern	
	Schulkinder	
	Mehrsprachigkeit bei Vorlesesituationen	
	SUMME	/

C	Zentrale Forderungen/Zielstellungen und Fragestellungen	P
	Stärkere Berücksichtigung von Literacy-Entwicklung/Lesekompetenz/Literatur-kompetenz/Literalität/Medienkompetenz Im Elementarbereich	
	Das Vorhandensein von Büchern, Zeitungen und Zeitschriften Zuhause wie im Kindergarten wird vorausgesetzt	
	Selbstverständlicher Umgang mit Buch und Schrift	
	Vorlesesituation als zentrales Element zur Sprach- u. Literalitätsförderung	
	Das Kind soll ein generelles Interesse an Büchern und am Lesen entwickeln	
	Das Buch und die Lesefähigkeit ermöglichen den Zugang zum Weltwissen	
	Die Bibliothek ist ein Ort des kulturellen und öffentlichen Lebens	
	Fragen zur Buchnutzung, Medienausstattung u. Medienverhalten im Elternhaus	
	SUMME	/

Tabelle 5a Übersicht Bremen

D — Aktivitäten rund ums Buch/mit dem Buch

Bilderbuchbetrachtung/ Erzählen und Vorlesen	P
	5
Täglich od. regelmäßig/ ritualisiert	3
In Kleingruppen	
Wiederholungslektüre	
Verschiedene Vorlesesituationen (Kind alleine/mit Erzieherin)	3
Gemeinsamer Dialog / Anschlusskommunikation	
Bilderbuchserien	
Inhalt erfassen und wiedergeben	
Vorbildfunktion der Erzieherinnen	
Vorbildfunktion der Eltern	
„Lesefest" (mit Eltern)	
Ein extra Vorlesetag	
Lieblingsbuch mitbringen/vorstellen/vorlesen	
Buchumgang lernen	
Kind als Autor	
Buch als Informationsquelle/Projektbasis	5
Informationsbeschaffung / Recherche	3
Thematische Begleitung	
Buch(inhalt) als Projektbasis	

Buch als Objekt	P
Buch basteln	
Buch einbinden	
Buch reparieren	
Informationen zum Buchaufbau	
Besuch einer Druckerei	
Verwandte Themen	
Sprache als Literatur und Kunstform erleben	
Sprachliche und literarische Erfahrungen sammeln	1
Interesse für Schrift, Buchstaben, Zeichen, Symbole	
Sprachschatzerweiterung, Grammatik	1
Vermittlung und Pflege traditioneller Sprache	
SUMME	**21**

Punkteverteilung	
Teilbereich A	11
Teilbereich B	/
Teilbereich C	/
Teilbereich D	21
GESAMTSUMME	33
NOTE	4 (-)

Notensystem	Norenspiegel	Note
140-120	0	1
119-90	1	2
89-60	6	3
59-30	4	4
29-15	2	5
14-0	3	6
Ø 45		Ø 4

Tabelle 5b Übersicht Bremen

A Räumliche Gestaltung/ Materialien/Ausstattung	P
Bibliothek in der Einrichtung	5
Stets und allen zugänglich	
Medienausleihe nach Hause	
Mehrsprachige Medien	3
Ergänzungsmedien	
Gemeinschaftliche Gestaltung	
Leseecke	5
Separater Raum	
Geeignetes Mobiliar	
Schreibecke	
Schreibutensilien	
Drucklettern (z.B. aus Holz)	
SUMME	13

B Kooperationen/Eltern/ Gemeinwesenorientierung	P
Bibliotheken/Büchereien	5
Besuch mit den Eltern	3
Besuch mit der Gruppe	3
Ausleihe	1
Beratung	
Serviceleistungen (Kinderveranstaltungen)	
Buchhandlungen	3
Besuch einer Buchhandlung	1
Buchausstellungen in der KiTa	
Autor/Schriftsteller	
Lesungen in der Einrichtung	
Bilderbuchausstellungen zeitgenössischer Autoren in der Einrichtung	
Vorlesepatenschaften	5
Eltern	3
Schulkinder	3
Mehrsprachigkeit bei Vorlesesituationen	
SUMME	27

C Zentrale Forderungen/Zielstellungen und Fragestellungen	P
Stärkere Berücksichtigung von Literacy-Entwicklung/Lesekompetenz/Literatur-kompetenz/Literalität/Medienkompetenz Im Elementarbereich	
Das Vorhandensein von Büchern, Zeitungen und Zeitschriften Zuhause wie im Kindergarten wird vorausgesetzt	
Selbstverständlicher Umgang mit Buch und Schrift	1
Vorlesesituation als zentrales Element zur Sprach- u. Literalitätsförderung	
Das Kind soll ein generelles Interesse an Büchern und am Lesen entwickeln	1
Das Buch und die Lesefähigkeit ermöglichen den Zugang zum Weltwissen	
Die Bibliothek ist ein Ort des kulturellen und öffentlichen Lebens	1
Fragen zur Buchnutzung, Medienausstattung u. Medienverhalten im Elternhaus	
SUMME	3

Tabelle 6a Übersicht Hamburg

D — Aktivitäten rund ums Buch/mit dem Buch

D — Aktivitäten rund ums Buch/mit dem Buch	P
Bilderbuchbetrachtung/ Erzählen und Vorlesen	5
Täglich od. regelmäßig/ ritualisiert	3
In Kleingruppen	
Wiederholungslektüre	
Verschiedene Vorlesesituationen (Kind alleine/mit Erzieherin)	
Gemeinsamer Dialog / Anschlusskommunikation	
Bilderbuchserien	
Inhalt erfassen und wiedergeben	3
Vorbildfunktion der Erzieherinnen	
Vorbildfunktion der Eltern	1
„Lesefest" (mit Eltern)	
Ein extra Vorlesetag	
Lieblingsbuch	
mitbringen/vorstellen/vorlesen	
Buchumgang lernen	
Kind als Autor	
Buch als Informationsquelle/Projektbasis	5
Informationsbeschaffung / Recherche	3
Thematische Begleitung	
Buch(inhalt) als Projektbasis	

Buch als Objekt	P
Buch als Objekt	5
Buch basteln	3
Buch einbinden	
Buch reparieren	
Informationen zum Buchaufbau	
Besuch einer Druckerei	
Verwandte Themen	3
Sprache als Literatur und Kunstform erleben	1
Sprachliche und literarische Erfahrungen sammeln	
Interesse für Schrift, Buchstaben, Zeichen, Symbole	1
Sprachschatzerweiterung, Grammatik	
Vermittlung und Pflege traditioneller Sprache	1
SUMME	**34**

Punkteverteilung	
Teilbereich A	13
Teilbereich B	27
Teilbereich C	3
Teilbereich D	34
GESAMTSUMME	**77**
NOTE	**3**

Notensystem	Notenspiegel	Note
140-120	0	1
119-90	1	2
89-60	6	3
59-30	4	4
29-15	2	5
14-0	3	6
Ø 45		Ø 4

Tabelle 6b Übersicht Hamburg

A — Räumliche Gestaltung/ Materialien/Ausstattung

A	Räumliche Gestaltung/ Materialien/Ausstattung	P
	Bibliothek in der Einrichtung	
	Stets und allen zugänglich	
	Medienausleihe nach Hause	
	Mehrsprachige Medien	
	Ergänzungsmedien	
	Gemeinschaftliche Gestaltung	
	Leseecke	
	Separater Raum	
	Geeignetes Mobiliar	
	Schreibecke	
	Schreibutensilien	
	Drucklettern (z.B. aus Holz)	
	SUMME	/

B — Kooperationen/Eltern/ Gemeinwesenorientierung

B	Kooperationen/Eltern/ Gemeinwesenorientierung	P
	Bibliotheken/Büchereien	
	Besuch mit den Eltern	
	Besuch mit der Gruppe	
	Ausleihe	
	Beratung	
	Serviceleistungen (Kinderveranstaltungen)	
	Buchhandlungen	
	Besuch einer Buchhandlung	
	Buchausstellungen in der KiTa	
	Autor/Schriftsteller	
	Lesungen in der Einrichtung	
	Bilderbuchausstellungen zeitgenössischer Autoren in der Einrichtung	
	Vorlesepatenschaften	
	Eltern	
	Schulkinder	
	Mehrsprachigkeit bei Vorlesesituationen	
	SUMME	/

C — Zentrale Forderungen/Zielstellungen und Fragestellungen

C	Zentrale Forderungen/Zielstellungen und Fragestellungen	P
	Stärkere Berücksichtigung von Literacy-Entwicklung/Lesekompetenz/Literatur-kompetenz/Literalität/Medienkompetenz Im Elementarbereich	3
	Das Vorhandensein von Büchern, Zeitungen und Zeitschriften Zuhause wie im Kindergarten wird vorausgesetzt	
	Selbstverständlicher Umgang mit Buch und Schrift	
	Vorlesesituation als zentrales Element zur Sprach- u. Literalitätsförderung	
	Das Kind soll ein generelles Interesse an Büchern und am Lesen entwickeln	1
	Das Buch und die Lesefähigkeit ermöglichen den Zugang zum Weltwissen	
	Die Bibliothek ist ein Ort des kulturellen und öffentlichen Lebens	
	Fragen zur Buchnutzung, Medienausstattung u. Medienverhalten im Elternhaus	
	SUMME	4

Tabelle 7a Übersicht Hessen

D	Aktivitäten rund ums Buch/mit dem Buch	P
Bilderbuchbetrachtung/ Erzählen und Vorlesen		
Täglich od. regelmäßig/ ritualisiert		
In Kleingruppen		
Wiederholungslektüre		
Verschiedene Vorlesesituationen (Kind alleine/mit Erzieherin)		
Gemeinsamer Dialog /		
Anschlusskommunikation		
Bilderbuchserien		
Inhalt erfassen und wiedergeben		1
Vorbildfunktion der Erzieherinnen		
Vorbildfunktion der Eltern		
„Lesefest" (mit Eltern)		
Ein extra Vorlesetag		
Lieblingsbuch mitbringen/vorstellen/vorlesen		
Buchumgang lernen		
Kind als Autor		
Buch als Informationsquelle/Projektbasis		5
Informationsbeschaffung / Recherche		
Thematische Begleitung		
Buch(inhalt) als Projektbasis		1
	SUMME	7

	Buch als Objekt	
Buch als Objekt		
Buch basteln		
Buch einbinden		
Buch reparieren		
Informationen zum Buchaufbau		
Besuch einer Druckerei		
Verwandte Themen		
Sprache als Literatur und Kunstform erleben		
Sprachliche und literarische Erfahrungen sammeln		
Interesse für Schrift, Buchstaben, Zeichen, Symbole		
Sprachschatzerweiterung, Grammatik		
Vermittlung und Pflege traditioneller Sprache		

Punkteverteilung	
Teilbereich A	/
Teilbereich B	/
Teilbereich C	4
Teilbereich D	7
GESAMTSUMME	11
NOTE	6 (+)

Notensystem	Notenspiegel	Note
140-120	0	1
119-90	1	2
89-60	6	3
59-30	4	4
29-15	2	5
14-0	3	6
Ø 45	Ø 4	

Tabelle 7b Übersicht Hessen

A	Räumliche Gestaltung/ Materialien/Ausstattung	P
Bibliothek in der Einrichtung		
Stets und allen zugänglich		
Medienausleihe nach Hause		
Mehrsprachige Medien		
Ergänzungsmedien		
Gemeinschaftliche Gestaltung		
Leseecke		
Separater Raum		
Geeignetes Mobiliar		
Schreibecke		
Schreibutensilien		
Drucklettern (z.B. aus Holz)		
Vorlesepatenschaften		
Eltern		
Schulkinder		
Mehrsprachigkeit bei Vorlesesituationen		
	SUMME	/

B	Kooperationen/Eltern/ Gemeinwesenorientierung	P
Bibliotheken/Büchereien		
Besuch mit den Eltern		
Besuch mit der Gruppe		
Ausleihe		
Beratung		
Serviceleistungen (Kinderveranstaltungen)		
Buchhandlungen		
Besuch einer Buchhandlung		
Buchausstellungen in der KiTa		
Autor/Schriftsteller		
Lesungen in der Einrichtung		
Bilderbuchausstellungen zeitgenössischer Autoren in der Einrichtung		
	SUMME	/

C	Zentrale Forderungen/Zielstellungen und Fragestellungen	P
Stärkere Berücksichtigung von Literacy-Entwicklung/Lesekompetenz/Literaturkompetenz/Literalität/Medienkompetenz Im Elementarbereich		
Das Vorhandensein von Büchern, Zeitungen und Zeitschriften Zuhause wie im Kindergarten wird vorausgesetzt		
Selbstverständlicher Umgang mit Buch und Schrift		
Vorlesesituation als zentrales Element zur Sprach- u. Literalitätsförderung		1
Das Kind soll ein generelles Interesse an Büchern und am Lesen entwickeln		1
Das Buch und die Lesefähigkeit ermöglichen den Zugang zum Weltwissen		
Die Bibliothek ist ein Ort des kulturellen und öffentlichen Lebens		
Fragen zur Buchnutzung, Medienausstattung u. Medienverhalten im Elternhaus		
	SUMME	2

Tabelle 8a Übersicht Mecklenburg-Vorpommern

D	Aktivitäten rund ums Buch/mit dem Buch	P
	Bilderbuchbetrachtung/ Erzählen und Vorlesen	5
	Täglich od. regelmäßig ritualisiert	
	In Kleingruppen	
	Wiederholungslektüre	
	Verschiedene Vorlesesituationen (Kind alleine/mit Erzieherin)	
	Gemeinsamer Dialog / Anschlusskommunikation	3
	Bilderbuchserien	
	Inhalt erfassen und wiedergeben	
	Vorbildfunktion der Erzieherinnen	
	Vorbildfunktion der Eltern	
	„Lesefest" (mit Eltern)	
	Ein extra Vorlesetag	
	Lieblingsbuch	3
	mitbringen/vorstellen/vorlesen	
	Buchumgang lernen	1
	Kind als Autor	
	Buch als Informationsquelle/Projektbasis	5
	Informationsbeschaffung / Recherche	3
	Thematische Begleitung	
	Buch(inhalt) als Projektbasis	1

Buch als Objekt	
Buch basteln	
Buch einbinden	
Buch reparieren	
Informationen zum Buchaufbau	
Besuch einer Druckerei	
Verwandte Themen	3
Sprache als Literatur und Kunstform erleben	1
Sprachliche und literarische Erfahrungen sammeln	1
Interesse für Schrift, Buchstaben, Zeichen, Symbole	
Sprachschatzerweiterung, Grammatik	
Vermittlung und Pflege traditioneller Sprache	1
SUMME	27

Punkteverteilung	
Teilbereich A	/
Teilbereich B	/
Teilbereich C	2
Teilbereich D	27
GESAMTSUMME	29
NOTE	5 (+)

Notensystem	Notenspiegel	Note
140-120	0	1
119-90	1	2
89-60	6	3
59-30	4	4
29-15	2	5
14-0	3	6
Ø 45	Ø 4	

Tabelle 8b Übersicht Mecklenburg-Vorpommern

A	Räumliche Gestaltung/ Materialien/Ausstattung	P	B	Kooperationen/Eltern/ Gemeinwesenorientierung	P	C	Zentrale Forderungen/Zielstellungen und Fragestellungen	P
	Bibliothek in der Einrichtung	5		**Bibliotheken/Büchereien**			Stärkere Berücksichtigung von Literacy-Entwicklung/Lesekompetenz/Literatur-kompetenz/Literalitäte/Medienkompetenz Im Elementarbereich	
	Stets und allen zugänglich	3		Besuch mit den Eltern				
	Medienausleihe nach Hause			Besuch mit der Gruppe			Das Vorhandensein von Büchern, Zeitungen und Zeitschriften Zuhause wie im Kindergarten wird vorausgesetzt	
	Mehrsprachige Medien	3		Ausleihe				
	Ergänzungsmedien			Beratung			Selbstverständlicher Umgang mit Buch und Schrift	
	Gemeinschaftliche Gestaltung			Serviceleistungen (Kinderveranstaltungen)			Vorlesesituation als zentrales Element zur Sprach- u. Literalitätsförderung	
	Leseecke			**Buchhandlungen**			Das Kind soll ein generelles Interesse an Büchern und am Lesen entwickeln	
	Separater Raum			Besuch einer Buchhandlung			Das Buch und die Lesefähigkeit ermöglichen den Zugang zum Weltwissen	
	Geeignetes Mobiliar			Buchausstellungen in der KiTa			Die Bibliothek ist ein Ort des kulturellen und öffentlichen Lebens	
	Schreibecke	5		**Autor/Schriftsteller**			Fragen zur Buchnutzung, Medienausstattung u. Medienverhalten im Elternhaus	
	Schreibutensilien			Lesungen in der Einrichtung				
	Drucklettern (z.B. aus Holz)			Bilderbuchausstellungen zeitgenössischer Autoren in der Einrichtung				
				Vorlesepatenschaften				
				Eltern				
				Schulkinder				
				Mehrsprachigkeit bei Vorlesesituationen				
	SUMME	16		SUMME	/		SUMME	/

Tabelle 9a Übersicht Niedersachsen

D	Aktivitäten rund ums Buch/mit dem Buch	P
	Bilderbuchbetrachtung/ Erzählen und Vorlesen	
	Täglich od. regelmäßig/ ritualisiert	
	In Kleingruppen	
	Wiederholungslektüre	
	Verschiedene Vorlesesituationen (Kind alleine/mit Erzieherin)	
	Gemeinsamer Dialog / Anschlusskommunikation	
	Bilderbuchserien	
	Inhalt erfassen und wiedergeben	
	Vorbildfunktion der Erzieherinnen	
	Vorbildfunktion der Eltern	
	„Lesefest" (mit Eltern)	
	Ein extra Vorlesetag	
	Lieblingsbuch	
	mitbringen/vorstellen/vorlesen	
	Buchumgang lernen	
	Kind als Autor	
	Buch als Informationsquelle/Projektbasis	5
	Informationsbeschaffung / Recherche	3
	Thematische Begleitung	
	Buch(inhalt) als Projektbasis	
	SUMME	12

Buch als Objekt	
Buch basteln	
Buch einbinden	
Buch reparieren	
Informationen zum Buchaufbau	
Besuch einer Druckerei	3
Verwandte Themen	
Sprache als Literatur und Kunstform erleben	
Sprachliche und literarische Erfahrungen sammeln	
Interesse für Schrift, Buchstaben, Zeichen, Symbole	1
Sprachschatzerweiterung, Grammatik	
Vermittlung und Pflege traditioneller Sprache	

Punkteverteilung	
Teilbereich A	16
Teilbereich B	/
Teilbereich C	/
Teilbereich D	12
GESAMTSUMME	28
NOTE	5 (+)

Notensystem	Notenspiegel	Note
140-120	0	1
119-90	1	2
89-60	6	3
59-30	4	4
29-15	2	5
14-0	3	6
	Ø 45	Ø 4

Tabelle 9b Übersicht Niedersachsen

A	Räumliche Gestaltung/ Materialien/Ausstattung	P	B	Kooperationen/Eltern/ Gemeinwesenorientierung	P	C	Zentrale Forderungen/Zielstellungen und Fragestellungen	P
	Bibliothek in der Einrichtung			**Bibliotheken/Büchereien**			Stärkere Berücksichtigung von Literacy-Entwicklung/Lesekompetenz/Literatur-kompetenz/Literalität/Medienkompetenz Im Elementarbereich	
	Stets und allen zugänglich			Besuch mit den Eltern				
	Medienausleihe nach Hause			Besuch mit der Gruppe				
	Mehrsprachige Medien			Ausleihe			Das Vorhandensein von Büchern, Zeitungen und Zeitschriften Zuhause wie im Kindergarten wird vorausgesetzt	
	Ergänzungsmedien			Beratung				
	Gemeinschaftliche Gestaltung			Serviceleistungen (Kinderveranstaltungen)				
	Leseecke			**Buchhandlungen**			Selbstverständlicher Umgang mit Buch und Schrift	
	Separater Raum			Besuch einer Buchhandlung				
	Geeignetes Mobiliar			Buchausstellungen in der KiTa			Vorlesesituation als zentrales Element zur Sprach- u. Literalitätsförderung	
	Schreibecke			**Autor/Schriftsteller**				
	Schreibutensilien			Lesungen in der Einrichtung			Das Kind soll ein generelles Interesse an Büchern und am Lesen entwickeln	
	Drucklettern (z.B. aus Holz)			Bilderbuchausstellungen zeitgenössischer Autoren in der Einrichtung				
				Vorlesepatenschaften			Das Buch und die Lesefähigkeit ermöglichen den Zugang zum Weltwissen	
				Eltern				
				Schulkinder			Die Bibliothek ist ein Ort des kulturellen und öffentlichen Lebens	
				Mehrsprachigkeit bei Vorlesesituationen				
							Fragen zur Buchnutzung, Medienausstattung u. Medienverhalten im Elternhaus	
SUMME		/	**SUMME**		/	**SUMME**		/

Tabelle 10a Übersicht Nordrhein-Westfalen

D	Aktivitäten rund ums Buch/mit dem Buch	P
Bilderbuchbetrachtung/ Erzählen und Vorlesen		5
Täglich od. regelmäßig/ ritualisiert		3
In Kleingruppen		
Wiederholungslektüre		
Verschiedene Vorlesesituationen (Kind alleine/mit Erzieherin)		
Gemeinsamer Dialog / Anschlusskommunikation		
Bilderbuchserien		
Inhalt erfassen und wiedergeben		
Vorbildfunktion der Erzieherinnen		
Vorbildfunktion der Eltern		
„Lesefest" (mit Eltern)		
Ein extra Vorlesetag		
Lieblingsbuch		
mitbringen/vorstellen/vorlesen		
Buchumgang lernen		
Kind als Autor		
Buch als Informationsquelle/Projektbasis		
Informationsbeschaffung / Recherche		
Thematische Begleitung		
Buch(inhalt) als Projektbasis		
	SUMME	8

Buch als Objekt

- Buch basteln
- Buch einbinden
- Buch reparieren
- Informationen zum Buchaufbau
- Besuch einer Druckerei

Verwandte Themen

- Sprache als Literatur und Kunstform erleben
- Sprachliche und literarische Erfahrungen sammeln
- Interesse für Schrift, Buchstaben, Zeichen, Symbole
- Sprachschatzerweiterung, Grammatik
- Vermittlung und Pflege traditioneller Sprache

Punkteverteilung	
Teilbereich A	/
Teilbereich B	/
Teilbereich C	/
Teilbereich D	8
GESAMTSUMME	8
NOTE	6

Notensystem	Notenspiegel	Note
140-120	0	1
119-90	1	2
89-60	6	3
59-30	4	4
29-15	2	5
14-0	3	6
Ø 45	Ø 4	

Tabelle 10b Übersicht Nordrhein-Westfalen

A	Räumliche Gestaltung/Materialien/Ausstattung	P	B	Kooperationen/Eltern/Gemeinwesenorientierung	P	C	Zentrale Forderungen/Zielstellungen und Fragestellungen	P
	Bibliothek in der Einrichtung			**Bibliotheken/Büchereien**			Stärkere Berücksichtigung von Literacy-Entwicklung/Lesekompetenz/Literaturkompetenz/Literalitäte/Medienkompetenz Im Elementarbereich	
	Stets und allen zugänglich			Besuch mit den Eltern			Das Vorhandensein von Büchern, Zeitungen und Zeitschriften Zuhause wie im Kindergarten wird vorausgesetzt	
	Medienausleihe nach Hause			Besuch mit der Gruppe				
	Mehrsprachige Medien			Ausleihe			Selbstverständlicher Umgang mit Buch und Schrift	
	Ergänzungsmedien			Beratung			Vorlesesituation als zentrales Element zur Sprach- u. Literalitätsförderung	
	Gemeinschaftliche Gestaltung			Serviceleistungen (Kinderveranstaltungen)			Das Kind soll ein generelles Interesse an Büchern und am Lesen entwickeln	
	Leseecke			**Buchhandlungen**			Das Buch und die Lesefähigkeit ermöglichen den Zugang zum Weltwissen	
	Separater Raum			Besuch einer Buchhandlung			Die Bibliothek ist ein Ort des kulturellen und öffentlichen Lebens	
	Geeignetes Mobiliar			Buchausstellungen in der KiTa			Fragen zur Buchnutzung, Medienausstattung u. Medienverhalten im Elternhaus	
	Schreibecke			**Autor/Schriftsteller**				
	Schreibutensilien			Lesungen in der Einrichtung				
	Drucklettern (z.B. aus Holz)			Bilderbuchausstellungen zeitgenössischer Autoren in der Einrichtung				
				Vorlesepatenschaften				
				Eltern				
				Schulkinder				
				Mehrsprachigkeit bei Vorlesesituationen				
	SUMME /			SUMME /			SUMME /	

Tabelle 11a Übersicht Rheinland-Pfalz

D	Aktivitäten rund ums Buch/mit dem Buch	P
		5
Bilderbuchbetrachtung/ Erzählen und Vorlesen		
Täglich od. regelmäßig ritualisiert		
In Kleingruppen		
Wiederholungslektüre		
Verschiedene Vorlesesituationen (Kind alleine/mit Erzieherin)		
Gemeinsamer Dialog /		
Anschlusskommunikation		
Bilderbuchserien		
Inhalt erfassen und wiedergeben		
Vorbildfunktion der Erzieherinnen		
Vorbildfunktion der Eltern		
„Lesefest" (mit Eltern)		
Ein extra Vorlesetag		
Lieblingsbuch mitbringen/vorstellen/vorlesen		
Buchumgang lernen		1
Kind als Autor		
Buch als Informationsquelle/Projektbasis		
Informationsbeschaffung / Recherche		
Thematische Begleitung		
Buch(inhalt) als Projektbasis		
	SUMME	6

Buch als Objekt	
Buch basteln	
Buch einbinden	
Buch reparieren	
Informationen zum Buchaufbau	
Besuch einer Druckerei	
Verwandte Themen	
Sprache als Literatur und Kunstform erleben	
Sprachliche und literarische Erfahrungen sammeln	
Interesse für Schrift, Buchstaben, Zeichen, Symbole	
Sprachschatzerweiterung, Grammatik	
Vermittlung und Pflege traditioneller Sprache	

Punkteverteilung	
Teilbereich A	/
Teilbereich B	/
Teilbereich C	/
Teilbereich D	6
GESAMTSUMME	6
NOTE	6

Notensystem	Notenspiegel	Note
140-120	0	1
119-90	1	2
89-60	6	3
59-30	4	4
29-15	2	5
14-0	3	6
Ø 45		Ø 4

Tabelle 11b Übersicht Rheinland-Pfalz

154

A — Räumliche Gestaltung/Materialien/Ausstattung

A Räumliche Gestaltung/Materialien/Ausstattung	P
Bibliothek in der Einrichtung	5
Stets und allen zugänglich	3
Medienausleihe nach Hause	
Mehrsprachige Medien	3
Ergänzungsmedien	
Gemeinschaftliche Gestaltung	
Leseecke	5
Separater Raum	
Geeignetes Mobiliar	
Schreibecke	
Schreibutensilien	
Drucklettern (z.B. aus Holz)	
SUMME	**16**

B — Kooperationen/Eltern/Gemeinwesenorientierung

B Kooperationen/Eltern/Gemeinwesenorientierung	P
Bibliotheken/Büchereien	5
Besuch mit den Eltern	3
Besuch mit der Gruppe	
Ausleihe	3
Beratung	
Serviceleistungen (Kinderveranstaltungen)	
Buchhandlungen	5
Besuch einer Buchhandlung	3
Buchausstellungen in der KiTa	
Autor/Schriftsteller	
Lesungen in der Einrichtung	
Bilderbuchausstellungen zeitgenössischer Autoren in der Einrichtung	5
Vorlesepatenschaften	
Eltern	5
Schulkinder	3
Mehrsprachigkeit bei Vorlesesituationen	
SUMME	**24**

C — Zentrale Forderungen/Zielstellungen und Fragestellungen

C Zentrale Forderungen/Zielstellungen und Fragestellungen	P
Stärkere Berücksichtigung von Literacy-Entwicklung/Lesekompetenz/Literaturkompetenz/Literalität/Medienkompetenz Im Elementarbereich	
Das Vorhandensein von Büchern, Zeitungen und Zeitschriften Zuhause wie im Kindergarten wird vorausgesetzt	
Selbstverständlicher Umgang mit Buch und Schrift	
Vorlesesituation als zentrales Element zur Sprach- u. Literalitätsförderung	
Das Kind soll ein generelles Interesse an Büchern und am Lesen entwickeln	1
Das Buch und die Lesefähigkeit ermöglichen den Zugang zum Weltwissen	
Die Bibliothek ist ein Ort des kulturellen und öffentlichen Lebens	1
Fragen zur Buchnutzung, Medienausstattung u. Medienverhalten im Elternhaus	1
SUMME	**3**

Tabelle 12a Übersicht Saarland

D — Aktivitäten rund ums Buch/mit dem Buch

Aktivitäten rund ums Buch/mit dem Buch	P
Bilderbuchbetrachtung/ Erzählen und Vorlesen	5
Täglich od. regelmäßig/ ritualisiert	3
In Kleingruppen	3
Wiederholungslektüre	
Verschiedene Vorlesesituationen (Kind alleine/mit Erzieher)	
Gemeinsamer Dialog / Anschlusskommunikation	3
Bilderbuchserien	
Inhalt erfassen und wiedergeben	
Vorbildfunktion der Erzieherinnen	3
Vorbildfunktion der Eltern	
„Lesefest" (mit Eltern)	
Ein extra Vorlesetag	
Lieblingsbuch	
mitbringen/vorstellen/vorlesen	5
Buchumgang lernen	3
Kind als Autor	
Buch als Informationsquelle/Projektbasis	5
Informationsbeschaffung / Recherche	3
Thematische Begleitung	
Buch(inhalt) als Projektbasis	

Buch als Objekt	
Buch als Objekt	5
Buch basteln	3
Buch einbinden	
Buch reparieren	
Informationen zum Buchaufbau	
Besuch einer Druckerei	
Verwandte Themen	3
Sprache als Literatur und Kunstform erleben	1
Sprachliche und literarische Erfahrungen sammeln	
Interesse für Schrift, Buchstaben, Zeichen, Symbole	1
Sprachschatzerweiterung, Grammatik	
Vermittlung und Pflege traditioneller Sprache	
SUMME	35

Punkteverteilung	
Teilbereich A	16
Teilbereich B	24
Teilbereich C	3
Teilbereich D	35
GESAMTSUMME	78
NOTE	3

Notensystem	Notenspiegel	Note
140-120	0	1
119-90	1	2
89-60	6	3
59-30	4	4
29-15	2	5
14-0	3	6
Ø 45		Ø 4

Tabelle 12b Übersicht Saarland

156

A — Räumliche Gestaltung/Materialien/Ausstattung	P	B — Kooperationen/Eltern/Gemeinwesenorientierung	P	C — Zentrale Forderungen/Zielstellungen und Fragestellungen	P
Bibliothek in der Einrichtung	5	**Bibliotheken/Büchereien**	5	Stärkere Berücksichtigung von Literacy-Entwicklung/Lesekompetenz/Literaturkompetenz/Literalität/Medienkompetenz Im Elementarbereich	3
Stets und allen zugänglich	3	Besuch mit den Eltern			
Medienausleihe nach Hause		Besuch mit der Gruppe	3		
Mehrsprachige Medien		Ausleihe			
Ergänzungsmedien		Beratung		Das Vorhandensein von Büchern, Zeitungen und Zeitschriften Zuhause wie im Kindergarten wird vorausgesetzt	
Gemeinschaftliche Gestaltung		Serviceleistungen (Kinderveranstaltungen)			
Leseecke	5	**Buchhandlungen**	5	Selbstverständlicher Umgang mit Buch und Schrift	
Separater Raum		Besuch einer Buchhandlung			
Geeignetes Mobiliar		Buchausstellungen in der KiTa		Vorlesesituation als zentrales Element zur Sprach- u. Literalitätsförderung	
Schreibecke		**Autor/Schriftsteller**		Das Kind soll ein generelles Interesse an Büchern und am Lesen entwickeln	
Schreibutensilien		Lesungen in der Einrichtung			
Drucklettern (z.B. aus Holz)		Bilderbuchausstellungen zeitgenössischer Autoren in der Einrichtung		Das Buch und die Lesefähigkeit ermöglichen den Zugang zum Weltwissen	
		Vorlesepatenschaften		Die Bibliothek ist ein Ort des kulturellen und öffentlichen Lebens	
		Eltern			
		Schulkinder		Fragen zur Buchnutzung, Medienausstattung u. Medienverhalten im Elternhaus	1
		Mehrsprachigkeit bei Vorlesesituationen			
SUMME	**13**	**SUMME**	**8**	**SUMME**	**4**

Tabelle 13a Übersicht Sachsen

D	Aktivitäten rund ums Buch/mit dem Buch	P
	Bilderbuchbetrachtung/ Erzählen und Vorlesen	5
	Täglich od. regelmäßig/ ritualisiert	
	In Kleingruppen	
	Wiederholungslektüre	
	Verschiedene Vorlesesituationen (Kind alleine/mit Erzieherin)	
	Gemeinsamer Dialog /	3
	Anschlusskommunikation	
	Bilderbuchserien	
	Inhalt erfassen und wiedergeben	
	Vorbildfunktion der Erzieherinnen	
	Vorbildfunktion der Eltern	
	„Lesefest" (mit Eltern)	
	Ein extra Vorlesetag	
	Lieblingsbuch	
	mitbringen/vorstellen/vorlesen	
	Buchumgang lernen	
	Kind als Autor	
	Buch als Informationsquelle/Projektbasis	5
	Informationsbeschaffung / Recherche	3
	Thematische Begleitung	
	Buch(inhalt) als Projektbasis	1

Buch als Objekt	5
Buch basteln	
Buch einbinden	
Buch reparieren	
Informationen zum Buchaufbau	
Besuch einer Druckerei	
Verwandte Themen	1
Sprache als Literatur und Kunstform erleben	
Sprachliche und literarische Erfahrungen sammeln	
Interesse für Schrift, Buchstaben, Zeichen, Symbole	
Sprachschatzerweiterung, Grammatik	
Vermittlung und Pflege traditioneller Sprache	
SUMME	23

Punkteverteilung	
Teilbereich A	13
Teilbereich B	8
Teilbereich C	4
Teilbereich D	23
GESAMTSUMME	48
NOTE	4

Notensystem	Notenspiegel	Note
140-120	0	1
119-90	1	2
89-60	6	3
59-30	4	4
29-15	2	5
14-0	3	6
Ø 45	Ø 4	

Tabelle 13b Übersicht Sachsen

A — Räumliche Gestaltung/ Materialien/Ausstattung

A	Räumliche Gestaltung/ Materialien/Ausstattung	P
	Bibliothek in der Einrichtung	5
	Stets und allen zugänglich	
	Medienausleihe nach Hause	
	Mehrsprachige Medien	3
	Ergänzungsmedien	
	Gemeinschaftliche Gestaltung	
	Leseecke	
	Separater Raum	
	Geeignetes Mobiliar	
	Schreibecke	
	Schreibutensilien	
	Drucklettern (z.B. aus Holz)	
	SUMME	8

B — Kooperationen/Eltern/ Gemeinwesenorientierung

B	Kooperationen/Eltern/ Gemeinwesenorientierung	P
	Bibliotheken/Büchereien	
	Besuch mit den Eltern	
	Besuch mit der Gruppe	
	Ausleihe	
	Beratung	
	Serviceleistungen (Kinderveranstaltungen)	
	Buchhandlungen	
	Besuch einer Buchhandlung	
	Buchausstellungen in der KiTa	
	Autor/Schriftsteller	
	Lesungen in der Einrichtung	
	Bilderbuchausstellungen zeitgenössischer Autoren in der Einrichtung	
	Vorlesepatenschaften	
	Eltern	
	Schulkinder	
	Mehrsprachigkeit bei Vorlesesituationen	
	SUMME	/

C — Zentrale Forderungen/Zielstellungen und Fragestellungen

C	Zentrale Forderungen/Zielstellungen und Fragestellungen	P
	Stärkere Berücksichtigung von Literacy-Entwicklung/Lesekompetenz/Literatur-kompetenz/Literalität/Medienkompetenz Im Elementarbereich	
	Das Vorhandensein von Büchern, Zeitungen und Zeitschriften Zuhause wie im Kindergarten wird vorausgesetzt	
	Selbstverständlicher Umgang mit Buch und Schrift	
	Vorlesesituation als zentrales Element zur Sprach- u. Literalitätsförderung	
	Das Kind soll ein generelles Interesse an Büchern und am Lesen entwickeln	
	Das Buch und die Lesefähigkeit ermöglichen den Zugang zum Weltwissen	
	Die Bibliothek ist ein Ort des kulturellen und öffentlichen Lebens	
	Fragen zur Buchnutzung, Medienausstattung u. Medienverhalten im Elternhaus	
	SUMME	/

Tabelle 14a Übersicht Sachsen-Anhalt

D	Aktivitäten rund ums Buch/mit dem Buch	P
	Bilderbuchbetrachtung/ Erzählen und Vorlesen	5
	Täglich od. regelmäßig/ ritualisiert	3
	In Kleingruppen	
	Wiederholungslektüre	
	Verschiedene Vorlesesituationen (Kind alleine/mit Erzieherin)	
	Gemeinsamer Dialog /	
	Anschlusskommunikation	
	Bilderbuchserien	
	Inhalt erfassen und wiedergeben	
	Vorbildfunktion der Erzieherinnen	
	Vorbildfunktion der Eltern	
	„Lesefest" (mit Eltern)	
	Ein extra Vorlesetag	
	Lieblingsbuch	
	mitbringen/vorstellen/vorlesen	
	Buchumgang lernen	
	Kind als Autor	
	Buch als Informationsquelle/Projektbasis	5
	Informationsbeschaffung / Recherche	3
	Thematische Begleitung	
	Buch(inhalt) als Projektbasis	

Buch als Objekt	
Buch basteln	
Buch einbinden	
Buch reparieren	
Informationen zum Buchaufbau	
Besuch einer Druckerei	
Verwandte Themen	
Sprache als Literatur und Kunstform erleben	
Sprachliche und literarische Erfahrungen sammeln	
Interesse für Schrift, Buchstaben, Zeichen, Symbole	
Sprachschatzerweiterung, Grammatik	
Vermittlung und Pflege traditioneller Sprache	
SUMME	16

Punkteverteilung	
Teilbereich A	8
Teilbereich B	/
Teilbereich C	/
Teilbereich D	16
GESAMTSUMME	24
NOTE	5

Notensystem	Notenspiegel	Note
140-120	0	1
119-90	1	2
89-60	6	3
59-30	4	4
29-15	2	5
14-0	3	6
Ø 45	Ø 4	

Tabelle 14b Übersicht Sachsen-Anhalt

A Räumliche Gestaltung/Materialien/Ausstattung	P
Bibliothek in der Einrichtung	5
Stets und allen zugänglich	3
Medienausleihe nach Hause	3
Mehrsprachige Medien	3
Ergänzungsmedien	
Gemeinschaftliche Gestaltung	
Leseecke	5
Separater Raum	1
Geeignetes Mobiliar	1
Schreibecke	3
Schreibutensilien	3
Drucklettern (z.B. aus Holz)	1
SUMME	**28**

B Kooperationen/Eltern/Gemeinwesenorientierung	P
Bibliotheken/Büchereien	
Besuch mit den Eltern	
Besuch mit der Gruppe	
Ausleihe	
Beratung	
Serviceleistungen (Kinderveranstaltungen)	
Buchhandlungen	
Besuch einer Buchhandlung	
Buchausstellungen in der KiTa	
Autor/Schriftsteller	
Lesungen in der Einrichtung	
Bilderbuchausstellungen zeitgenössischer Autoren in der Einrichtung	
Vorlesepatenschaften	
Eltern	5
Schulkinder	3
Mehrsprachigkeit bei Vorlesesituationen	
SUMME	**8**

C Zentrale Forderungen/Zielstellungen und Fragestellungen	P
Stärkere Berücksichtigung von Literacy-Entwicklung/Lesekompetenz/Literatur-kompetenz/Literalität/Medienkompetenz Im Elementarbereich	
Das Vorhandensein von Büchern, Zeitungen und Zeitschriften Zuhause wie im Kindergarten wird vorausgesetzt	
Selbstverständlicher Umgang mit Buch und Schrift	
Vorlesesituation als zentrales Element zur Sprach- u. Literalitätsförderung	
Das Kind soll ein generelles Interesse an Büchern und am Lesen entwickeln	
Das Buch und die Lesefähigkeit ermöglichen den Zugang zum Weltwissen	1
Die Bibliothek ist ein Ort des kulturellen und öffentlichen Lebens	
Fragen zur Buchnutzung, Medienausstattung u. Medienverhalten im Elternhaus	
SUMME	**1**

Tabelle 15a Übersicht Schleswig-Holstein

D	Aktivitäten rund ums Buch/mit dem Buch	P
	Bilderbuchbetrachtung/ Erzählen und Vorlesen	5
	Täglich od. regelmäßig/ ritualisiert	
	In Kleingruppen	
	Wiederholungslektüre	
	Verschiedene Vorlesesituationen (Kind alleine/mit Erzieherin)	3
	Gemeinsamer Dialog / Anschlusskommunikation	
	Bilderbuchserien	
	Inhalt erfassen und wiedergeben	
	Vorbildfunktion der Erzieherinnen	
	Vorbildfunktion der Eltern	1
	„Lesefest" (mit Eltern)	
	Ein extra Vorlesetag	3
	Lieblingsbuch	
	mitbringen/vorstellen/vorlesen	
	Buchumgang lernen	
	Kind als Autor	
	Buch als Informationsquelle/Projektbasis	5
	Informationsbeschaffung. / Recherche	
	Thematische Begleitung	
	Buch(inhalt) als Projektbasis	1

Buch als Objekt	5
Buch basteln	3
Buch einbinden	
Buch reparieren	
Informationen zum Buchaufbau	
Besuch einer Druckerei	
Verwandte Themen	3
Sprache als Literatur und Kunstform erleben	
Sprachliche und literarische Erfahrungen sammeln	
Interesse für Schrift, Buchstaben, Zeichen, Symbole	1
Sprachschatzerweiterung, Grammatik	
Vermittlung und Pflege traditioneller Sprache	
SUMME	30

Punkteverteilung	
Teilbereich A	28
Teilbereich B	8
Teilbereich C	1
Teilbereich D	30
GESAMTSUMME	67
NOTE	3

Notensystem	Notenspiegel	Note
140-120	0	1
119-90	1	2
89-60	6	3
59-30	4	4
29-15	2	5
14-0	3	6
Ø 45	Ø 4	

Tabelle 15b Übersicht Schleswig-Holstein

A	Räumliche Gestaltung/ Materialien/Ausstattung	P	B	Kooperationen/Eltern/ Gemeinwesenorientierung	P	C	Zentrale Forderungen/Zielstellungen und Fragestellungen	P
	Bibliothek in der Einrichtung			**Bibliotheken/Büchereien**			Stärkere Berücksichtigung von Literacy-Entwicklung/Lesekompetenz/Literaturkompetenz/Literalität/Medienkompetenz Im Elementarbereich	
	Stets und allen zugänglich			Besuch mit den Eltern	5			
	Medienausleihe nach Hause			Besuch mit der Gruppe	3		Das Vorhandensein von Büchern, Zeitungen und Zeitschriften Zuhause wie im Kindergarten wird vorausgesetzt	
	Mehrsprachige Medien			Ausleihe				
	Ergänzungsmedien			Beratung				
	Gemeinschaftliche Gestaltung			Serviceleistungen (Kinderveranstaltungen)				
	Leseecke	5		**Buchhandlungen**	5		Selbstverständlicher Umgang mit Buch und Schrift	
	Separater Raum	1		Besuch einer Buchhandlung	3		Vorlesesituation als zentrales Element zur Sprach- u. Literalitätsförderung	
	Geeignetes Mobiliar			Buchausstellungen in der KiTa			Das Kind soll ein generelles Interesse an Büchern und am Lesen entwickeln	
	Schreibecke	3		**Autor/Schriftsteller**				
	Schreibutensilien			Lesungen in der Einrichtung			Das Buch und die Lesefähigkeit ermöglichen den Zugang zum Weltwissen	
	Drucklettern (z.B. aus Holz)	1		Bilderbuchausstellungen zeitgenössischer Autoren in der Einrichtung			Die Bibliothek ist ein Ort des kulturellen und öffentlichen Lebens	
				Vorlesepatenschaften	5			
				Eltern			Fragen zur Buchnutzung, Medienausstattung u. Medienverhalten im Elternhaus	
				Schulkinder	3			
				Mehrsprachigkeit bei Vorlesesituationen				
	SUMME	10		**SUMME**	24		**SUMME**	/

Tabelle 16a Übersicht Thüringen

163

Tabelle 16b Übersicht Thüringen

D	Aktivitäten rund ums Buch/mit dem Buch	P
	Bilderbuchbetrachtung/ Erzählen und Vorlesen	5
	Täglich od. regelmäßig/ ritualisiert	3
	In Kleingruppen	
	Wiederholungslektüre	1
	Verschiedene Vorlesesituationen (Kind alleine/mit Erzieherin)	
	Gemeinsamer Dialog /	3
	Anschlusskommunikation	
	Bilderbuchserien	
	Inhalt erfassen und wiedergeben	
	Vorbildfunktion der Erzieherinnen	3
	Vorbildfunktion der Eltern	
	„Lesefest" (mit Eltern)	
	Ein extra Vorlesetag	
	Lieblingsbuch	
	mitbringen/vorstellen/vorlesen	1
	Buchumgang lernen	
	Kind als Autor	
	Buch als Informationsquelle/Projektbasis	5
	Informationsbeschaffung / Recherche	3
	Thematische Begleitung	
	Buch(inhalt) als Projektbasis	

Buch als Objekt	
Buch basteln	
Buch einbinden	
Buch reparieren	
Informationen zum Buchaufbau	
Besuch einer Druckerei	
Verwandte Themen	3
Sprache als Literatur und Kunstform erleben	
Sprachliche und literarische Erfahrungen sammeln	1
Interesse für Schrift, Buchstaben, Zeichen, Symbole	1
Sprachschatzerweiterung, Grammatik	
Vermittlung und Pflege traditioneller Sprache	
SUMME	29

Punkteverteilung	
Teilbereich A	10
Teilbereich B	24
Teilbereich C	/
Teilbereich D	29
GESAMTSUMME	63
NOTE	3 (-)

Notensystem	Notenspiegel	Note
140-120	0	1
119-90	1	2
89-60	6	3
59-30	4	4
29-15	2	5
14-0	3	6
Ø 45	Ø 4	

2 Protokolle der Expertengespräche

2.1 Katholischer Kindergarten Sankt Nikolaus

Die Einrichtung	
Name der Einrichtung	Katholischer Kindergarten St. Nikolaus
Anschrift	Löhestraße 4, 91054 Erlangen Sieglitzhof
Träger	Kath. Kirchen-Stiftung St. Theresia
Gesprächspartner	Frau
Anzahl der Gruppen	3
Anzahl der Kinder pro Gruppe	25 / 25 / 23
Alter der Kinder	3 bis 6 Jahre
Kinder mit Migrationshintergrund	12 Kinder

Fragen zur Medienausstattung und Mediennutzung

Welche Medien gibt es in der Einrichtung?
Bücher, CDs, Kassetten, Fotoapparat (nicht für Kinder), DIA, Zeitschrift „Mobile" (für die Eltern mit Kinderteil, 1x im Monat) 1 Computer für die Kinder, KEIN Fernseher, wird ggf. von Eltern gestellt.

Sind die Medien jeweils für alle Kinder zugänglich?
Der Computer mit Betreuerin, max. zwei Kinder. Bilderbücher werden je nach Thema in der Gruppe ausgelegt, die Kinder bringen auch welche mit. CD-Player nach Absprache.

Gibt es eine eigene Kindergartenbibliothek?
Ja, im Büro, stünde auch kein separater Raum zur Verfügung

Gibt es die Möglichkeit zu Ausleihe nach Hause?
Keine Ausleihe in dem Sinn, aber wenn Kindern ein bestimmtes Buch besonders gefällt, dürfen sie es mitnehmen, dies kommt aber eher selten vor.

Wie groß ist der Buchbestand?
Lässt sich nicht beziffern.

Aktualität der Bücher
„Wir aktualisieren immer zu den Themen, die gerade die Kinder interessieren."

Gibt es mehrsprachige Bücher?
Nein

Fragen zum Bayerischen Bildungsplan, Bildungsbereich *Sprache und Literacy*

Wie stehen Sie ganz allgemein zum Bayerischen Bildungsplan?
„Sehr gut. Weil er sehr detailliert und sehr umfassend ist, also da ist sehr viel drin. Fast, na ja, er ist etwas schwer zu handhaben, weil, nun ja, er etwas allgemein, oder eben so umfassend ist. [...] Wir überarbeiten zurzeit unsere Konzeption [...] wenn jetzt noch mehr Kinder, vor allem jüngere dazukommen, dann wird's schwierig mit

der Umsetzung."

Der Bayerische Bildungsplan schlägt im Kapitel *Sprache und Literacy* **folgendes vor:** ... **Führen Sie die Vorschläge in / mit Ihrer Einrichtung durch?**

- regelmäßige Bibliotheksbesuche
„Erst mit den Vorschulkindern, einmal im Jahr aber nur, also nur um das kennen zu lernen."
- Buchausstellungen in der Einrichtung?
„Ja, vor Weihnachten vor allem. Die macht eine Buchhandlung aus Herzogenaurach. Das ist eine ehemalige Mutter hier, die uns dann die neuesten Bücher bringt. Also die macht dann eine Auswahl für uns und wir stellen die dann hier aus für die Eltern. Ein Drittel bestellt dann auch was."
- Besuch von Buchhandlungen
Nein, kein spezieller Grund.
- Einrichten einer Leseecke
Ja, es gibt eine Leseecke. „Die ist aber jederzeit zugänglich."
- Basteln eines eigenen Buches mit den Kindern
Ja, manchmal zu bestimmten Themen, ist aber nicht festgelegt im Jahresprogramm.
- Lesepatenschaften
„Wir haben eine Vorleseoma jeden Mittwoch."

Fragen zur Medienerziehung

Wie schätzen Sie die Medienkompetenz der Kindergartenkinder ein?
„An Büchern sind sie bei uns sehr interessiert und haben auch sehr viele. Bücher schon. Fernsehen ... je nach dem. Also es gibt einen Teil, die sehr bewusst damit umgehen, es gibt aber auch einen Teil, die vor dem Kindergarten schon schauen."
Wessen Aufgabe ist Medienerziehung vorrangig?
„Also beide, Elternhaus und Kindergarten."
Gibt es Beratung bzw. Beratungsbedarf der Eltern zum Thema *Medien und Kinder?*
„Nee, bei uns eigentlich nicht, die Eltern sind gut informiert bei uns. Also es gibt vielleicht einige, die man zum Fernseher noch mal aufklären müsste, also wie viel vor allem und welche Sachen oder so. Und ich hab auch den Eindruck, dass viele Kinder so Kassetten hören, also zu Hause, bei uns jetzt weniger."
Was kann das Medium Buch für Kinder leisten?
„Ja gut, es regt die Phantasie an, es ist informativ, also Wissensvermittlung, Sprachförderung, klar, Konzentration, also es spricht viele Bereiche an. Wir versuchen auch über Bücher in Kommunikation zu treten. Problemlösungen, Konfliktlösungen. Und sie verstehen auch ihre Welt dadurch besser. Durch die Wiederholung allerdings, also da gibt es oft, dass sie das Gleich wieder anschauen."

Waldorfkindergarten e.V.

Name der Einrichtung	Waldorfkindergarten e.V.
Anschrift	Noetherstraße 2, 91054 Erlangen
Träger:	Dt. Parit. Wohlfahrtsverband
Gesprächspartner	Frau
Anzahl der Gruppen	3
Anzahl der Kinder pro Gruppe	21 / 23 / 23
Alter der Kinder	2 ¾ bis 7 Jahre
Kinder mit Migrationshintergrund	2 („eher ungewöhnlich")

Fragen zur Medienausstattung und Mediennutzung

Welche Medien gibt es in der Einrichtung?
Bücher; KEINE elektronischen Medien.
Sind die Medien jeweils für alle Kinder zugänglich?
Unterschiedlich von Gruppe zu Gruppe; in der Regel werden die Bücher nur zu bestimmten Zeiten angeboten.
Gibt es eine eigene Kindergartenbibliothek?
Ja, allerdings nicht für die Kinder, sondern für die Erzieherinnen und Eltern (keine Kinderbücher, Elternbibliothek).
Gibt es die Möglichkeit zu Ausleihe nach Hause?
Eltern können sich Bücher ausleihen
Wie groß ist der Buchbestand?
Ca. 200 Bücher (überwiegend Fachbücher)
Aktualität der Bücher
Viele „Klassiker", rund um die Waldorfpädagogik, Bestand wird aber regelmäßig mit aktuellen Themen ergänzt.
Gibt es mehrsprachige Bücher?
Nein

Fragen zum Bayerischen Bildungsplan, Bildungsbereich *Sprache und Literacy*

Wie stehen Sie ganz allgemein zum Bayerischen Bildungsplan?
„Als Arbeitsgrundlage so grundsätzlich was da so drin steht ist das nicht verkehrt. Wir haben auch viele Parallelen zur Waldorfpädagogik entdeckt und gefunden. Aber mit diesen mehrere 100 Seiten starken Ding, da sitz ich nicht Stunden und les was nach. Der Bayerische ist da eine Katastrophe, es gibt welche, die haben 17 Seiten ... ich finde, es gibt bessere, definitiv, und ich finde den bayerischen jetzt ein bisschen zu kopflastig bis hin zu sehr abgehoben."
Der Bayerische Bildungsplan schlägt im Kapitel *Sprache und Literacy* folgendes vor: ... Führen Sie die Vorschläge in / mit Ihrer Einrichtung durch?
- regelmäßige Bibliotheksbesuche
„Machen wir gar nicht. Definitiv nicht. Weil wir diesen Bereich Literacy – da geht's

ja nicht nur um den Bereich Lesen und Schreiben, sondern da geht's ja um viel mehr noch, Literacy ist ja im Englischen Begriff eine ganz andere Bedeutung". (völlig anderes Bildungsverständnis und pädagogische Herangehensweise! Bewusster Umgang mit Sprache und Gestik im Alltag). Da geht's im Prinzip ja darum, dass die Kinder erleben, zum einen, wo krieg ich etwas her, was mich interessiert und zum anderen, dass sie auch Leute sehen, die mit Medien umgehen, und wie man mit Medien umgeht [...]."

Zur Begriffsdefinition Literacy: „Den kann man nicht definieren, so wirklich, oder? Man kann ihn ja auch nicht übersetzen. Dann könnte man es ja auch dabei belassen, nicht? Man weiß, es geht nicht nur ums Lesen und Schreiben, man weiß, es geht hier noch um Vieles mehr."

| **- Buchausstellungen in der Einrichtung?** |
| Für die Eltern; Buchverkauf mit großer Nachfrage (überwiegend einschlägige Bücher zur Waldorfpädagogik Rudolf Steiners) |
| **- Besuch von Buchhandlungen** |
| „Nein, machen wir nicht." |
| **- Einrichten einer Leseecke** |
| Leseecke gibt es nicht. Aber tägliches Vorlesen bzw. Erzählen. „Das höchste Ideal ist wirklich, dass man's erzählt, also dass die Erzieherinnen das wirklich auswendig können." |
| **- Basteln eines eigenen Buches mit den Kindern** |
| „Nein, machen wir nicht. Wir machen unsere Arbeiten, diese Vorschularbeiten, aber wir machen keine Bücher." |
| **- Lesepatenschaften** |
| Passt nicht ins Konzept, da nicht vorgelesen, sonder möglichst frei erzählt werden soll. |

| **Fragen zur Medienerziehung** |

| **Wie schätzen Sie die Medienkompetenz der Kindergartenkinder ein?** |
| „Das ist eine große Bandbreite. Hat sich auch in den letzten fünf Jahren geändert [...]. Es gab vor fünf bis zehn Jahren noch Kinder im Waldorfkindergarten, die kannten keine Kassetten damals, oder keine CDs, ich würde heute sagen, dass gibt's fast nicht mehr. Also auch das Thema Fernsehen, wo wir eigentlich dran arbeiten, dass das eigentlich so noch weggelassen werden soll, weil das das Nerven-Sinnes-System unheimlich bearbeitet."

 „Das ist für mich Medienkompetenz, dass man richtig reflektiert damit auch umgehen kann und dann auch immer sagen kann, ne, das da will ich jetzt überhaupt nicht und solche Kinder, denk ich schon, dass wir auch noch haben." |
| **Wessen Aufgabe ist Medienerziehung vorrangig?** |
| „Es ist für viele Eltern glaube ich auch schwierig, damit umzugehen [...]. Also da ist ganz arg viel Aufklärungsarbeit da, muss man sagen, also nötig auch."
 „Also ich versteh uns, bei uns im Kindergarten die Medienerziehung so, dass wir wirklich uns als Ziel setzen, dass wir die Kinder so stark machen innerlich, dass sie eben damit umgehen können, dass sie das selbst merken, dieses eigene Gefühl dazu entwickeln, oder auch die Phantasiekräfte so zu stärken, das Selbstbewusstsein des Kindes so zu stärken, dass es sagen kann, das interessiert mich jetzt, das schaue ich |

mir an, oder das interessiert mich jetzt nicht und ich mach das aus."

Gibt es Beratung bzw. Beratungsbedarf der Eltern zum Thema *Medien und Kinder?*

„Gibt's und der wird auch abgedeckt [...] durch Vorträge, durch Referenten, viel durch Elterngespräch, Elternbildung, über die Elternabende."

Was kann das Medium Buch für Kinder leisten?

„Also ich denke Verschiedenes: Das eine ist das Bild, also wenn man vom Bilderbuch jetzt ausgeht, ich kann ja in der Bildbetrachtung bleiben und den Text einfach mal weglassen, d.h., das Kind ins Erzählen kommen lassen [...] den Text zu lesen, ist ja eher einengend. Und das andere ist, grad so bei Kindern, die lange brauchen, um Sprachzusammenhänge zu verstehen [...], die denke ich, werden auch zum Teil angeregt durch das Sprachliche." [Sprachförderung, Spracherwerb]

Wahrnehmungsübungen beim Betrachten der Bilder; „Vor allem für Kinder mit Migrationshintergrund ist das eine Übung, die Bilder zu beschreiben."

„Es geht aber auch um die Geschichten. Darum geht's ja eigentlich, dass die Kinder begreifen, dass in Büchern unheimliche Geheimnisse stecken, dass sie neugierig werden, dass sie das wirklich wollen, das selber lesen zu können." „Also dass das Buch als Medium als ein Schatz verstanden wird, den man sich selbst erarbeiten kann und dass sie über dieses Verlangen, wirklich in diesen Schatz einsteigen zu können, dann diesen Wunsch entwickeln, selbst das zu lernen, das zu lesen."

| 2.3 | Katholischer Kindergarten Herz Jesu |

Die Einrichtung

Name der Einrichtung	Kindergarten Herz Jesu
Anschrift	Harfenstraße 21, 91054 Erlangen
Träger	Kath. Kirchenstiftung Herz Jesu
Gesprächspartner	Frau
Anzahl der Gruppen	Drei Ganztagsgruppen und eine Schulkindgruppe halbtags
Anzahl der Kinder pro Gruppe	Ca. 20
Alter der Kinder	2 bis 9 Jahre
Kinder mit Migrationshintergrund	Keine

Fragen zur Medienausstattung und Mediennutzung

Welche Medien gibt es in der Einrichtung?
„Der Großteil ist Bücher. Wir haben eine große Bibliothek auch, die wir auch immer aufstocken.", CDs, Kassetten, Radio, Fernseher mit DVD und Video pro Gruppe, Computer nur für Büro.
Sind die Medien jeweils für alle Kinder zugänglich?
Zugänglich ja, aber zum Teil unter Aufsicht, wie Fernseher.
Gibt es eine eigene Kindergartenbibliothek?
Ja

Gibt es die Möglichkeit zu Ausleihe nach Hause?
Ausleihe gibt es bisher noch nicht. Nur manchmal.
Wie groß ist der Buchbestand?
Ca. 700
Aktualität der Bücher
Wird zu verschiedenen Themen erneuert.
Gibt es mehrsprachige Bücher?
Ja

Fragen zum Bayerischen Bildungsplan, Bildungsbereich *Sprache und Literacy*

Wie stehen Sie ganz allgemein zum Bayerischen Bildungsplan?
„Ist eine gute Arbeitsgrundlage, aber sehr umfangreich. Eigentlich schon fast zu viel."
Der Bayerische Bildungsplan schlägt im Kapitel *Sprache und Literacy* folgendes vor:
... Führen Sie die Vorschläge in / mit Ihrer Einrichtung durch?
- regelmäßige Bibliotheksbesuche
Manchmal wird Stadtbücherei besucht, insbesondere mit Vorschul- u. Schulkindern.
- Buchausstellungen in der Einrichtung?
Ca. 2x im Jahr
- Besuch von Buchhandlungen
Nein
- Einrichten einer Leseecke
Ja, Leseecken sind vorhanden. Bücher werden immer ausgetauscht.
- Basteln eines eigenen Buches mit den Kindern
Ja, manchmal zu bestimmten Themen.
- Lesepatenschaften
Zwei Lesepaten von der Stadt 2x wöchentlich.

Fragen zur Medienerziehung

Wie schätzen Sie die Medienkompetenz der Kindergartenkinder ein?
„Die Kinder sind eigentlich schon kompetent. Grad Bücher und so weiter, das ist der Hauptschwerpunkt, sag ich jetzt mal. Weil wir natürlich das Buch an sich als Medium auch besonders fördern wollen, weil die Kinder ja natürlich Zuhause auch schon genug mit Computer, Playstation, Fernseher usw. in Kontakt kommen, und da wollen wir natürlich das Buch. [...] Die meisten, ja, die können das mit dem Computer schon, also die Älteren, und mit dem Fernseher eh, das ist ja klar. Aber das ist dann oft einfach zu viel. Aber Bücher – viele interessiert das nicht. Da muss man was tun. Also deshalb machen wir da den Schwerpunkt."
Wessen Aufgabe ist Medienerziehung vorrangig?
„Das ist schon auch Aufgabe der Eltern, hauptsächlich eigentlich, aber das kommt halt zu kurz, weil oft ist dann einfach der Fernseher an und die Kinder schauen dann halt. Und wir merken das dann eben auch, weil die reden dann drüber und spielen so Sachen auch manchmal, das ist halt dann so. Man fragt sich auch dann, was wir da machen sollen, also das sind ja die Eltern oft."

Gibt es Beratung bzw. Beratungsbedarf der Eltern zum Thema *Medien und Kinder*?

Eltern haben sich als Schwerpunkt für einen Elternabend das Thema Medien gewünscht. Wurde dann aber nicht von vielen besucht. Der Bedarf ist aber auf jeden Fall da, wird aber eher in Einzelgesprächen abgedeckt.

Was kann das Medium Buch für Kinder leisten?

„Auf jeden Fall erstmal die Konzentrationsfähigkeit. Dann natürlich auch die Kinder in eine Phantasiewelt zu entführen auf der einen Seite. Dann aber auch schwierige Themen den Kindern nahe zu bringen. Das Sozialverhalten spielt eine große Rolle. Sprachlich ist natürlich auch ein großer Bereich. Also die Sprachförderung."

2.4   Kindergarten Perle

Die Einrichtung

Name der Einrichtung	Kindergarten Perle
Anschrift	Donaustraße 8a, 91052 Erlangen
Träger	Evang. Luth. Kirchengemeinde Erlöserkirche
Gesprächspartner	Frau
Anzahl der Gruppen	4
Anzahl der Kinder pro Gruppe	25 / 25 / 25 / 25
Alter der Kinder	2 ¾ bis 6 Jahre
Kinder mit Migrationshintergrund	40 – 50 Prozent

Fragen zur Medienausstattung und Mediennutzung

Welche Medien gibt es in der Einrichtung?

Bücher (da ist der absolute Schwerpunkt drauf, bei uns), Computer nur für Personal, sporadisch CDs und Kassetten, DVD, sehr gezielt und ausgewählt.

Sind die Medien jeweils für alle Kinder zugänglich?

Nein, „immer unter Anleitung von Personal", „wir sind hier sozialer Brennpunkt und die Kinder haben einen Medienkonsum, der widerspricht allen Vorstellungen eigentlich. [...] die kommen schon in den Kindergarten und haben vorher Fernsehen geschaut." Die Bücher sind zur freien Verfügung.

Gibt es eine eigene Kindergartenbibliothek?

Ja, im Personalraum „und jede Gruppe hat eigene, also richtig ziemliche Auswahl an Büchern, Bilderbüchern wie Geschichtenbüchern und zusätzliche."

Gibt es die Möglichkeit zu Ausleihe nach Hause?

Eher weniger, nur in Ausnahmefällen in Absprache mit den Eltern zu bestimmten Themenschwerpunkten. „Ansonsten haben wir einfach die Sorge, dass die Sachen nicht mehr kommen oder halt nicht mehr im entsprechenden Zustand zurückkommen."

Wie groß ist der Buchbestand?

Lässt sich nicht beziffern – groß.

Aktualität der Bücher

„Wir schaffen eher Bücher an als andere Spielwaren. Aber wir tun auch Klassiker he-

| gen und pflegen" |
| **Gibt es mehrsprachige Bücher?** |
| Wenige |

Wie stehen Sie ganz allgemein zum Bayerischen Bildungsplan?

„Endlich gibt's ein gutes Werk in der Richtung, ein allgemein verbindliches auf sehr sehr hohem Niveau. Das ist zum Teil auch ein Kritikpunkt, weil ich so den Eindruck hab, also da braucht man mindestens ein Hochschulstudium, um ihn verstehen zu können. [...] Also ich denke, rein vom Vokabular her, man hätte ihn auch ohne e-ben, was die Komplexität angeht, kürzen zu müssen oder vereinfachen, man hätte ein anderes Vokabular auch verwenden können. [...] Manche Sachen finde ich dann zum Teil auch wieder zu vereinfacht, wo wir uns als Fachpersonal manchmal die Frage stellen: also für wie blöd wird man eigentlich gehalten? Weil es gibt dann so ganz konkrete Beispiele, wo ich denk, das ist so der Stand von Vorpraktikanten [...] Da find ich auch im Bildungsplan, da schwankt er sehr stark, von sehr hohem theoretischen Niveau bis hin zu also wirklich Allerweltsaussagen [...]."

Der Bayerische Bildungsplan schlägt im Kapitel *Sprache und Literacy* folgendes vor: ... Führen Sie die Vorschläge in / mit Ihrer Einrichtung durch?

- regelmäßige Bibliotheksbesuche

Gruppen arbeiten selbstverantwortlich und „je nach dem, welchen Themenschwerpunkt die haben, gehen sie natürlich auch in die Bücherei, das gehört zum Standardprogramm."

- Buchausstellungen in der Einrichtung?

„Immer wieder in unregelmäßigen Abständen, aber einfach auch meistens wirklich gezielt in Form von Elternabenden oder Elternnachmittagen, um das an die Eltern zu transportieren. [...] Das ist auch dringend nötig als Empfehlung da auch wirklich wertvolles Material anzuschaffen [...]."

- Besuch von Buchhandlungen

„Mit Kindern eher in einem thematischen Zusammenhang. Auch weil die Buchläden nicht sehr begeistert sind, wenn wir mit 25 Kinder antraben."

- Einrichten einer Leseecke

Ja, gibt es, sie werden regelmäßig neu bestückt.

- Basteln eines eigenen Buches mit den Kindern

„Also das ist fester Bestandteil immer wieder Themen bezogen eben."

- Lesepatenschaften

„Ja, unsere Elternbeiräte übernehmen das. Das ist von Jahr zu Jahr, von Elternbeirat zu Elternbeirat unterschiedlich. Wir haben es meistens immer so zur schlechten Jahreszeit gehabt, so von November bis einschließlich April / Mai und wenn man dann mehr raus geht, dann ist das auch nicht mehr so das Thema."

„Aber Vorlesen ist bei uns Standard. Und wir haben Vorlesen von der Grundschule her. Und zwar Zweitklässler im Zuge der Kooperation Kindergarten – Grundschule lesen Zweitklässler hier allen Kindern der so genannten Schulgruppe vor."

Wie schätzen Sie die Medienkompetenz der Kindergartenkinder ein?
Das hat was mit unserem Einzugsgebiet zu tun. [...] Wir merken halt, dass das sehr elternhausabhängig ist. Also je nach dem, wie sehr die Kinder mitkriegen, also wir haben Kinder, die haben überhaupt keine Bücher zu Hause, da ist die Medienkompetenz gleich Null [...].

Wessen Aufgabe ist Medienerziehung vorrangig?
„Also vorrangig eigentlich die des Elternhauses, aber das ist so, wir müssen hier schon sehr viel leisten, auch wegen dem Einzugsgebiet. Und die Eltern wissen auch vieles nicht."

Gibt es Beratung bzw. Beratungsbedarf der Eltern zum Thema *Medien und Kinder*?
Großer Beratungsbedarf. „Da merken wir schon, dass wir da immer mehr verstärkt beraten müssen und auf die Bedeutung vom Buch, grade im Hinblick auf die Gesamtentwicklung, aber auch im Hinblick auf die bevorstehende Einschulung einfach, dass das dringend nötig ist. Also die Eltern meinen halt, es langt auch, wenn Kinder nur vorm Computer gesetzt werden und das ist zu wenig. Also das Buch ist das A und O, um überhaupt so was wie Schulfähigkeit aufzubauen."

Was kann das Medium Buch für Kinder leisten?
„Ich halte es für eines der wichtigsten Medien überhaupt und überhaupt die Hinführung zum Buch an sich, egal welche Art von Bilderbuch, also weil bis hin zum Bekanntmachen auch von Kunst und all den Sachen. [...] Dann für den riesen Bedarf an Sprache ist es das A und O neben der aktiven Sprache. [...] Ich würde einfach so weit gehen: ohne Bücher geht gar nichts, um es mal ganz deutlich zu sagen. [...] Auch grad für die mit Migrantenhintergrund ist das mit das A und O. Also ich denke wirklich ohne Bücher kann man die Schulfähigkeit nur sehr eingeschränkt transportieren."

2.5   Evangelischer Kindergarten Am Röthelheim

Die Einrichtung

Name der Einrichtung	Evang. Kindergarten Am Röthelheim
Anschrift	Am Röthelheim 60, 91052 Erlangen
Träger	Evang. Kirchengemeinde St. Matthäus
Gesprächspartner	Frau
Anzahl der Gruppen	3
Anzahl der Kinder pro Gruppe	25 / 23 / 23
Alter der Kinder	3 bis 6 Jahre
Kinder mit Migrationshintergrund	17 Kinder

Fragen zur Medienausstattung und Mediennutzung

Welche Medien gibt es in der Einrichtung?
Bücher, CDs (insbesondere Musik, keine Hörbücher), Dia (selten genutzt), Kassetten

(werden selten genutzt), Radio (wird nicht genutzt), Fernseher (wird nicht genutzt), Computer (nur im Büro, nicht für die Kinder)
Sind die Medien jeweils für alle Kinder zugänglich?
„Das findet kontrolliert statt. D.h., wir haben eine große Bücherei im Personalraum, d.h. wir selektieren. Auf Wunsch geben wir dann die Bücher raus."
Gibt es eine eigene Kindergartenbibliothek?
Ja
Gibt es die Möglichkeit zu Ausleihe nach Hause?
Ja, das gibt's durchaus, wir schreiben das dann auch auf, aber selten, weil uns sind schon einige Bücher abhanden gekommen. Dafür ist die Stadtbücherei eigentlich da. Gut, Kinder nutzen es dann auch weniger oder haben weniger die Chance, aber für spezielle Themen […] geben wir auch die Bücher raus.
Wie groß ist der Buchbestand?
Ca. 800-1000 Titel
Aktualität der Bücher
Regelmäßige Neuanschaffungen (Unterschiede zwischen neueren und älteren Büchern)
Gibt es mehrsprachige Bücher?
Ja, wenige; werden wenig genutzt

Fragen zum Bayerischen Bildungsplan, Bildungsbereich *Sprache und Literacy*

Wie stehen Sie ganz allgemein zum Bayerischen Bildungsplan?
„Also ich denke, man muss sich ein Profil geben, sonst verheddert man sich. Weil, das geht ja mir schon fast so, dass man sagen muss: Oh Gott, schaff ich denn das alles? Schaffen wir das alles? Machen wir das alles? Wobei ich sagen muss, dass wir schon immer zielgerichtet gearbeitet haben und schon immer nach einem Konzept gearbeitet haben. Es hat jetzt nur mehr eine Form bekommen. […] so dass man sagen kann: ja, das machen wir, das machen wir, das machen wir. Und dann muss man aber echt aufpassen, dass man sich ein Profil gibt, also dass man sich echt nicht verheddert, weil sonst, ja, es ist zu durcheinander […] so dass man sagen muss: Mensch, arbeiten wir bald nach Stundenplan um das alles unterzubekommen."

Der Bayerische Bildungsplan schlägt im Kapitel *Sprache und Literacy* folgendes vor: **… Führen Sie die Vorschläge in / mit Ihrer Einrichtung durch?**
- regelmäßige Bibliotheksbesuche
„Immer wieder mal. Wir machen mit unseren Vorschulkinder Ausflüge, ich muss aber zugeben, in der letzten Zeit war die Bücherei nicht mit dabei. Das letzte Mal, wo wir da waren, ist schon bestimmt fünf Jahre her." Auf Nachfrage nach dem Grund: „Es gibt eigentlich keinen Grund dafür, nein, das muss man sich mal bewusst werden, genau!"
- Buchausstellungen in der Einrichtung?
Ja, ca. 3 x im Jahr Ansichtsexemplare verschiedener Verlage, die Eltern mittels einer

Liste bestellen können.

„Also ich bin sehr sehr erschrocken, weil es so massiv vor drei Jahren einen Einbruch gab. Und ich glaube, das hat einfach mit dem Geld zu tun, das sitzt nicht mehr so locker. [...] Wobei, wo ich das so einschätzen kann, Mensch, die Familie, die hat aber nicht so viel ... das ist die Wertschätzung. Manche legen sehr viel Wert auf Bücher und sparen dann dafür und manche, die haben oder sehen den Sinn eines Buches gar nicht so oder schätzen das nicht so.“

- Besuch von Buchhandlungen

Nein, nicht mit den Kindern

- Einrichten einer Leseecke

„Jede Gruppe hat seinen Bücherschrank, wo es die Bücher gibt. Wir haben einen Lesetisch. (von Gruppe zu Gruppe und Zeit zu Zeit unterschiedlich.)

- Basteln eines eigenen Buches mit den Kindern

Ja, jedes Jahr mit Vorschulkindern ein Faltbuch „Das kleine graue Quadrat“ „Diese Arbeit geht über drei Wochen [...] Mit Bucheinband machen wir dann, mit Kleister, Papier oder Klatschtechnik oder so. [...] ist ganz wertvoll eigentlich, auch im Wert der Kinder [...] was das Schöne ist, Eltern können das dann daheim nachlesen und die Kinder können sich das auch vorlesen lassen, weil sie das eben mit Nachhause nehmen.“

- Lesepatenschaften

„Also Vorlesepaten gibt es nicht. Wir haben immer mal wieder jemanden da gehabt. Es gibt ja solche Aktionen auch von der VHS, es gibt solche Aktionen von Privatpersonen.[...] Aber jetzt in einem bestimmten Rahmen, dass es Vorlesepaten gibt, nein. Auch von den Eltern, wenn wir die ansprechen würden, bin ich mir sicher, gäbe es einige, die so was machen würden.“

Fragen zur Medienerziehung

Wie schätzen Sie die Medienkompetenz der Kindergartenkinder ein?

„Also was das Fernsehen anbelangt, sind sie alle fit. --- Obwohl, die Kompetenz dafür ist ja eigentlich schwach! [...] aber man merkt, dass das fast alle Kinder betrifft, dass sie auch wirklich Fernsehen schauen und sich auch unterhalten. [...] Ich würde mal behaupten, ein geringer Teil hat diese Medienkompetenz zu Hause, legen sehr viel Wert auf kontrolliertes Fernsehschauen, auf Bilderbücher, auf wertvolle Medien und viele, würde ich jetzt mal so behaupten, da läuft das einfach so nebenher. Ich denk auch, das hat auch manchmal mit der Zeit zu tun.“

Wessen Aufgabe ist Medienerziehung vorrangig?

Des Elternhauses

Gibt es Beratung bzw. Beratungsbedarf der Eltern zum Thema *Medien und Kinder*?

Bei Elterngesprächen kommen immer mal wieder Fragen auf.

Was kann das Medium Buch für Kinder leisten?

„Genaues Schauen, beobachten zuhören, Phantasie, Kreativität, Sprachentwicklung, Wortschatzerweiterung, Begriffsbildung, Es kann Emotionen wecken, Spannung aufbauen, „Alles“

Die Einrichtung

Name der Einrichtung	Evang. Kindergarten Im Heuschlag 10
Anschrift	Im Heuschlag 10, 91054 Erlangen Sieglitzhof
Träger	Evangelische Kirchengemeinde
Gesprächspartner	Frau
Anzahl der Gruppen	3
Anzahl der Kinder pro Gruppe	23 / 23 / 23
Alter der Kinder	2 1/2 bis 6 Jahre
Kinder mit Migrationshintergrund	6 Kinder

Fragen zur Medienausstattung und Mediennutzung

Welche Medien gibt es in der Einrichtung?
Bücher (sehr viele), Kassettenrecorder, CD-Player, Fernseher für Video / DVD (wird sehr selten genutzt). Computer steht im Personalraum, manchmal schauen sich die Kinder Bilder darauf an, wird aber sonst für die Kinder nicht genutzt.

Sind die Medien jeweils für alle Kinder zugänglich?
Ja, Bücher in allen Gruppen (selbe Buch auch mehrfach); Bücher werden in Gruppen auch regelmäßig ausgetauscht.

Gibt es eine eigene Kindergartenbibliothek?
Ja, im Personalraum; wenn Kinder danach fragen, dürfen sie sich das Buch nehmen / ausleihen.

Gibt es die Möglichkeit zu Ausleihe nach Hause?
Ja, wird von den Eltern / Kindern aber selten genutzt.

Wie groß ist der Buchbestand?
Kann nicht beziffert werden.

Aktualität der Bücher
Regelmäßige Neuanschaffungen (Unterschiede zwischen neueren und älteren Büchern).

Gibt es mehrsprachige Bücher?
„Wir haben eins aus der Türkei, ja, und aus Italien. Und da haben wir den Kindern auch schon mal so Wörter vorgelesen und ihnen einfach gesagt, wie das ist und das handelt auch von dem Thema Verständigung und solche Sachen." (Haben darüber hinaus auch viele Sachbücher zum Thema Integration, Fremde).

Fragen zum Bayerischen Bildungsplan, Bildungsbereich *Sprache und Literacy*

Wie stehen Sie ganz allgemein zum Bayerischen Bildungsplan?
Jede Mitarbeiterin hat ihren eigenen BBP; „Es war für uns ein hartes Stück Arbeit, uns mit dem BBP noch mal neu auseinanderzusetzen, wobei wir hier in unserem Kindergarten festgestellt haben, dass wir eigentlich seit vielen vielen Jahren schon so arbeiten, wie es der BBP will, es hat nur jetzt sehr viele Schlagwörter bekommen, es

hat sich für uns von der Arbeit her, die wir beschreiben müssen, nicht viel geändert. Es ist nur so, dass der BBP wesentlich mehr fordert aber auch sehr sehr viele Abstriche macht, sodass wir kaum Zeit haben alles einfach umzusetzen.[...] Aber wie gesagt, es ist sehr schwer, ihn so umzusetzen, dass man völlig zufrieden ist, weil einfach die Zeit fehlt."

Der Bayerische Bildungsplan schlägt im Kapitel *Sprache und Literacy* folgendes vor:
... Führen Sie die Vorschläge in / mit Ihrer Einrichtung durch?

- regelmäßige Bibliotheksbesuche

Nein, finden nicht statt (Entfernung!), stattdessen sprechen sie viel über das Buch; „Kinder wissen, was eine Bibliothek ist und wir haben es ihnen an unserer kleinen hier gezeigt."

- Buchausstellungen in der Einrichtung?

Ja, mindestens 3 x jährlich von verschiedenen Buchhandlungen, machen selbst viel Reklame dafür, auch Buchvorstellungen auf Elternabenden durch Buchhändler, Fr. S. stellt selbst manchmal Bücher vor.

- Besuch von Buchhandlungen

„Nein, Thalia würde sich zwar anbieten, aber da gehen viele Kinder auch schon so mit ihren Eltern hin." (Problem der Entfernung)

- Einrichten einer Leseecke

Ja, meistens sitzen sie aber am Tisch.

- Basteln eines eigenen Buches mit den Kindern

Nein

- Lesepatenschaften

Vorlesepaten gibt es nicht, „weil wir bisher das selber sehr gerne gemacht haben und auch weiterhin machen."

Fragen zur Medienerziehung

Wie schätzen Sie die Medienkompetenz der Kindergartenkinder ein?

„Ich denke, es gibt Kinder, die viel zu viel Fernsehen schauen, die sehr viel am Computer sitzen, da muss man den Eltern auf die Füße treten, denn das lernen und sehen sie bei den Eltern und es gibt Eltern, die ihr Kind bewusst vor den Fernsehen setzen, damit sie ihre Ruhe haben." Aber auch Elternhäuser ohne Fernseher: „Dann kann man aber auch nicht den gesunden Umgang lernen." Bewusster Umgang mit Medium wäre wichtiger; sprechen mit Kindern auch über Nutzung des Fernsehers; Eltern bekommen von Erzieherinnen die Broschüre „Flimmo", die aber von vielen nicht genutzt wird. „Also ich denke, der Umgang ist nicht ganz so wie man ihn sich wünschen würde bei den meisten. Und Bücher lernen die Kinder durch uns [...] mit Büchern haben sie durch uns auch Umgang und auch Zugang zu den Büchern und das tragen sie auch nach Hause. Also das ist immer noch sehr stark."

Wessen Aufgabe ist Medienerziehung vorrangig?

„Eigentlich Sache der Eltern, würde ich mal sagen, aber hallo! Ich sage das deswegen, weil es immer weniger wird, weil die Kindertagesstätten sehr sehr stark den Part der Eltern schon übernommen haben.[...] Wir müssen sehr stark hier eingreifen."

Gibt es Beratung bzw. Beratungsbedarf der Eltern zum Thema *Medien und Kinder*?

„Die wissen alles und können alles und beraten werden wollen sie nicht."

Was kann das Medium Buch für Kinder leisten?
„Also ich denke, es gibt nichts Besseres für Kinder, als Bilderbücher. Fernsehen kann man hinten anstellen, Computer auch, sollen sie schon mit umgehen lernen, aber ich denke, ein Bilderbuch oder ein Buch überhaupt darf man nicht verbannen. Halten wir für sehr sehr wichtig und wir arbeiten sehr sehr viel damit." Sachliche Vermittlung, zur Ruhe kommen, guter und richtiger Umgang mit dem Buch lernen, Inhalt verinnerlichen, Wissen vermitteln, „Es ist einfach schön." „Das Buch ist für uns eigentlich unersetzlich und wir brauchen das immer."

2.7   Evangelischer Kindergarten Sankt Matthäus

Die Einrichtung

Name der Einrichtung	Evang. Kindergarten St. Matthäus
Anschrift	Emil-Kränzleinstraße 10, 91052 Erlangen
Träger	Evang. Kirchengemeinde St. Matthäus
Gesprächspartner	Frau
Anzahl der Gruppen	3
Anzahl der Kinder pro Gruppe	22 / 22 / 22
Alter der Kinder	3 bis 6 Jahre
Kinder mit Migrationshintergrund:	17 Kinder

Fragen zur Medienausstattung und Mediennutzung

Welche Medien gibt es in der Einrichtung?
Kassettenrekorder, Fernseher für DVD und Video, Overhead, Dia, Bücher; Computer nur im Personalraum in seltenen Fällen dürfen die Kinder in Kleingruppen da an den Computer.
Sind die Medien jeweils für alle Kinder zugänglich?
Die Bücher sind für alle Kinder zugänglich; Leseecke in den Gruppen.
Gibt es eine eigene Kindergartenbibliothek?
Ja, nicht katalogisiert, nur im Personalraum.
Gibt es die Möglichkeit zu Ausleihe nach Hause?
In Ausnahmefällen in Absprache mit Eltern zu thematischen Schwerpunkten zur Elternberatung, aber wenig Interesse „Die Frage kommt einfach nicht."
Wie groß ist der Buchbestand?
„Sehr viele"
Aktualität der Bücher
Viele ältere Bücher. Einmal jährlich Bilderbuch-Neuanschaffungen.
Gibt es mehrsprachige Bücher?
Nein

Wie stehen Sie ganz allgemein zum Bayerischen Bildungsplan?
„Also ich trenne da. Und zwar trenne ich die pädagogische Seite von der Finanzierungsseite. [...] Von der Pädagogik, oder die Pädagogik, die dahinter steckt, heiße ich gut, [...], leider ist es aber, und da knüpfe ich jetzt an die Finanzierung an, ja, es fehlen die Rahmenbedingungen, das ist einfach so. [...] Und um diesen ganzen Bildungsplan so umzusetzen, wie er gedacht ist, und um das auch gut zu machen, ja, fehlt einfach die Zeit."
Der Bayerische Bildungsplan schlägt im Kapitel *Sprache und Literacy* folgendes vor: ... Führen Sie die Vorschläge in / mit Ihrer Einrichtung durch?
- regelmäßige Bibliotheksbesuche
„Ja, wir gehen mit den Vorschülern einmal im Jahr in die Stadtbücherei. Die zeigen uns dann einfach die Bücherei und lesen uns auch noch vor und wir leihen uns Bücher aus."
- Buchausstellungen in der Einrichtung?
„Wir machen immer wieder Bilderbuchausstellungen für die Eltern. [...] meistens zweimal im Jahr, aber jetzt haben wir es auch nur einmal im Jahr gemacht, weil die Eltern, ja, das Geld wird einfach knapp und die Bestellungen sind dann so zurückgegangen, dass sich das einfach nicht rentiert hat."
- Besuch von Buchhandlungen
Nein
- Einrichten einer Leseecke
Ja, in jeder Gruppe gibt es eigene Bücherregale und Leseecken.
- Basteln eines eigenen Buches mit den Kindern
Ja, aber nicht regelmäßig, wenn es sich ergibt.
- Lesepatenschaften
Nein, Aktion von der Stadt wurde auch nicht angenommen.

Fragen zur Medienerziehung

Wie schätzen Sie die Medienkompetenz der Kindergartenkinder ein?
„Na, also insgesamt glaube ich, dass die Kinder mit immer weniger Können in den Kindergarten kommen. [...] Über was also natürlich viele Kinder sprechen sind Playstations und Gameboys [...] viel Computerspiele – wobei ich das nicht unbedingt Kompetenz nennen würde, das ist eben der große Punkt. Um sagen zu können, die besitzen Medienkompetenz, da fehlt mir dann auch einfach der Umgang, also der richtige Umgang, die richtige Dosierung und so weiter. Und das ist, denk ich, bei sehr wenigen der Fall. Auch, ja so dieses Sprichwort: den Fernseher als Babysitter, denke ich, ist einfach bei uns in einigen Familien schon so der Fall. Es gibt schon auch einige wenige, dass muss ich sagen, die dann wirklich ganz dosiert und erlesene Sendungen mit ihren Kindern gemeinsam auch anschauen, aber das sind hier die wenigsten."
Wessen Aufgabe ist Medienerziehung vorrangig?
„Also ich denke, sowohl als auch. Kindergarten sowieso versteht sich als familienergänzend, wir sind nicht familienersetzend. Aber ich glaube, wenn wir das nicht ins Leben rufen würden, wäre es vielen Eltern dann einfach auch nicht bewusst, weil sie

das Fachwissen oder ei Dringlichkeit gar nicht so kennen. Ich mein, wir sind hier die Profis, wir haben das gelernt, und wissen, was es damit auf sich hat, vielleicht auch, was es für Folgen haben kann, gerade in Richtung Prävention und solche Sachen. Ich glaube schon, dass wir sozusagen die Aufklärer, die Missionare sein sollten, aber die Medienerziehung an sich schon, ich mein natürlich auch im Kindergarten, wir arbeiten auch mit Medien, keine Frage, aber der Kindergarten ist gerade mal drei Jahre, davor ist schon was und danach kommt noch sehr vieles, und ich denk, gerade was dieses Danach betrifft, ist ja dann vor allem das Alter, wo die Kinder auch mal selbstständig an die … und ich denke, unsere Aufgabe besteht vor allem darin, die Eltern aufzuklären, und den Kindern sicherlich schon ein Stück weit einen vernünftigen Umgang zu geben, wobei wir hier wie gesagt eh nicht so die Möglichkeit haben, also wir haben kein Computer, und wenn wir irgendwann mal einen hätten, dann wäre der auch nicht frei zugänglich. … Aber vor allem die Eltern stärken und aufklären, das ist glaube ich unsere Aufgabe und Medienerziehung.

Gibt es Beratung bzw. Beratungsbedarf der Eltern zum Thema *Medien und Kinder*?

Nur einige wenige. Das ergibt sich manchmal im Gespräch. „Dass die jetzt speziell herkommen, nein, eher weniger." „Der einzige Weg, wie wir manche Sachen handhaben, führt über das Kind, d. h. man macht von mir aus was dem Kind schmackhaft: wenn ihr heute Nachmittag kommt, dann könnt ihr irgendwie mal Computer und solche Sachen ausprobieren, und die Eltern müssen aber mitkommen und sich von mir aus zeitgleich einen Vortrag anhören. Also dass man die Eltern über die Kinder anlockt. Das ist meistens mit das Einzige."

Was kann das Medium Buch für Kinder leisten?

„Ich denk, dass kommt erstmal darauf an, wie man die Sache handhabt und wie man das Buch bei den Kindern einführt oder ob man es überhaupt einführt. Wenn man es ihnen dahin schmeißt, dann können sie damit weniger anfangen. Es kommt auch auf das Drumherum an." „Ich glaube, ein Buch vermittelt soviel, wie viel man selber eben, auch gerade bei Kindern, rausholen kann. […] Man kann versuchen, dass Buch auch möglichst ganzheitlich einzusetzen." Sprachfertigkeiten, Wortschatzerweiterung.

2.8   Katholischer Kindergarten Sankt Theresia

Die Einrichtung

Name der Einrichtung	Kindergarten Sankt Theresia
Anschrift	Von-Buol-Straße 17, 91054 Erlangen
Träger	Pfarrer Zettelmair
Gesprächspartner	Frau
Anzahl der Gruppen	2
Anzahl der Kinder pro Gruppe	25 / 25
Alter der Kinder	3 bis 6 Jahre
Kinder mit Migrationshintergrund	2 Kinder

Welche Medien gibt es in der Einrichtung?
Bilderbücher, CDs, Computer nur im Büro, nicht für Kinder zugänglich, Kassetten, kein Fernseher, Fotoapparat (nicht für Kinder).

Sind die Medien jeweils für alle Kinder zugänglich?
Bilderbücher ja, bei den CDs müssen sie fragen, dürfen Gerät dann aber selbst bedienen.

Gibt es eine eigene Kindergartenbibliothek?
Im Büro, Bücher in den Gruppen werden ausgetauscht.

Gibt es die Möglichkeit zu Ausleihe nach Hause?
Nur im Einzelfall, nicht im Rahmen einer Bibliothek; wird von den Eltern auch gar nicht erwartet.

Wie groß ist der Buchbestand?
Kann nicht beziffert werden.

Aktualität der Bücher
Hin und wieder, meist thematische Neuanschaffungen.

Gibt es mehrsprachige Bücher?
Nein

Fragen zum Bayerischen Bildungsplan, Bildungsbereich *Sprache und Literacy*

Wie stehen Sie ganz allgemein zum Bayerischen Bildungsplan?
„Also im Großen und Ganzen stehe ich sehr positiv dazu. Ist Vieles, was man immer schon gemacht hat."

Der Bayerische Bildungsplan schlägt im Kapitel *Sprache und Literacy* folgendes vor:
… Führen Sie die Vorschläge in / mit Ihrer Einrichtung durch?

- regelmäßige Bibliotheksbesuche
„Schon länger nicht mehr. Weil viele Kinder mit ihren Eltern auch gehen. Und ehrlich gesagt muss man irgendwo auch Prioritäten setzten […] und da war jetzt eben diese Bibliothek nicht aktuell".

- Buchausstellungen in der Einrichtung?
Einmal im Jahr zum Elternabend durch Buchhandlung in Gostenhof.

- Besuch von Buchhandlungen
„Vor längerer Zeit ja, aber das war noch mit Palm & Enke."

- Einrichten einer Leseecke
„Also wir haben sogar bei uns zwei Ecken, wir haben so eine Ebene und in einer E-bene ist da ne Bücherecke, ein Regal mit Bilderbüchern und Sitzgelegenheit und dann haben wir unten noch mal, wir haben so ein Schaukelstuhl, haben wir auch Bücher und dann lesen wir den Kindern dann da die Bücher auch vor."

- Basteln eines eigenen Buches mit den Kindern
„Wir haben mal, also wir haben am Nachmittag so Projekte unterschiedliche und da haben wir auch mal Papier geschöpft und haben daraus so Hefte gemacht."

- Lesepatenschaften
„Vorlesepaten gibt es hier nicht. Von der Stadt kam mal so ein Aufruf, man könnte sich so Lesepaten organisieren oder fragen, aber es ist dann nicht zustande gekommen. Also wir lesen den Kindern selbst auch sehr viel vor."

Wie schätzen Sie die Medienkompetenz der Kindergartenkinder ein?

„Sehr hoch"

Wessen Aufgabe ist Medienerziehung vorrangig?

„Also bei Bilderbüchern würde ich sagen ist es ausgeglichen und ich finde, es ist auch notwenig. […] und bei Computer ist es ausschließlich das Elternhaus in unserem Fall. [...] und dadurch, dass unsere Eltern würde ich jetzt sagen fast alle einen Computer besitzen, sehe ich es jetzt nicht als so notwenig an, hier jetzt einen anzuschaffen."

Gibt es Beratung bzw. Beratungsbedarf der Eltern zum Thema *Medien und Kinder*?

„Doch, also um Buchrat werden wir öfter mal gefragt. „Flimmo" kriegen wir regelmäßig und das legen wir aus. Und da schauen die Eltern auch rein, ja."

Was kann das Medium Buch für Kinder leisten?

„Es kann Informationen vermitteln, es kann die Sprache fördern, neue Begriffe vermitteln. Weiß ich nicht, wenn das jetzt auch gemeint ist: wenn ich jetzt mit wenigen Kindern ein Bilderbuch betrachte, dann gibt das so eine gewisse Nähe. Und was ganz wichtig ist, also ich finde, es gibt ja ganz viele Bilderbücher zu vielen Bereichen und wenn ich jetzt ein Thema hab, zum Beispiel Konfliktlösung, dann kann ich durch die Bilderbücher was vermitteln, Vermittlung von Verhalten, von Natur, im gesamten Bereich gibt es Bilderbücher […] auch im sozialen Bereich."

3   Abbildungen

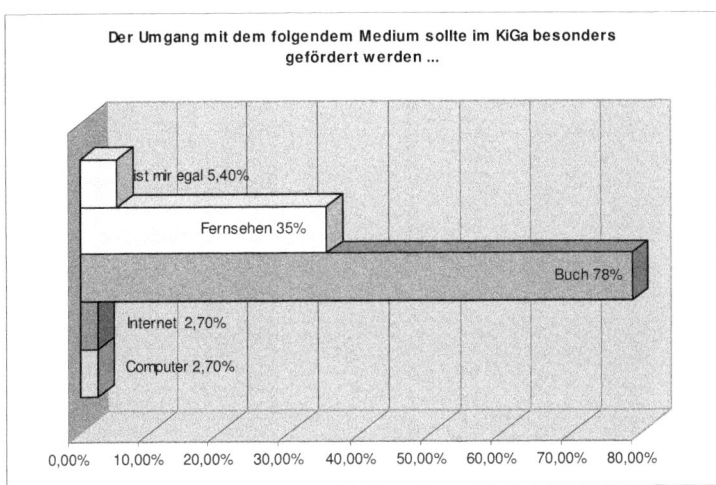

Abb. 1 *Medienerziehung im Alter von 3–6 Jahren – Medien im Elternhaus und Kindergarten*
[Basis n=111]

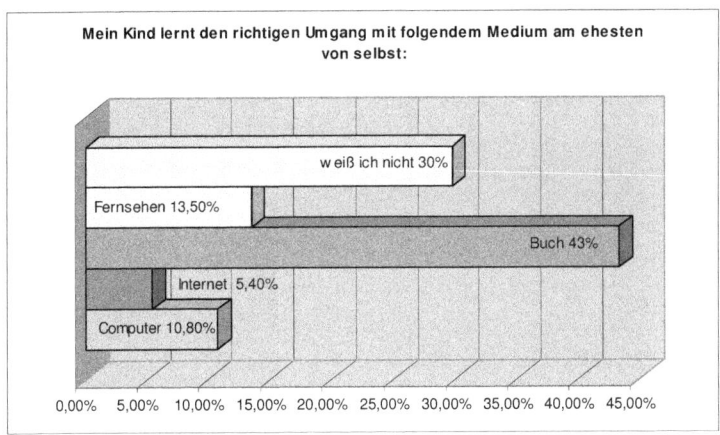

Abb. 2 *Medienerziehung im Alter von 3–6 Jahren – Medien im Elternhaus und Kindergarten*
[Basis n=111]

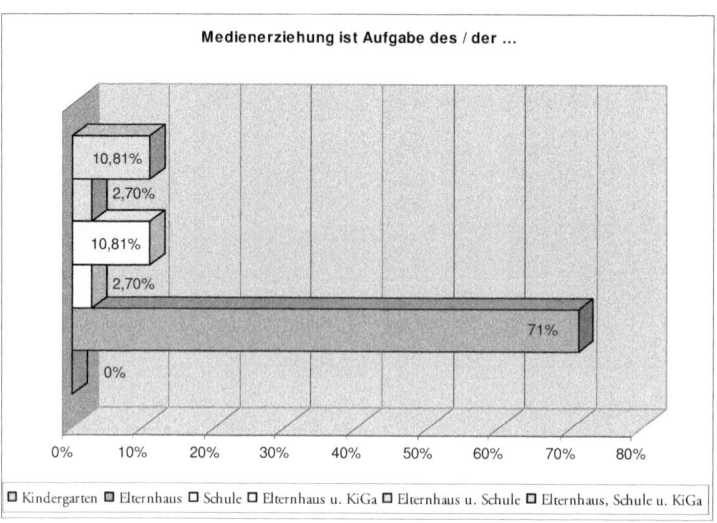

Abb. 3 *Medienerziehung im Alter von 3–6 Jahren – Medien im Elternhaus und Kindergarten*
[Basis n=111]

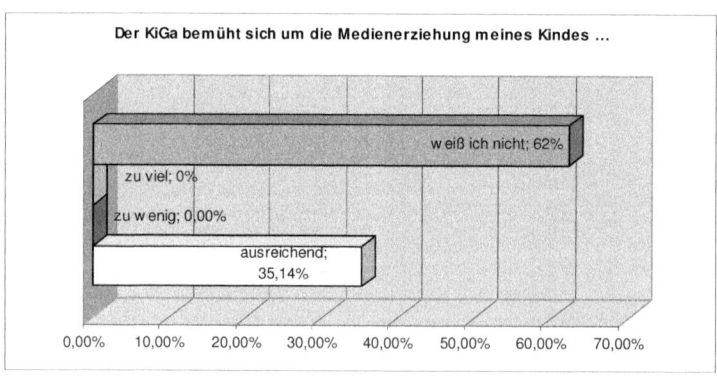

Abb. 4 *Medienerziehung im Alter von 3–6 Jahren – Medien im Elternhaus und Kindergarten*
[Basis n=111]

4 Abkürzungsverzeichnis

BWBP: Orientierungsplan für Bildung und Erziehung für die baden-württembergischen Kindergärten. Pilotphase.

BBP: Der Bayerische Bildungs- und Erziehungsplan für Kinder in Tageseinrichtungen bis zur Einschulung.

BeBP: Berliner Bildungsprogramm für Bildung, Erziehung und Betreuung von Kindern in Tageseinrichtungen bis zu ihrem Schuleintritt.

BraBP: Grundsätze elementarer Bildung in Einrichtungen der Kindertagesbetreuung im Land Brandenburg.

BrBP: [Bremer] Rahmenplan für Bildung und Erziehung im Elementarbereich. Frühkindliche Bildung in Bremen.

BrBP Handreichung Konkretisierungen: Konkretisierungen zu den Bildungsbereichen.

HaBP: Hamburger Bildungsempfehlungen für die Bildung und Erziehung von Kindern in Tageseinrichtungen.

HeBP: Bildung von Anfang an. Bildungs- und Erziehungsplan für Kinder von 0 bis 10 Jahren in Hessen.

MeBP: [Mecklenburg-Vorpommern] Rahmenplan für die zielgerichtete Vorbereitung von Kindern in Kindertageseinrichtungen auf die Schule.

NiBP: Orientierungsplan für Bildung und Erziehung im Elementarbereich niedersächsischer Tageseinrichtungen für Kinder.

NRWBP: Bildungsvereinbarung NRW. Fundament stärken und erfolgreich starten.

RPBP: Bildungs- und Erziehungsempfehlungen für Kindertagesstätten in Rheinland-Pfalz.

SaBP: Bildungsprogramm für saarländische Kindergärten.

SaBP Handreichung: Handreichungen für die Praxis zum Bildungsprogramm für saarländische Kindergärten.

SachsBP: Der Sächsische Bildungsplan – ein Leitfaden für pädagogische Fachkräfte in Krippen, Kindergärten und Horten sowie für Kindertagespflege.

SachsAnBP: Bildungsprogramm für Kindertagesstätten in Sachsen-Anhalt. Bildung: elementar – Bildung von Anfang an.

SHL: Erfolgreich starten. Leitlinien zum Bildungsauftrag von Kindertageseinrichtungen.

SH Handreichung Sprache: Erfolgreich starten. Handreichung für Sprache(n), Zeichen/Schrift und Kommunikation in Kindertageseinrichtungen.

ThBP: Thüringer Bildungsplan für Kinder bis 10 Jahre. Erprobungsfassung September 2006.

BEI GRIN MACHT SICH IHR WISSEN BEZAHLT

- Wir veröffentlichen Ihre Hausarbeit,
  Bachelor- und Masterarbeit

- Ihr eigenes eBook und Buch -
  weltweit in allen wichtigen Shops

- Verdienen Sie an jedem Verkauf

Jetzt bei www.GRIN.com hochladen
und kostenlos publizieren